江苏省政府留学奖学金

光明社科文库
GUANGMING DAILY PRESS:
A SOCIAL SCIENCE SERIES

·法律与社会书系·

人类基因权利研究
——科技发展动态之维考察

杜珍媛 | 著

光明日报出版社

图书在版编目（CIP）数据

人类基因权利研究：科技发展动态之维考察 ／ 杜珍媛著 . ‒‒北京：光明日报出版社，2021.4

ISBN 978‒7‒5194‒5881‒2

Ⅰ.①人… Ⅱ.①杜… Ⅲ.①人类基因—权利—法律—研究 Ⅳ.①D913.04

中国版本图书馆 CIP 数据核字（2021）第 057530 号

人类基因权利研究：科技发展动态之维考察

RENLEI JIYIN QUANLI YANJIU：KEJI FAZHAN DONGTAI ZHI WEI KAOCHA

著　　者：杜珍媛

责任编辑：曹美娜　陆希宇　　　　　责任校对：姚　红

封面设计：中联华文　　　　　　　　责任印制：曹　净

出版发行：光明日报出版社

地　　址：北京市西城区永安路 106 号，100050

电　　话：010‒63169890（咨询），63131930（邮购）

传　　真：010‒63131930

网　　址：http：//book.gmw.cn

E‒mail：caomeina@gmw.cn

法律顾问：北京德恒律师事务所龚柳方律师

印　　刷：三河市华东印刷有限公司

装　　订：三河市华东印刷有限公司

本书如有破损、缺页、装订错误，请与本社联系调换，电话：010‒63131930

开　　本：170mm×240mm

字　　数：261 千字　　　　　　　　印　　张：15.5

版　　次：2021 年 4 月第 1 版　　　　印　　次：2021 年 4 月第 1 次印刷

书　　号：ISBN 978‒7‒5194‒5881‒2

定　　价：95.00 元

序 言

　　科学技术作为人类认识世界和改造世界的一种手段和工具，减轻了人类的贫困、痛苦和灾难，提高了人类社会的生活质量，为人类更好地生存和发展奠定了坚实的物质基础。然而技术"双刃剑"的作用下，既可以埋下"善根"，也能结出"恶果"。基因科技的发展对人的生老病死的干预，乃至对人生理的"改造"，早已不同往日，形成了对人类人性尊严、社会秩序、伦理观念、法律体制等各领域之重大挑战。作为以调节人与人相互关系，维护社会秩序和进步为己任的法律，不能不认真面对这种新的形势和要求。这些问题都指向一个焦点，那就是人类基于基因之上享有何种权利。

　　从科技发展的宏观背景之下，以法理学的角度探讨人类基因权利，这种科技法与法理学的联姻，在理论界或许是偶然，但是这将不仅仅是偶然。

　　本书自 2011 年开始构思，笔者先后赴台湾政治大学、德国慕尼黑大学访学，在此期间对于为数不多的与基因科技相关的书籍、境内外学界文献有机会作了详细的了解和研究，在 2014 年形成初稿。彼时学界有关基因科技及其带来的诸多如伦理、法律的困境探讨多半停留在纸上，且尚未引起大众的注意和学界深入的思考，关于基因科技相关的法律议题研究尚属于小众范畴。而当 2018 年基因编辑婴儿事件在现实中如平地一声惊雷般出现，加之近两年信息技术在医疗、就业、保险等领域的快速、广泛应用，大基因信息时代到来，人类能够越来越容易地将基因信息与特定个体联系起来，甚至识别那些曾经认为已经匿名化的样本，科技的发展催生了新兴的基因权利难题，理论界和实务界对基因权利的关注达到了前所未有的高度。一时之间，对于基因科技有关的探讨纷纷涌现，作为交叉前沿学科热点领域，急需理论界进行系统、深入的研究，以期能为蓬勃开展的相关基因科学研究和治疗提供规范指导和理论依据。

作为较早关注并系统研究基因科技的伦理、法律等议题的学者之一，笔者以此为契机，在初稿的基础上，结合最近两年的热点和国际相关最新法律动态，对基因权利法理上的论证，涉及的伦理问题，相关法律制度的构建等进行了整理、完善和补充，并深入地对当下科技发展背景下新兴基因权利难题，如未成年人基因知情权保护，基因不知悉权与医师保密义务的冲突，基因资源利用与分享，以及基因大数据信息保护带来的挑战等进行了研究。

在研究内容上，本书从法理的角度对基因权利进行论述，将基因权利存在的基础，权利的来源，以及具体基因权利的完善皆放入当今科技发展这个动态的背景之下展开讨论。

首先从科技发展的角度切入，深入思索基因科技发展所涵盖的伦理、法律、社会意涵，并在伦理语境下对基因科技展开分析，对传统伦理原则进行反思；接着以唯物主义历史发展观点对基因权利的产生条件和权利的价值进行研究；在此基础上，针对人类基因的法律属性争议，对基因复杂的性质进行探讨，这也是讨论基因权利性质内涵的前提和基础；通过宪法和私法两条进路，分别论证基因权利的本质属性，基因权利的构成各要件和基本的权利形态。

最后在经过深入研究基因权利理论基础上，探讨了人类基因权利的保障制度。在人类基因权利的保障制度方面，对常规的完善宪法层面，制定基本法律的思路进行分析，对比提出采用"柔刚并济"的保护规范；在具体制度方面，针对当下科技发展的新形势和情境，对尚无定论的新兴基因权利难题分别结合理论争议和最新国际有关立法，进行了分析和论述，克服前人只从宪法角度或私法规范角度单一研究的问题。并尝试用制度经济学视角和责任伦理理念对相关制度进行构建，研究的内容具有交叉性和前沿性特点。

　　在研究方法上，本书采用的主要研究方法有：历史分析方法、价值分析方法、比较分析法等。并以超越常规、跨学科的视角，多角度、多学科、多层次地深入研究基因权利问题，使其具有一定的深度。其中在具体基因权利制度设计中，笔者将以伦理学和经济学为分析工具，尝试对基因隐私权制度和基因权益损害赔偿制度进行构建。

目 录
CONTENTS

导　言

一、问题的缘起

奥尔德斯·郝胥黎（Aldous Huxley）在 1932 年写出反面乌托邦小说《美丽新世界》时，他和他同时代的人没有想到，20 世纪生命科学发展和新的技术手段，将会使他的优生文明幻想变成现实。

基因技术随着 1953 年沃森和克里克关于 DNA 双螺旋结构的发现，飞速发展，正颠覆着我们熟悉的世界。人类社会正经历几千年来天翻地覆的深刻变化，基因重组、转基因、基因筛选等技术改变了人类长久以来的生产、生活方式和思维模式，它不仅深入人的生命本质，而且触及人的价值观念。人类随着这场基因技术革命的引领，进入了"生物时代"，其实质不仅是对自然的控制能力，而且是人的生命体的"自我控制"能力飞跃式的增长，它的最终未来意味着将实现人对自身自然组织的完全控制。如果任其无限制发展，这就意味着它将彻底动摇乃至废黜人在自然界的一切特权，人不再是神话和传说中的"万物之灵和自然之主宰"，人类中心主义的自恋心结会被无情粉碎。这是人类在对自然界彻底祛魅之后对自身的祛魅，人在自然界的地位因为基因科学与技术的发展被实质性地降低。

人类基因具有遗传信息，通过遗传可将缺陷基因传递给下一代，使之出现遗传病症。医学研究表明，目前已发现的人类遗传病多达几千种，90% 以上的疾病是基因疾病。尝试利用正常基因改变缺陷基因，使因缺陷基因而呈现出病症的现象消失，进而成为健康的人的治疗方法正成为现代医学技术跃跃欲试的领域与方向。如果不对基因治疗活动进行非法利用，那么基因治疗活动就应该因为其对疾病的治愈功效而被认为是正当的活动。对相关基因权利展开研究，是从法律上进行确认,是对基因治疗活动的开展作出合法的规制,并有利于保障基因治疗活动的顺利开展。否则,诸如基因编辑婴儿的事件将会对整个人类带来灾难性的影响。

　　人们对基因技术的态度同对待任何一种新生事物一样,持有矛盾的心态。一方面,期待着基因技术为人类生产、生活带来积极影响;另一方面也深深担忧和恐惧这只还未被完全认识和控驭的科技怪兽将对人类造成的危害。随着基因密码的破译,人类可通过对基因进行人工地"挑选""剪切""拼接"等,实现基因的改造和重组,许多以往致死率相当高的疾病会得到更有效的救治,痼疾顽症再也不是威胁人类健康的噩梦。因此在乐观主义者看来,只要基因技术在合理利用前提下,由技术发展带来的种种不利将会得到有效的预防和控制。而且基因技术还可以克隆某些基因片段,培养出与供体完全相同的有机体器官,解决器官移植中的自体免疫和供体缺少等问题,从而使人类的寿命大大延展,甚至还可以满足人类对于体态、性格、智力、外貌等诸多心理素质和生理素质的各项要求,大大提升人类的生活、生命质量。因此,科学和技术理应成为人们崇敬、赞美和依靠的力量。而悲观主义者对此提出的反诘和思考,同样值得探讨和警醒。他们认为,虽然科学技术任何研究的初衷无不是为了给"人类在这个世界上过上有意义的生活"创造条件(除极少数恐怖分子外),但科学和技术带给人们的并非只是无尽的福祉,其发展程度与其后果的严重程度成正比。因而人类最为明智的抉择就是摒弃包括基因技术在内的一切科学技术的发展和应用,重归自然本真状态。基因技术的发展使胚胎干细胞克隆、定制优良人种,制造人兽混合的怪物,制造基因武器种种成为可能,这些问题会对社会伦理道德,国家和人类安全,社会稳定与生态文明传承构成严重的威胁。基因技术成果如果被滥用,那就意味着人类社会的一切文明(包括伦理和法律体系)都会被颠覆毁坏,人类社会将退到新科技条件下的"蛮荒"状态。对于在基因技术问题上的价值判断,悲观主义者和乐观主义者各有其合理的一面,但也有各自的片面性,需要在扬弃二者片面性的基础上对基因带来的问题进行深刻反思。

　　世界各国关于基因歧视、基因隐私、基因专利的报道经常见诸各种媒体,引发了关于基因权利的激烈讨论:基因权利究竟是项何种属性的权利?基因权利的享有者有哪些?基因是属于我们的私有财产还是全人类的共同财产?个人是否可以对构成自己生命的基因主张权利?基因所包含的信息应该受到保护还是可以随意公布?正如米尔恩所说:"没有权利就不可能存在任何人类社会。无论采取何种形式，享有权利乃是成为一个社会成员的必备要素。"①基因权利作为法学研究面临的新课题，已经摆在了我们面前。"享有权利是任何形式的人类社会生活的一部分，所以，如果要有人类社会生活，就必须有权利。"基因权利也是人类社会生活的一部分，但是在我国一直是人们所忽视的问题。公民基于基因上的权利屡遭侵犯。对于人类基因权利相关问题的研究，已经成为一个现实的并亟待解决的课题。

二、学术研究的回顾

（一）国外研究现状

生物科技迅猛发展带来的社会、伦理、法律问题已引起了世界各国的高度重视，世界各国都对基因相关权利保护问题进行了积极的探索。

首先，在伦理学、社会学、哲学等领域，库尔·拜尔茨（KurtBayertz）、德沃金（Ronald Dworkin）、哈贝马斯（Jürgen Habermas）、阿图尔·考夫曼（Arthur Kaufmann）等对于基因技术带来的人性尊严冲击，应遵循伦理原则、基因技术伦理观等展开了积极的理论探索。如库尔·拜尔茨在《基因伦理学》中指出基因技术严重危及了人的本质。德沃金对于基因技术提出了同等重要性和特殊责任两个伦理原则：前者是平等主义的，认为每个生命和生命潜能都具有同等的客观重要性；后者是自由主义的，强调任何人都对其生命负有特殊责任，有权自己决定成功和完美的生命是什么。哈贝马斯从人性论和主体间性（intersubjectivity）的角度论证了基因时代如何保持人性尊严，主张基因医学技术应用于治疗而非基因优化之目的，每一个人的天赋基因都是其开始未来生活的首要条件，不应受他人的有意控制。

法学界对于基因权利方面的研究，主要集中在微观领域，即针对基因权利的具体形态方面进行研究，例如对基因隐私权研究，对基因财产权研究，对基因平等权研究等，尤其是关于基因的隐私权讨论者较多。

在大陆法系，除了法国曾在民法典中明确规定了有关"基因权"的私法规范外，其他国家尚不多见。而在英美法系，由于其法律传统和法律思维上不同

---

① ［英］米尔恩.人的权利和人的多样性——人权哲学［M］.夏勇，张志铭，译.北京：中国大百科全书出版社，1995：143，154.

3

于大陆法系，理论上主要关注于基因信息、基因隐私和基因歧视等具体问题，虽然主要讨论权利保护，但并没有鲜明地对"基因权"进行"人格权"之私法规研究。

英美法系学者中较早专门讨论"基因权利"，提出"基因权"（genetic rights）概念的是美国学者席尔瓦（Lee M. Silver），他于1999年发表论文对"基因权"概念的含义和内容进行了讨论。他认为，"基因权"概念虽然已经成为新闻界和学术界的话语，但是它却被不同的评论家用来表示不同的东西。很大程度上，"基因权"概念的确定性取决于这个词如何被精确地使用。它是一个模糊的概念，具有多种不同的含义，在某些情况下，这个概念的模糊性起因于对基因是什么及其如何表现不同个体差异的误解。因此，应该避免使用这个词，而应注重对生殖权利、基因隐私和基因歧视等问题的研究。相关论文著作有：拉塞尔·科罗布金的《干细胞世纪法律和政策的突破性技术》，南希·李琼斯的《基因信息：法律和执法问题》，劳里·格雷姆的《基因隐私》，等等。以上研究局限于基因的信息、隐私权利方面，且较少涉及法理学层面对基因权利的来源、性质的深入探讨；有关基因权利方面的专著，更为少见，在有关的期刊网上并未查到。

（二）国内研究现状

我国法学界尤其是民法学界对基因权利开展了研究与论述。学术成果主要包括著作、学术论文与理论文章，如邱格屏教授的专著《人类基因的权利研究》，王迁教授的《论"基因歧视"及其法律对策》等。刘大洪、林艳玲、王颖、张宏、龚琳、汤啸天、刘长秋、倪正茂、王磊等学者对基因隐私权、基因人格权、基因技术与隐私权的保护等进行了专门的研究。他们提出的观点如下："当代民法隐私权制度应将个人基因信息纳入保护范围，明确个人对自己的基因信息的知晓同意权、保密权以及对他人非法搜集、利用个人基因信息的禁止权等基本权利，同时规定侵犯他人基因隐私权的民事责任，以回应生物技术的发展对传统民商法的挑战。"

虽然从法学角度对基因或遗传资源（除人类基因外还包括动植物基因）进行研究的文献也已经出现，但多数仅是在民法学一般理论框架下对基因技术进行解释，针对"人类基因上的权利"在事物本质上的深度分析仍待深入。在基因医学研究与技术应用引发的具体问题方面，业界学者对基因检测技术与基因隐私保护、基因歧视与基因利益分享等问题的探讨较为集中，在对"基因权利"

的法理基础和相关法律规范的研究方面相对薄弱。

我国台湾地区的蔡维音、颜厥安、陈英铃、李震山、叶俊荣等学者的相关研究则颇为丰盛。他们主要围绕着人类基因科技的法益保护体系、人体基因科技研究所衍生智慧财产权之归属原则等提出了自己独到的观点。这些学者所做的工作为基因权利研究打下了理论基础。但基因权利研究是一个新兴的、颇有争议的复杂课题，是一个现在正在开展的工作，面临着许多实践与理论问题，基因权利应当成为新兴的综合性的基本权利，这就需要我国的学者从基本权利高度对基因权利进行思考和分析，并寻找保障基因权利的途径和方法。

除邱格屏教授在专著《人类基因的权利研究》中对人类基因权利进行了民法层面的整体探讨外，目前仅有两位学者对基因问题进行了整体性的"权利研究"，武汉大学张小罗的《基因权利研究》，复旦大学王康的《基因权的私法规范》分别从宪法和私法角度对人类基因权利展开讨论，这些讨论为基因权利的研究带来了新的思路，但欠缺了法理层面上的深入探讨，存在着一定的局限性。

（三）国内外相关法律实践回顾

在法律实践方面，部分学者对各国和我国与人类基因权利有关的现有立法进行了介绍和评述。有关基因权的国际性文件主要是1990年正式启动人类基因组研究计划（HGP）以及国际人类基因组组织伦理委员会（它被简称为"HU-GO"）在之后的几年内通过的一系列声明文件：1996年3月21日的海德堡会议上批准的《国际人类基因组组织关于遗传研究正当行为的声明》；1997年11月伦敦会议上通过的《国际人类基因组组织关于DNA取样：控制和获得的声明》；1999年3月公布的《国际人类基因组组织关于克隆的声明》；2000年4月9日在温哥华获得通过的《国际人类基因组组织关于利益分享的声明》；2001年4月，被批准通过的《国际人类基因组组织关于基因治疗研究的声明》；2002年12月，正式获得通过的《国际人类基因组组织关于人类基因组数据库的声明》。以上文件都遵循坚持承认人类基因组是人类共同遗产的一部分，坚持国际人权规范，尊重参与者的价值、传统、文化和人格以及接受和坚持人类尊严和自由这四项基本原则。

此外，国际上其他相关的指导文件还包括：1998年11月被正式通过的《关于人类基因组与人类权利的国际宣言》（简称《人类基因组宣言》）；在2004年的7月被批准通过的《基因信息隐私权和反歧视决议》等。这些文件以声明、公约、宣言和决议的形式对与人类基因相关的权益作了原则上的规定，为人类基因的研究起了指引作用，但并没有具体的实施性措施规定，因此不能全面地保护与之相关的权利。同时，这些规定的侧重点在于国家行为和国家行为涉及的利益分配，对于个体基因携带者的诸多权利保护则较少涉及。

欧盟关于生物技术有关的规范则有《个人资料保护指令》《护照及旅行证件生物辨认、检测标准规则》。欧美等国家的立法实践活动，相对于亚洲等国家较为丰富。

其中，美国学者因对基因科技带来的法律问题的研究时间较长，相关立法比较成熟。美国在进行人类基因组计划的同时，就已经预见到基因科技可能带来的伦理、法律问题，美国 1997 年后通过修改其《联邦食品、药品和化妆品法》以及《美国公共卫生法》这两部法律的方式将基因治疗归入了药物法体系之下。通过这两部法律对基因治疗活动进行规范。在基因资讯、基因检测方面，美国于 1996 年制定了《健康保险可能性与责任法》，2005 年通过了《禁止基因资讯歧视法案》；2008 年 5 月 21 日，时任总统布什签署了《反基因歧视法》。该法致力于禁止雇主与健康保险业者基于基因资讯，歧视基因上有特定疾病倾向的人们，进而保障民众的基因隐私权，预防工作场所中的基因资讯被滥用，保障民众受雇的权利。这部法律不仅在美国国内对基因歧视问题作出了明确的行动指示，而且给世界其他国家在如何面对基因歧视问题、如何对基因歧视问题进行立法等方面也作出了积极的参考。但以上的法律规定对于基因权的定义并没有确定，在宪法中也没有相关条文对基因隐私采取保护措施。

英国在这方面的相关立法有：《医疗报告近用法》（1988 年）、《资料保护法》（1998 年）、《种族关系法》（1976 年）、《就业权利法》（1996 年）、《失业歧视法》（1995 年）等。为配合基因序列之解码，英国于 2002 年建立"生物银行"（Biobank），并设立了专门的管理部门和法律法规对人类基因研究进行规制。相对于大部分国家主要靠科研人员自律，缺乏严格的管理制度，英国是目前世界少数的设立了专门的管理机构和法律法规对人类基因研究进行规制的国家。这种管理机构的设置也值得为广大开展人类基因研究的国家效仿，以使自己的研究活动在法律框架内合法展开。

法国在 1994 年颁布的《生物伦理法》中规定基因检测仅用于科学研究，并且禁止对人进行克隆，禁止个人对基因材料拥有财产权。2000 年法国通过了《关于预测医学、遗传鉴定和遗传研究的法令》。其中规定了如非必须，则对人的基因检测仅仅只能是出于医疗或科学研究的目的，同时该行为还必须获得基因携带者本人的同意。这些和人类基因权相关的规定在《法国民法典》中也都有所反映。在《法国民法典》民事权利就有一章，专门规定了"基因权"。对基因自主权、基因隐私权、基因平等权作出了规定：基因自主权——本人决定基因上权利的人格权利；基因隐私权——基因信息持有人对于基因信息私密性受维护的人格权利；基因平等权——所有个人不因基因缺陷被歧视而被平等对待的人格权利；此外，《法国民法典》中其他有关人的尊严的条款以及有关身体权的条款也适用于人类基因权利的保护。可以看出，法国对人类基因权在法律上作出了比较细致的规定，对世界各国都有借鉴意义。

德国在 1990 年 7 月 1 日实施生效了《基因技术法》，1991 年通过了《胚胎保护法》，主要集中在基因技术安全性方面，即德国在基因权利立法领域相对比较谨慎和保守，与人类基因相关的一些法律都主要是从基因技术的安全性上展开管理和规制，对人类基因的性质、法律地位和包括哪些具体的权利等缺乏深入立法。在德国国内基因技术发展的大背景下，德国也在不断加强相关立法，在 2009 年通过了《基因检测法》，并在 2011 年出台了《胚胎植入前诊断法》等法律法规，对人类基因相关的权益保护增设了一些条款。

我国现行的民事法律法规并没有直接规定涉及人类基因和人类基因权利保护相关的内容。我国《民法通则》第 101 条描述了公民人格尊严受法律保护的规定；《中华人民共和国侵权责任法》第 20 条至第 23 条规定了侵犯他人人身利益需要承担的责任和赔偿方式。这两部法律规定的这些条款与人身相关，可以间接地看成和人类基因有关的法律规定，但并没有具体的相关权利人法律保护条款。其余和民事权利有关的诸如侵权法、合同法、继承法等都没有任何规定。民事法律的相关立法还处于空白地带。

相对于立法的落后，我国的基因工程研究相对而言并不滞后，在 20 世纪 90 年代就已经开始了，并配套地颁布实施通过了《基因工程安全管理办法》《人类遗传资源管理暂行办法》《中国国家生物安全框架》等十几部与基因工程相关的法律法规。但遗憾的是在基因技术日新月异、高速发展的现今，这些法律法规没有再更新和修改完善，已经不能适应新的形势和需求，而且多是从基因技术手段、伦理道德标准等方面进行管理和规制。对于基因工程行为可能带来的不利后果，尤其是法律问题都缺乏规定。仅在《人类遗传资源管理暂行办法》中规定了基因信息携带者拥有相关的知情同意权，但是这种权利也受到了一定的限制。《人类遗传资源管理暂行办法》中，将基因信息的利益主体限定于公共主体，如"国家""政府""组织"等主体，并且主要是对人类遗传资源，如含有人体基因的器官、血液、细胞等相关材料和信息进行保护，对于基因信息携带者，本人的利益缺乏具体的保护规定。

关于基因治疗、基因专利问题，我国曾在《新生物制品审批办法》（1999）、《人基因治疗研究和制剂质量控制技术指导原则》（2003）、《专利法》和《专利审查指南2010》作出过规定。《新生物制品审批办法》规定了基因治疗的基本原则和具体环节；《人基因治疗研究和制剂质量控制技术指导原则》明确我国基因治疗活动仅仅适用于体细胞，任何人都不得在人体上开展任何种类的生殖细胞系基因治疗研究活动。全面禁止克隆研究，坚决反对生殖性克隆。基因专利方面，规定了基因专利、基因遗传资源申请的条件。

综上所述，我国关于人类基因权在立法实践方面薄弱，并无专门的法律。现有的民法、专利法以及一些技术规章等，仅从基因工程、基因治疗层面展开，在科学技术层面加以控制，理论层面也仅强调伦理道德。保护的仅是国家、政府或者组织的权利，对于基因权利个体或者是私主体缺少法律制度上的设计，急需法理上的探讨，并根据基因科技发展的形式和新特点，进行基因权利的法律制度研究。

三、研究思路与构想

基因权利是伴随着基因科技发展到一定的程度，人们的权利屡遭侵犯之后，发生的基因上权利的诉求。因此本文的逻辑起点是基于唯物辩证法：马克思主义所阐述的"生产力决定生产关系"这一简单真理，科学技术作为无可争议的第一生产力，将对法律与权利产生重大影响。由基因科技对基因权利的影响展开论述：正是由于基因科技的发展，才使得人们有了基于基因之上有关权利的诉求，基因权利才得以进入人们的视线，由此产生对于基因权利性质的疑惑以及基因权利保障的问题。

本书从法理的角度对基因权利进行论述，将基因权利存在的基础，权利的来源，以及具体基因权利的完善皆放入当今科技发展这个动态的背景之下展开讨论。首先从科技发展的角度切入，深入思索基因科技发展所涵盖的伦理、法律、社会内涵，并在伦理语境下对基因科技展开分析，对传统伦理原则进行反思；接着以唯物主义历史发展观点对基因权利的产生条件和权利的价值进行探讨；在此基础上，针对人类基因的法律属性争议，对基因复杂的性质进行探讨，这也是讨论基因权利性质内涵的前提和基础；通过宪法和私法两条进路，分别论证基因权利的本质属性，基因权利的构成各要件和包含的基本的权利形态；最后在人类基因权利的保障制度方面，对常规的完善宪法层面，制定基本法律的思路进行分析，对比提出采用"柔刚并济"的保护规范，并尝试用制度经济学视角和责任伦理理念对相关制度进行构建，克服前人只从宪法角度或私法规范角度单一的探讨。

本书以生命伦理学、医学、制度经济学等多学科为研究视角，试图多角度、多层次、多学科地深入研究基因权利基本问题，使其具有一定的深度。采用的主要研究方法有：历史分析方法、价值分析方法、比较分析法等等。其中在具体基因权利制度设计中，将以伦理学和经济学为分析工具，对基因隐私权制度和基因权益损害赔偿制度进行构建。

历史分析方法。历史分析方法是将权利的产生与历史事实进行对照，并进行"理解"与"梳理"。以科学技术发展对人权产生影响为立足点，考察科学技术发展激发人的权利意识以及科学技术发展对一些具体权利的影响。明确基因权利是基因科技发展的产物。

价值分析方法。基因科技触及了人的本质以及尊严、自由等根本价值，引发出诸多伦理和社会问题需要进行伦理反思和判断。伦理判断的关键是基因技术的具体运用对医学发展和社会进步有何价值和意义，本文通过伦理价值评判，证明基因技术必须在伦理的指引下才能有序地发展。通过技术的非中立性，探讨基因科技应秉承价值理性和工具理性的统一。探讨基因权利理论问题时，运用价值分析法论证基因权利是人类的基本权利，保障人权应是宪政的逻辑起点，也是其归宿和目的，基因权利理应得到宪法的保障。分析基因权利具有基本权利的特征时，揭示人类基于基因上的权利，实为人类与生俱来的基本人权。

比较分析方法。本书通过对美国法中的隐私权学说和德国法中的人格权学说进行比较分析，试图提出关于基因权利属性兼具有财产属性和人格属性双重性质。

本书具体研究内容如下：

第一章：基因科技冲击下的"美丽新世界"。

首先界定基因、基因组、基因资讯、基因检测等相关概念和人类基因科技及特殊性。其次，分析基因技术对伦理、法律制度、社会秩序的冲击，并在基因科技的伦理语境解读基因与伦理的关系，分析基因科技导致的社会问题的伦理解决途径和基因科技伦理应包含的价值，并以基因专利为例对基因科技伦理原则进行反思。

第二章：走向本真的存在——人类基因权利的存在基础与法律价值。

通过历史唯物观下的科技发展与基本权利的演变，阐述其引起基本权利的变化。认为基因权利是人类应当具有的基本权利。以动态的唯物主义辩证法的方法论论证人类基因权利的来源，认为它发轫于科学技术的创新，产生于科技对现实的冲击，植根于基因利益的诉求；根源于基因科技伦理的刚性诉求。在此基础上分析基因权利是公民应有的权利，提出人类基因权利的概念，并对此项权利进行价值分析。

第三章：基因科技与法律的对话——人类基因权利的法律内涵。

通过对基因法律性质争议的梳理，认为其具有物质和财产的双重性，为后文基因权利的性质分析提供依据。主要阐述基因权利的内涵及涉及基因权利的相关争议，在此基础上尝试确定基因权利的性质。通过对基本权利、权利、人权的辨析，结合对人类基因法律属性的分析，认为基因权利具有基本权利的特征，揭示出人类基于基因上的权利，实为人们与生俱来的、综合性的基本权利，是基于基因之上产生的新的综合性的基本人权。同时，从私法属性上看，基因权利也是一种新兴的人格权利，主要包括基因隐私权、基因平等权、基因财产权、基因知情权等。并从基因权利的主体、客体、内容以及具体的权利形态逐层展开，进行详细研究。认为人类基因权利的主体非常广泛，可以分为个人主体、集体主体。权利的客体是基因。基因权利具体的内容主要是基因资源与基因信息。并根据近几年来科技发展的大背景，结合热点事件重点对新兴基因权利形态，包括基因隐私权 、基因信息主权、基因专利权作具体分析。

第四章：科技发展下新兴基因权利难题。

在科技发展的新的形势和情境下，涌现出新兴基因权利难题，例如未成年人基因知情权保护议题，基因不知悉权与医师保密义务的冲突，基因资源分享法律难题，基因大数据信息保护的挑战等。首先，对未成年人同意能力的境外立法体例分析，探讨了未成年人的同意能力和代理权限；接着分析了未成年人非治疗性医学试验中的知情同意和未成年人基因筛查中的知情同意。

其次，当个体对其基因信息的不知悉权与家庭成员就其可能罹患某种疾病而享有的信息自决权发生冲突，如何解决这种两难处境？世界卫生组织、德国

《人类基因检查法》等都有了一些相关可供参考的做法，原则上医生自己不应当主动向患者亲属提示相关信息，除非该医生自己同时也在治疗患者的亲属，此时如果患者没有向其亲属披露，医生应当在沉默义务与披露之间进行权衡再作出披露与否的决定。

　　再次，在大科学、大工程、大数据的研究模式下，世界各国越来越重视人类遗传资源的战略地位，纷纷在人类基因组计划的开展下，建成基因库，设立生物银行（biobank）收集和储存人类遗传资源材料和信息。在此背景下，各国纷纷把平衡不同主体的权益保护作为人类遗传资源相关立法的方向，希望通过法律制度的创新来推动人类遗传资源在科学研究开发活动中的利用。对基因资源利用与利益分享的现状作了分析和比较，其中核心问题是：①基因资源获取的同时，如何合理分配基因资源研究带来的利益？基因研究的资源材料来自无数的个体，基因提供者是否有权分享这一巨大利益？如何调节好基因资源方面的个人利益与社会利益的关系？构建基因资源获取与利益分配的法律制度是有效利用基因技术的保障。②个人基因隐私与社会群体利益。人类基因技术的研究必须在公开个人基因隐私的条件下进行，传统的隐私权益理论中，信息隐私权意味着每个人都应当能完全控制他的个人信息，并且这种利益应该在任何情况下都受到保护。但是，即使个人不能完全控制自身信息，也不能断定个人的隐私权受到了损害。因此传统的隐私理论已经难以调和信息隐私和新技术之间的隐私冲突。而如果不设立相关规定限制隐私的泄露，还忽略提供基因信息的个人利益，那么将无人愿意参与这一利大于弊的研究。传统隐私理论该如何应对和解决新的隐私争议？③知情同意的实践冲突与选择。人类遗传资源中的遗传材料包含了特定基因的遗传信息，有正常信息，也有异常信息（如某种疾病信息）。这些异常信息是各国争夺的重点和保护对象，以群体为基础收集人体遗传材料和相关信息并开展研究时，必须考虑到对某一族群或群体成员造成的损害。如何确定同意主体，如何协调个人同意和群体同意的关系？其中涉及的问题主要可以分为：个人同意、家庭同意与群体同意，概括同意与具体同意，本人同意与代理同意的冲突。通过对知情同意主体的确定、知情同意的事项效力，概括同意还是具体同意的分析，尝试提出协调个人同意和群体同意的路径。

　　最后，在大基因信息时代，人类越来越容易地将基因信息与特定个体联系起来，甚至识别那些曾经认为已经匿名化的样本。现有数据保护框架与基因大数据研究之间存在冲突，如何调整数据处理原则，进行数据保护影响评估以更好地遵守隐私保护，明确数据主体权利成为当前关注的重点。结合 2018 年 5 月生效的欧盟《通用数据保护条例》（GDPR），对数据保护立法与基因组研究的冲突，研究数据处理的法律依据进行了分析，为相关立法的改进提供方向。

　　第五章：保守与超越：人类基因权利的保障制度。

　　因为权利并不天然地具有内在的自足性，其并不具有自我调节、自我实现的实施机制。因此抽象的权利要想变为人们的现实生活，必须借助法律机制才能实现，将应有权利上升为法律权利有利于依靠国家权威来实现权利。为了预防因基因科技的滥用、误用造成的对人类基因权利的侵犯，必须有相应的法律来规范，同时对权利遭侵害者予以救济，主要从宪法权利和私法规范两方面来分别展开叙述。相对于以保守、常规的法律保障思路和超越常规、跨学科的视角，主要以伦理学和经济学为工具探讨人类基因权利保障和损害救济制度。并对基因知情同意保障机制完善，基因信息自决权的引入，未成年人基因知情同意制度作了探讨。

第一章

基因科技冲击下的"美丽新世界"

我们必须正视这样的事实：科学正在影响着当代的社会变革，而且也受到这些变革的影响，但是为了使这种认识多少具有实在的内容，我们需要比以往更仔细地分析两者之间的相互作用。

——［英］J. D. 贝尔纳①

科学技术作为人类认识世界和改造世界的一种手段和工具，减轻了人类的贫困、痛苦和灾难，提高了人类社会的生活质量，为人类更好地生存和发展奠定了坚实的物质基础。自 1953 年英国生物学家克里克（Francis Harry Compton Crick）和美国生物学家沃森（James Watson）共同发现 DNA 双螺旋结构，生命的奥秘之门轰然开启，生命科学和生命技术突飞猛进，21 世纪进入了"生命科学的世纪"。2000 年 6 月 26 日，人类基因组遗传密码的第一份完整草图由中、美、日、德、法、英六国科学家正式宣告绘制完成，从而打开人类基因的天书。作为 20 世纪人类最伟大的研究成果——人类基因组计划，该计划深刻地影响了全世界，也正在改变新的世界。基因科技的发展对人的生老病死的干预，乃至对人生理的"改造"，早已不同往日，甚至开始扮演上帝的角色，从而对人的权利、尊严，人与人之间的关系等伦理、法律问题提出了严峻的挑战。作为以调节人与人相互关系，维护社会秩序和进步为己任的法律，不能不认真面对这种新的形势和要求。② 这些问题都指向一个焦点，那就是人类基于基因之上享有何种权利，而厘清基因相关概念的内涵是研究基因权利的基础。

---

① ［英］J. D. 贝尔纳. 科学的社会功能 ［M］. 陈体芳，译. 北京：商务印书馆，1982：37.

② 谈大正. 生命法学导论 ［M］. 上海：上海人民出版社，2005：序言.

第一节　人类基因科技概况

一、基因及相关概念辨析

（一）基因的科学界定及特性

1865 年，奥地利遗传学家孟德尔（Gregor Johann Mendel）根据豌豆杂交实验的结果，发现了一种由亲代传到子代保持不变的"遗传因子"，据此提出了适用于人类及一切真核生物的遗传基本定律，其中的"遗传因子"亦即基因。基因（gene）作为近代生物学上的一个概念，是由丹麦遗传学家约翰逊在《精密遗传学原理》一书中首次提出，但至今缺少一个确切的表达来完整地定义基因。[1] 基因是 DNA（脱氧核糖核酸）分子上具有遗传效应的特定核普序列的总称。其本质可以算是一种生物大分子——核酸的一部分。基因位于染色体上，并在染色体上呈线性排列，以人类而言，共有 23 对即 46 条染色体。每一条染色体都由脱氧核糖核酸（DNA）组成，它可以通过复制把遗传信息传给下一代，它是每种生物机体最重要的功能组成单位。

基因存在于生物细胞内，这里的生物包括人和其他生物，可以大致分为人类的基因与其他生物体的基因两大类。而人类是法律关系的主体而非客体，因此必须把人的基因与其他生物的基因区别开来。本论文探讨的仅限人类基因范畴。

法学将基因作为研究对象时不同于生物学，主要是将其作为一种具有一定经济价值，能为人们带来损益，立法应对此加以保护的自然资源来考量的。基因有以下几个方面的特征：①基因是一种相对独立的遗传信息单位，这些信息单位可以通过各种方式在生物个体间进行更新组合并向后代传递，指导、影响和决定着生物的身体构造、生活习性等性状；②从分子水平上看，基因是一段 DNA 分子，基因的信息内容编码在 DNA 的碱基排列顺序之中；③基因通过指导蛋白质或 RNA 分子的产生，或者通过影响其他基因产生这些产物的方式来发挥

---

[1]　黄丁全 . 医疗法律与生命伦理 ［M］. 北京：法律出版社，2007：649.

其生理功能①；④不同于人体器官的一点是，基因具有可复制性，不仅自我复制，还能够在与人体分离之后通过技术手段被复制和保存。

（二）基因组

基因组（genome），也称为基因体。DNA 双螺旋包含 30 亿个 DNA 亚单位，医学上称为碱基及脱氧核苷酸。四种不同的碱基以配对的方式按规律组成 DNA 链。人类各种不同的遗传因子或称基因，诸如生长发育，乃至健康、长寿等全部信息都蕴藏在这一由碱基组成的 DNA 链上。我们把含有所有遗传因子或生命活动信息的 DNA 链称为基因组（genome）。② 人类只有一个基因组，大约有 5 万 ~ 10 万个基因。生命的所有奥秘，都体现在这四种碱基的排列上，这 30 亿个碱基对组成的人类基因组，是全人类的共同财富。

从孟德尔定律发现至今几百年间，科学家们不断深入对基因的研究。美国科学家于 1985 年率先提出人类基因组计划（Human Genome Project），并于 1990 年 10 月正式启动，旨在通过测定人类染色体中所包含的 30 亿个碱基对所组成的核苷酸序列，进而明确其载有的基因序列，并以此绘制人类基因组图谱，最终达到破译人类遗传信息的目的。人类基因组计划使人类第一次在分子水平上全面地认识自我。这是有史以来最伟大的一项生命科学工程，其规模和重要性堪与研制原子弹的"曼哈顿计划"和"阿波罗登月计划"比肩。2001 年人类基因组工作草图发表，这是人类基因组计划研究史上的里程碑。2003 年人类基因组计划书宣告圆满结束。人类基因组计划的测序工作截止到 2005 年，已经基本完成。2006 年，英美科学家组成的团队历时 10 年完成了 1 号染色体③的基因测序工作，人类基因组序列完成图公布，标志着"后基因组时代"（Post-genomic era）的来临。

（三）基因资讯

基因资讯存在于每个人的细胞核中，它是指基因或 DNA 所揭露与承载的遗传资讯。基因资讯具有独特性、隐私性、永久性、遗传性、预测性等特征。

---

① 赵立平. 基因与生命的本质［M］. 太原：山西科学技术出版社，2002：181 – 182.

② GREGORY S G, et al. , the DNA Sequence and Biological Annotation of Human Chromosome［J］. Nature, 2006 (441): 315 – 321.

③ 在人类全部 22 对常染色体中，1 号染色体是人类最大的染色体，基因数量为 3141 个，碱基对超过 2.23 亿个，约占人类整个基因组的 8%，是平均水平的两倍，破译难度也最大。它大约与癌症、帕金森氏症和老年痴呆症等 350 种疾病相关。

基因资讯最直接的应用是医学研究与临床治疗，例如基因筛选、基因修饰以及基因治疗。基因资讯还可以运用到诉讼、商业、教育中，它关系到个人健康、家庭与生育诸多方面。如基因资讯可以预测个人的健康风险，对个人来说，了解自己的基因资讯，可以更有效地进行婚姻、生育的规划，以免生育出有遗传缺陷的子女；如果基因资讯用以就业方面，保险人或雇主相关人员知晓了雇员的健康资讯，也可能用以作更精准的风险计算与评估。基因资讯还可以运用在身份关系的鉴定上，通过分析比对检体细胞 DNA 的特性，以检查两个人之间的基因共同性，据此推算血缘关系的概率，准确率可达99%以上。

基因科技的发展，有赖于基因资讯的利用与研究。与一般的传染病信息不同，基因缺陷信息或与基因疾病相关的一切歧视、羞辱等不利问题将终生伴随这些携带者，对其家族的影响也更加深远。

二、人类基因科技及特殊性

基因科技是生物科技的一种，目前尚无严格的定义，凡涉及认识、解读、操纵、改造基因，以达成一定目的的技术都可界定为基因技术。从广义上理解，人类基因科技是将基因科技运用到人体，用以了解整个生命工程的指令以及致病的机制的技术。概括而言，指与基因有关的技术，主要包括以诊断和治疗疾病为目的而采取的基因检测、基因诊断、基因治疗等医学核心技术措施等，也包括基因咨询、基因加强、DNA 疫苗、胚胎干细胞移植、法医学基因鉴定、基因工程药物研发等相关技术。

（一）人类基因科技的类型

基因检测（genetic testing）是一种分析、检验人体染色体、DNA 产物的技术，通过分析有无基因失序，判定有无患基因疾病的倾向或可能性。美国法律对基因检测作了较广意义的界定，即对人类 DNA、RNA、染色体、蛋白质或者代谢产物的分析，以检测基因型、基因突变或染色体的变化。[①] 基因检测是为了取得基因资讯，以便作出适当的决断，往往是特定的个人或家庭在疾病症状尚未出现时，为了确定是否存在基因缺陷或遗传疾病的风险而寻求具体项目的

---

① LONDONO C. Genetic Information Nondiscrimination Act of 2008 ［R］. Patrick Air Force Base：Defense Equal Opportunity Management Institute Directorate of Research，2009.

检查，属于个人或家庭医疗计划的一部分。① 基因筛查不同于基因检测，基因筛查是以优生为目的，为了检测无症状者的基因特征，对一个群体或亚群体进行的大规模和系统的检测。基因筛查在受精卵细胞分裂为 8 细胞或 16 细胞的胚胎阶段，可提 1 到 2 个胚胎细胞进行诊断，分析这些细胞是否有特有的疾病，对在五个区域的染色体——13、18、21、X、Y 的 DNA 探针探查，大约 90% 的出生缺陷与染色体异常相关。②

基因诊断（gene diagnosis）不同于以疾病的表型改变为依据的传统疾病诊断，是指通过直接探查基因或基因组的存在和缺陷来对人体的状态和疾病作出判断，又称 DNA 诊断、分子诊断。其目的并非单纯地预测疾病的罹患风险而是确定疾病是否已经发生。其可以在已经出现症状时对患者进行 DNA 水平的诊断，也可以是对表型正常的携带者及基因疾病易感者作出诊断和预测。经过 20 多年的发展，基因诊断广泛被应用于许多疾病的诊断中，取得了许多成果。基因诊断的医学意义是巨大的，但它的应用也产生了许多法律问题。

基因治疗（genetic therapy）是针对基因缺陷的修复或补偿缺陷的功能手段，利用分子生物学的技术，将正常的基因直接或间接送入细胞中，以更正或修补错误的基因，让他恢复正常，也就是有意义改变人体细胞的遗传物质，以预防或治疗疾病。③ 基因治疗可分为体细胞基因治疗和种细胞基因治疗两大类。前者仅改变体细胞的基因表达，而后者则对缺陷生殖细胞进行矫正，其影响可以传给子代。目前法律基本上禁止种细胞基因治疗，因为其风险巨大，又涉及一系列难以解决的伦理问题。我国在 2003 年公布的《人基因治疗研究和制剂质量控制技术指导原则》中明确指出："基因治疗是指改变细胞遗传物质为基础的医学治疗。目前仅限于体细胞。"根据治疗策略不同，基因治疗又可分为基因置换疗法、免疫调节疗法、基因修复疗法等。

在基因治疗的分类中，有学者提出基因治疗可分为体细胞基因治疗、生殖细胞和增强细胞基因治疗。也有学者提出基因治疗分为体细胞基因治疗、生殖细胞基因治疗、基因增强工程和优生基因工程。其中的基因增强工程属不属于基因治疗的一类？基因增强技术是按照人的某种意愿改变人的正常功能从而达

---

① 吴柏林. 基因诊断和遗传筛选 [J]. 科学，2003（1）.
② ROBERTS L. The Nuclear Fluorescence Breeding Rabbit Amniocentesis Concerns [J]. Science，2001（378）.
③ 邱仁宗. 人类基因组的伦理和法律问题 [J]. 科学与法律，2000（3）.

到增强某种所期望的性状的基因技术，增强行为是相对于致病基因修复的理念，挑选优秀基因来增强个体的"非治疗行为"，是一种人种的优化，由于医学和遗传资源有限，为少数人的"完美"而投入巨资于非医学目的的基因增强，必然严重影响现有人类疾病的治疗和预防，这样的行为因存在更多、更复杂的伦理争议很难获得伦理上的支持，多数国家政府也发表声明禁止此类临床研究，因此基因增强工程不属于基因治疗的范畴。

（二）人类基因科技的特殊性

第一，人类基因技术的社会性和历史性。基因技术是人类社会所特有的现象，人类基因技术的本性是社会的。如果离开了社会，基因技术便没有存在的可能和意义。基因技术如果仅仅是一种无关其他的"技术"的话，则是这个时代的幸事。对一个人基因医学信息的解读，会暴露其父母、兄弟姐妹、子女、群族甚至后代人的身体隐私。研究者或商业机构获取后，在此基础上的研究和开发可以获得专利，或者进行大规模制药等商业化运用；雇主获取后，可以利用它来选择拥有与特定职位相"适合"的基因的雇员，或者解雇那些不"适合"的雇员；保险人获取后，则可以在接受保单时避免自己的风险；而一些机构获得公众的基因信息，则可以此建立基因数据库而满足特定目的。

人类基因技术的本性也是历史的，生产力水平的提高，经济效益的增强，生活质量的改善，也无一不求助于技术的发展和进步。基因技术随着时间和环境的变化而变化，表现出由低级到高级，由简单到复杂的发展性。在当今社会，基因技术发展变化之迅猛令人生畏，人们惊恐于无法确定这种变化的深度以及它对社会发展的潜在影响，如基因置换、重组、修饰、加强，使得定制婴儿成为可能，而后果是危及人类基因库的多样性。

第二，人类基因技术的功利性。基因技术角色的功利性是指基因技术在扮演以追求效益和实际利益为目标的角色时所表现出来的特点。其目的是实际利益的获得，表现为实现既定的效率目标。任何一个社会的存在与发展，必然要追求经济的增长，实际物质利益，以及生活质量和效率。这是社会进步的基础和标志，这也正是基因技术产生发展之必要性。不容我们忽视的是，在现代多元化的科学技术研究与发展体制下，除了公共资金投向科学技术研究的重要领域，更多的私人企业、部门甚至是个人出于对更多经济利益的谋求，或者为了保证对未来市场的开拓和占有，也会积极地、主动地、有目的地把资金投向有关技术研究与开发活动中。

　　第三，人类基因技术应用的双面性。主要是指人类基因技术的社会属性。人类通过基因技术的力量解决人体器官移植体短缺的需要；利用基因筛检技术对疾病风险进行预测；在普通刑事或民事案件中，运用基因进行鉴定（genetic identification），如犯罪嫌疑人鉴定、亲子关系等，都展示了基因技术造福人类的积极性一面。但人类基因技术引发的一系列风险不能忽略，只要涉及基因技术的应用，就无法回避其负面效应，其中伦理和社会风险是基因技术固有的内在风险，它单靠技术理性本身是无法克服的。目前，人类对基因的了解还不够透彻，还没有十足的把握控制基因重组后的结果。此外基因武器也令人担忧，基因武器是按照作战需要通过基因重组技术改变细菌或病毒，使不可致病的成为可致病的，使可用疫苗或药物预防和救治的疾病，变得难以预防和治疗而制造出来的新型生物武器。人类不同种群的遗传基因是有差别的，将基因表现不同的产物当作攻击目标是完全可行的，基因武器可以根据人类的基因特征选择某一种族群体作为杀伤对象，因此，这种新型生物武器也被称为种族武器。还有随着人类基因密码的进一步揭露和研发，可能引发的基因歧视，以及生殖克隆引发的伦理问题也都反映了基因技术的负面效应，因此，我们必须永远牢记爱因斯坦提出的警告："技术的进步像是一把握在病态的罪犯手中的利斧。"

　　基因科技这些特殊性的存在，使其引发的一系列社会问题需要在伦理学和法学领域进行新的反思。

第二节　基因科技的伦理、法律与社会内涵

　　基因科技被逐步广泛应用于医疗、保险、诉讼等领域，其与个人的人格尊严、生命健康、经济利益的联系也越来越紧密。基因技术是一把双刃剑，它既给人类生活带来更多的便利，又会对社会本身产生巨大冲击。基因技术的支持者认为，大力开展基因科技的研究开发与应用工作，期望在不远的将来，人类能够在消灭遗传疾病，增进人类健康，解除病人痛苦和提高人类生存质量方面有突破性进展，人类的整体福利也将因基因技术的发展而迅速改善，因此推进基因研究工作，符合人类的利益，并没有违背人类发展的道德。而反对者认为，尽管基因技术能给人类带来福利，但因基因研究直接涉及人类生命最本质的秘密，甚至能实现自然界不同的物种间的交换，跨越动植物和人类之间的生物学

界限，在漫长进化过程的瞬间，就可创造出成千上万崭新的生命形式，对伦理观念、法律体制、社会秩序等形成重大挑战，其结果便是产生了诸如基因歧视、基因武器、人造生命、基因抢夺等恶性问题，且有愈演愈烈之趋势。

一、基因科技发展的伦理风险

基因技术作为纯粹的工具理性而言，并不显现或包含特定的道德价值。但它作为一项重要的研究行为，是人类认识世界和改造世界的社会实践活动的一部分，是研究者主观的合目的性行为，其中必定渗透着某种价值判断与取舍。人类基因科技由于拥有对人的受孕、出生、身体健康、智商、躯体构造以及生命历程等加以控制和把握的能力，而引发了巨大的社会震撼，同时也给当代社会带来了巨大的伦理挑战。"它们与传统的伦理道德发生碰撞，大致上围绕五个相互联系、相互影响、相互渗透的层面而展开，即基因—生殖，基因—检测，基因—治疗，基因—克隆和基因—生态层面。"① 这些因基因技术的实施而带来的伦理风险可以概括表现在对人类尊严、平等、安全和生态环境的冲击几个方面，本文仅限于探讨与人类基因相关的伦理风险，故生态环境方面在此略去。

（一）基因科技与人类尊严

康德学派对于人性尊严的理念是"万物非有价格即有尊严"，对人性尊严的思考是康德伦理学的重要原则，即人不能被当作其他人的期望的客体。生命科学的迅速发展以及其中某些应用对于人类尊严可能产生新的伦理论争，其中主要表现在两个方面：随着基因科技的进步，基于优生学考虑的遗传检测、种系基因治疗，恰恰可以让人类原有的特质选择性地呈现；基于促进技术进步而不断向人类基因进攻的专利权授予则可能使个体的人成为专利对象，因而被质疑为把人类当作纯粹的客体或物品，而不足当作人来对待。人们担心，这最后会造成把作为个体的人当作低于其他人类一等的生物的结果，从而导致人类尊严的丧失。

关于利用基因技术优化人类的主要伦理论争集中在：如果基因技术允许，科学技术是否有权利对基因进行改造，以此干预未来人类的遗传特征？拥有这种

---

① 沈铭贤. 科学哲学与生命伦理——沈铭贤文集［M］. 上海：上海社会科学院出版社，2008：253.

权利的主体是谁？拥有这种权利是否具备正当性？在对人的遗传基因干预过程中，我们当代人是行为的主体，而风险与后果却由未来的后代承担，那么我们是否可以在未经当事人同意的情况下置他于风险之中？克隆技术能否作为优生的办法和措施被临床采用？克隆人家庭内部是否会出现代际的混乱？

遗传科学家们认为，通过用健康的基因取代有缺陷的基因，可以从根本上预防或祛除目前人类已经确诊的800多种遗传疾病的发生，实现对人类繁殖的控制。赞同利用基因技术优化人类的基因决定论者认为：人类行为、智能、认识、体育运动能力、道德状况，甚至阶级都是由基因决定的，进而夸大基因等生物因子的作用，没有给自由意志、环境等因素留下空间。而反对方从"操控者"主体上分析，则认为生命体来源于进化，进化意味着基因随着环境变化而突变，突变出更适合环境的个体，自然环境即为操控者。这种自然行为若被人类来操纵，即人类变成自身的操控者，无疑意味着医生或研究人员扮演上帝的角色。利用技术进行基因的改造，是"扮演上帝（Playing God）"的"越界"行为，而信仰基督教和天主教的国家，认为上帝创造了人，每个人都是一个拥有着神圣不可侵犯权利的主体，任何人都不应将自己也无权将别人作为科学研究的试验品。医生或研究人员随意对人的基因进行重组和拼接，人有被物化的可能，人的尊严将消失殆尽。如果父母按照自己意愿对后代进行基因增强，则违背了伦理学上最基本的人有自决权的原则，严重侵犯了后代的人权；人类为了不断地完善自己，不断地在基因水平上改良基因，新一轮的"优生运动"则有可能会死灰复燃。而人种优生将破坏人种多元、特色各异、自然平衡的特征，任何试图改变和抹杀个体独特个性的行为，都是对人类尊严的冒犯。

基因工程中的克隆技术作为优生方法和措施，对人类尊严的冲击更加严重。首先，技术的迅猛发展赋予了人类不断干预生命、改造生命甚至创造生命的能力和可能，其通过胚胎干细胞的克隆，改变了人类传统的生命产生方式和进化过程及自然家庭的产生方式和存在方式，从而改变人的生物性的自然本性，和以生物性血缘关系为纽带的家庭的自然本性，这将直接对传统家庭伦理观及社会伦理秩序带来冲击；其次，有性繁殖是形成生物多样性的一个重要基础，人类胚胎干细胞研究如果滑向生殖性克隆，将违背生物进化过程，改变人的遗传结构，使人种单一化、同一化，进而消融人类的多样性；再次，人类胚胎干细胞的研究者为获得胚胎干细胞，需要克隆胚胎，在提取胚胎干细胞后"破坏"该胚胎，而干细胞一旦被提取，该胚胎就会很快死亡。这将引起胚胎的性质、地位以及由此衍生出的关于人的尊严、人的生命质量等问题的伦理争议。此外，人类胚胎干细胞的研究需要对人类胚胎进行操作，对生物系统的操作不同于物理、化学实验，谁也无法保证其绝对安全和达到理想的纠正效果。由于技术的不确定性，往往造成创造生命的同时，又在不断地毁灭生命。① 当人的生命面对技术操作的时候，无疑会引起对生命理解上的疑问：生命到底是一种神圣的存在，还是可以任意操作的对象？人的生命是否真的能够运用技术手段操纵和更改？② 关于对人类基因授予专利权的主要伦理论争集中在：如果人们对自己的基因拥有财产权并且能够通过出售和授权来行使这些权利的话，他们对待自己的遗传材料的行为会与人性中无价的博爱和高贵相抵触，从而使他们自己成为一种有价的商品。既然我们承认人类生命为道德主体，应该具有尊严的属性，那么人类的生命就应该与道德主体具有同一性。而且人类基因如果私有财产化，将造成经济的弱势群体沦为缔约上的劣势者，成为受人摆布、被剥削的对象。与以往的穷人为了生存而出卖器官一样，他们也可能为了生存而出卖自己的基因。按照康德的说法，违反了这种自尊的义务有时会使得人类如同动物一样，因为正是这种道德上的规范才将人类和动物区别开来。

（二）基因科技与人类平等

平等的内涵包含三部分内容，即"基本自由的平等""进步机会的平等""为达公平采取有利于弱势者的积极差别待遇"。③ 对平等的追求始终是人类社会正义力量努力的目标和方向，但时至今日，由相貌、性别、年龄、种族、肤色、地域、受教育程度等造成的不平等依然影响着人类的生活。法律上不存在基因的优劣之分，人的价值和权利一律平等，因基因承载着个人的全部遗传信息和生命奥秘，尤其是人类基因组计划的完成与后基因组计划的实施，将会有更多的基因信息被揭露出来，仅基于所谓的"缺陷基因"而对其携带者作出不合理的差别对待，由此带来的基因歧视更加剧了这种不平等。因基因缺陷而导致的"基因歧视"，让社会产生了对未知风险的恐慌。所谓基因歧视，Natowicz等人定义为：单独基于个人基因构造与正常基因组的差异，而歧视该个人或其

---

① 杜珍媛. 责任伦理视角下人类胚胎干细胞研究的法律规制 [J]. 医学与哲学（人文社会医学版），2010（7）.
② [法] 米雷埃·德尔马斯-玛尔蒂. 克隆人：法律与社会：第三卷 [M]. 上海：复旦大学出版社，2006：115－116.
③ 李德纯. 宪法上平等原则之探讨 [J]. 法令月刊，2001, 52（8）.

家族成员的行为。① 随着基因科技发展进程中基因增强、基因检测技术的使用，基因歧视突出表现在以下三方面。

1. 个人基因信息歧视：被检测携带有异常基因的个人在经济和社会等方面受到不公平的待遇

基因检测技术使用中，如果基因信息被不正当利用，将会导致基因歧视。基因歧视与基因信息的特性密切相关，基因信息的特征主要有：首先，基因信息是决定个体性状的基因遗传序列信息，包含大量个人资料，包括可被解读的缺陷等，具备保密性和识别性；其次，在基因技术发展到破解遗传编码时代，可将外在表现的遗传性状与基因信息对应后，基因与个体存在独一无二的对应性，② 具有识别个人之人别身份的能力；最后，具有家族风险性，可揭露家族成员、族群之间的关联性。这些特性使得基因资讯具有了隐私意义。

随着技术的发展和费用的降低，使用基因检测的雇主也越来越多，用人单位、保险部门、教育机构等也希望通过基因信息来获知利益相关人的一些信息，主要集中在导致疾病的基因缺陷上，以此来维护自身利益。对于被检测出存在有基因缺陷的个人来说，有可能因自身基因资讯的公开而受到基因歧视，从而在就业、医疗、教育、健康保险等方面无法与他人平等地竞争。在就业方面比较有名的典型的案件是，甲女可能自父母遗传了亨廷顿氏舞蹈症（Huntington's disease，简称 HD）③ 的变异基因，因此决定进行基因检测。遗传咨询者建议她在检测之前先安排好寿险与医疗险，因为一旦出现阳性检验结果，将可能使她无法获得保险。甲女的同事无意中听到甲女进行检测的计划，就将这事告诉了老板。起初老板也表示同情，且答应提供帮助，但是当检查结果显示甲女确实带有变异基因，而且她也宣布这件事情之后，却遭到了解雇。而在甲女被解雇前的八个月期间，她曾因工作表现优秀而获得三次升迁。基因信息能被雇主、保险人或政府官员利用，表面看来像是为了公众福利着想，实际上将会侵害到个人求职机会、参保机会的平等。一旦基因医疗信息被作为雇佣时的考虑因素，那些带有致病基因或基因缺陷的人可能就被归入不适合工作的人，而沦为一种

---

① 吕炳斌. 基因、伦理及法律问题［J］. 科技与法律，2002（1）.

② 张宏. 基因隐私权的法学思考［J］. 河北法学，2006（9）.

③ 亨廷顿舞蹈症（Huntington Disease）是一种遗传神经退化疾病，主要病因是患者第四号染色体发生基因变异，所产生的变异蛋白质在细胞内逐渐聚集成大分子。患者一般在中年发病，逐渐丧失说话、行动、思考和吞咽的能力，约持续 15～20 年，最终导致患者死亡。这种病的遗传概率为 50%。

社会底层的"新阶级"。

2. 优生基因歧视：由于基因缺陷而剥夺少数人群的出生权，或者利用基因设计孩子

基因医学技术在优生学的应用领域激起了很大的波澜。确实，通过基因技术能够对计划孕育中的或将要出生的孩子的个体特征加以预测，乃至修改后代的遗传特性，即所谓的"遗传控制"；可以查出胎儿是否存在遗传疾病的致病基因；能够确定夫妻的特定遗传特征，在怀孕之前就可以了解未来发生遗传疾病的风险，以便作出相应的孕育决定；通过基因筛查可以在更大范围内针对特定遗传疾病采取预防措施等。基因技术如果被用于优生，即通过基因干预选择自己的后代，不仅可以选择后代的健康，而且后代的身高、体重、爱好、特长、容貌以至性别等都可以选择，那么不能或不愿为孩子优化基因的父母则可能遭到"让不当生命出生"的指责，甚至被起诉，他们的孩子也可能成为未来社会低级阶层的一员。以往影响人在社会上发展的是"自然不平等"要素，如性别、年龄、种族等，而在将来则可能还要加上"基因"一项。

此外，有性繁殖是形成生物多样性的一个重要基础，人类胚胎干细胞研究如果滑向生殖性克隆，将违背生物进化过程，改变人的遗传结构，使人种单一，破坏人体的完整性和人种的完整性以及使人类遗传特性受到侵犯。

3. 种群基因歧视：基因信息可能威胁到更多的少数人群的存在，比如有色人种，可能会被改变基因

基因增强技术使人类更高、更美、更壮、更强、更聪明。采用基因增强技术可以改变植入者的身高，改变肤色，增强体能等，但随之而来的伦理问题是谁能拥有增强性状的基因？是凭财富、权力抑或其他？什么样的基因需要增强？增强的标准又是什么？达到标准的是否就是"好基因"，没达到标准的是否就是"不良基因"？好基因和坏基因的分类是否会导致对个人和种族的歧视？如果大多数人选择肤色白的基因增强，那么原本的肤色是否变成"弱势基因"而遭歧视。

此外，由于医学和遗传资源有限，为少数人的"完美"而投入巨资于非医学目的的基因增强，必然严重影响现有人类疾病的治疗和预防，而经济富有者有更多的机会能享受基因科技研究成果，进行器官移植或基因治疗，延缓衰老或解除病痛。但经济弱势群体却会承担基因科技发展的风险，无法享有基因技术带来的福音。这种因为经济资源不对等而造成的社会不平等，并不是人类社

会发展到今天才出现的问题，曾经每一项医疗技术的进步都曾面临此问题。只有通过国家积极发展经济创造财富，完善社会福利政策，减少经济不对等的现象，同时积极发展基因科技，降低利用成本，才能让大众均能享有基因科技研究的果实。

（三）基因科技与社会公正

社会公正指社会经济权益和责任的合理分配。基因科技导致的不公正主要体现在三个方面。

首先，技术的复杂性要求得到越来越多的资助，几乎所有的现代技术都离不开公共或私人基金的资助，而社会资源的有限性提出了如何在科学家之间、学科之间、社会的不同需要之间分配有限资源的公正问题。另一方面，研究的过程、研究的成果及其应用常常是有利于一部分人而对另一部分人造成损害。在对人类基因进行研究中，要求基因研究所带来的各方面利益都应该合理公正分配。但现实情况是：在资源和好处的公平分配和获得，在研究方向和轻重缓急，以及有关利益分配和获得方面，发达国家和发展中国家存在着巨大的不平等。在全球基因资源非常有限的情况下，技术的研究与开发会带来极大的商业利益。发展中国家资源相当丰富却由于技术和经济因素无法进行独立开发。而发达国家凭借其雄厚的技术力量和经济实力，以极低廉的价格获得基因资源后组织开发，从中获得了丰厚的利润回报。而无偿提供生物基因资源的发展中国家却获益甚少，甚至还需要付出巨大的经济代价去购买发达国家的技术成果。其次，实施基因技术的费用昂贵，富人无疑是这种交易的最主要受益者，而穷人则少有问津。这与公平原则相悖，有失社会公正。再次，如果保险公司、雇主、法庭、学校、收容所、法律实施部门以及军队不当使用了个体的基因信息，将可能对携带"缺陷基因"或"不好基因"者的升学、就业、婚姻、事业产生不利的影响，使他们因此受到不公正的待遇，个人的合法机会被粗暴剥夺。

（四）基因技术滥用与安全

基因科技活动比一般的科学活动更具复杂性，由于其研究对象是人，蕴含着极强的伦理价值倾向。一方面，从工具理性的维度观之，它促进了社会的发展，体现了人类对生命本质的纵深领域的理解；另一方面，从价值理性的维度去审视，则具有极强的价值负载，从其运用的一开始，就蕴藏着不可预料的副作用。就目前而言，基因技术的滥用主要体现在以下四个方面。

1. 制造"半人半兽"的怪物

人类是理性的动物，绝不会做技术异化的奴隶。但是如果丧失人之基本理性，利用先进的基因技术制造出半人半兽的怪物或是通过基因芯片植入极具侵略性和攻击性的基因，制造出严重威胁人类生存的超级生命，其后果都是不堪想象的。对于基因技术生物来讲，特殊性在于植入给它们生物体内的基因可以来自任何生物，这完全打破了物种原有的屏障，这将必然引起极大的忧思和恐慌：如果将人与其他动物的遗传基因进行重组，再以一定方法加以培育形成的个体究竟是动物还是人类？而英美遗传工程学家已在实验室中成功地把人体基因移植入某些动物体内，对此日本和美国都在法律中明确规定禁止将人类与非人类遗传物质进行重组以免制造出"半人半兽"的怪物。

2. 克隆人

克隆羊"多利"是英国爱丁堡罗斯林研究所使用克隆技术培养出的基因性状与提供细胞的成年羊完全一致的小羊。这一技术的成功，使克隆（复制）人类自身成为可能，同时这一爆炸性的消息引起全世界的轰动。克隆人使得人类寿命"无限期延长"成为可能，人们担忧：用自己的体细胞复制出来的克隆人是权利主体还是权利客体？与自己有着怎样的关系？自己是自己的兄弟姐妹，还是自己的父母？父母、子女不再具有原来的意义，既存的家庭观念与家庭制度将被动摇①，最终导致家庭的解体及家庭角色关系错位。

如果这一技术被人滥用，复制出被应用于非人道目的的"人类"，那该怎么办？英国核物理学家布拉特将"复制羊"的问世同原子弹的出现相提并论，并认为遗传工程像原子弹一样"具有令人恐怖的可能性"。不管克隆是缘于何种理由和目的，它的出现都会引发大量的社会、伦理问题，它将破坏根源于人伦关系建立起来的社会价值体系，从根本上破坏自然生存法则，也将破坏个体的独特性及由此产生的生命尊严感。因此世界医事组织明确宣布：人体克隆违反伦理道德。加拿大、德国、英国、意大利、法国、丹麦、巴西等都制定法规，纷纷禁止进行生殖性克隆的试验。日本国会也通过一项关于克隆人的法案，规定任何克隆人类的行为皆为犯罪，最高可被判有期徒刑或被处以罚款。

3. 生产基因武器，发动生物战争

从根本上而言，科技的发展始终应以促进社会进步，维护国际和平为目的。

---

① 肖厚国. 当代生物技术下民事主体的困境［M］//梁慧星. 民商法论丛：第35卷. 北京：法律出版社，2006：110.

但是由于不同的意识形态、社会制度、阶级利益的存在，科技被蜕化成为战争的工具。在生物遗传工程技术的基础上，按照军事上的需要，利用基因重组技术，复制大量致病微生物的遗传基因，并制成生物战所用的制剂将其放入施放装置内，就构成了基因武器。基因武器与传统生物武器相比，具有成本低廉、容易制造、使用方便、杀伤力大、保密性能好、难防难治等特点，有人声称，只需几克超级热毒基因武器，就足以使全球数十亿人死于非命。有人甚至已经提出设想，研究不同种族、不同人群的特异性基因，采用一定策略将其适用于目标人群，从而导致一个种族的毁灭。随着人类基因组计划研究的深入，作为探求人的生命本质的技术，一旦失控或被滥用，很有可能引起毁灭性的结果，引起人们的普遍担忧和关注。人类基因组的研究成果，使科学家能够鉴别出不同人种之间的细微基因差异，基于这种差异而研制的，直接针对某一特定民族和种族的基因武器，是人类迄今为止最具有杀伤力和毁灭性的武器，极有可能被恐怖主义者操纵和利用。国际上已制定了两个公约：《关于禁用毒气或类似毒品及细菌方法作战议定书》《关于细菌（生物）及毒素武器的发展、生产及储存以及销毁这类武器的公约》来规范生物武器。但是，随着生物技术的发展，尤其是重组技术的出现，这两个公约已赶不上形势的发展，暴露出一系列缺陷。所以，国际法专家呼吁修订生物武器公约，联合国已开过四次关于生物武器核查措施的会议，对推动全世界的生物武器裁军事务起到了积极作用。

　　4. 强制收集"基因指纹"，导致促进国家安全与保护个人隐私之间失衡

　　生物识别监控（Biometric surveillance）包括指纹、面部和语音识别，以及虹膜扫描等，正迅速成为国家安全政策和实践的一个重要组成部分。DNA 鉴定在刑事调查中，具有独特性、稳定性，并且很容易获取。人们已经日渐认识到DNA 分析在国家监控和安全活动中的潜在用途。2002 年，美国通过了《加强边境安全和签证入境改革法》（Enhanced Border Security and Visa Entry Reform Act）应对 911 恐怖袭击，要求签证申请人向国家安全数据库提交 10 个指纹。美国国防部还拥有一个包含 100 多万份 DNA 样本的数据库，用于识别武装部队成员的遗骸。联邦调查局（FBI）的 DNA 综合索引系统（CODIS）包含 1200 万份来自重罪犯、被捕人员和犯罪嫌疑人的 DNA 档案。日本也在 2007 年开始持续收集游客的指纹，包括英国在内的许多欧洲国家也纷纷效仿。新加坡从 2016 年开始对游客进行指纹识别，而阿联酋则更进一步，开始收集虹膜扫描。全球范围内，各个国家的生物识别数据库正在普遍扩大，不少国家如科威特等已经将基因信

息纳入了生物识别监控的范围。丹麦和瑞典政府都允许执法人员为了调查犯罪而访问研究数据库中的基因信息。2015 年，科威特政府在立法中规定，要求收集和保存所有公民、居民和前往科威特的游客的 DNA 样本。该立法的目的是支持国家对恐怖主义分子的搜查工作，并有助于在重大恐怖主义袭击后查明遗体的身份。由于大多数数据库并不向样本捐献者告知其生物样本或基因信息的次要用途，因此很难确定 DNA 数据库在执法方面的应用程度。

强制收集"基因指纹"等生物识别信息在全世界激起了许多讨论和质疑。其中，反对者们认为收集"基因指纹"将会涉及个人健康信息，而且有可能被滥用，侵犯个人隐私。但在当代的政治环境中，国家安全已经越来越受到重视。保护个人隐私的理由并不能阻碍政策制定者使用基于 DNA 的生物识别监控。

强制收集"基因指纹"等生物识别信息的另一隐患在于，除了个人隐私，生物识别监控的数据库包括大量的数字信息，其安全性可能受到威胁，进而导致数据被滥用。政府如果没有制定强有力的安全协议，以确保公民的隐私，那么决定实施基于 DNA 的生物监控项目将带来很多隐私泄露隐患。强制收集 DNA 等信息的社会和经济成本很高，与该项目确实具备实施的价值相比是否合理，有必要联合生物伦理学家、经济学家和国家安全专家进一步论证其有效性，以更好地控制项目成本。①

二、基因科技发展的法律难题

对于"人类生命"议题的关注，法律界长久以来都还缠绕在人道考量与医学需求的传统论辩中，大多围绕着堕胎、安乐死、器官捐赠等这类传统论题。然而科技的脚步早已越过法律论战的烟尘，带来对"人类生命"概念无可估计的颠覆，而需要法律加以厘清的难题，也不再只限于"时点"的问题上（如人的生命何时开始、何时结束的争论）。法律体系如何应对人类基因科技所带来的冲击，已经不仅是技术性法规枝节的修正或行政管制的课题，因为人工操控的基因一旦渗入人群便无法逆转回收，而已经复制出的生命体也无法透过"禁止"与"处罚"使之消失。人类基因科技对我们的冲击是如此现实与迫切，将发生在人身周遭上的问题是无法回避的，更无法透过如"基因科技法"等行政管制

---

① SPERRY B P, ALLYSE M, SHARP R P. Genetic Fingerprints and National Security ［J］. The American Journal of Bioethics, 2017 （15）.

手段来"解决"。新科技的应用虽势不可当，但不能以民众法律权利的无理牺牲为代价。

个体的独特性和差异性应当受到社会的尊重，人类基因图谱的绘制成功，意味着可以预测到人体的遗传信息，因而在基因研究、成果利用、医疗等活动中带来个体的自由平等权利、个人隐私权利及基因权利归属等生命权利难题。

（一）基因科技发展带来的平等自由权难题

平等自由权是人类基本的权利之一，但由于基因科技的应用过程中有可能在基因层面上揭示每一个人的先天基因缺陷，从而使不良基因的携带者在就业、医疗保险、交友中可能受到不平等的待遇，基因歧视导致诸多选择的自由权益被侵害。

第一，对职业自由、职位选择自由、职业执行自由权益的侵害。早在20世纪70年代，美国在就业与保险领域就出现过对携带致镰刀型红细胞贫血（sickle cell arnenia）基因者歧视的案例。据美国政府各部1998年的联合报告（Department of Labor，etal. 1998），美国已经出现多例就业基因歧视案。1997年，美国一男子因携带高雪氏症（Gaucher's disease）的单一变异基因而被拒绝录用，尽管他的基因变异对现在和未来的工作能力毫无影响。在2000年前，有15%的美国公司准备对其准员工进行基因状况检查以确定是否雇佣。此结论是雇主们居于科学舆论、费用计算、疾病预测数据的结果。只要测试的准确性上升却费用降低，通过基因检测以决定雇佣的可行方法的雇主数量就会增加。基因检测是否可用于体检在我国尚未有明确规定，曾在2009年，我国发生过被称为"基因歧视第一案"的案子，参加广东省佛山市公务员考试的三名考生，于2009年6月的公务员体检中，被认定为地中海贫血基因携带者。由此根据《公务员录用体检通用标准（试行）》中第三条"血液病，不合格"规定，认定三人因体检不合格，不予录用。由此可见，雇主有可能为了提升生产力，降低职员流动率，减低保费、医疗补助，在职场上应用基因检测等技术，对职工的基因特征进行检查，将基因检查结果作为录用或差别对待的依据，则基因上容易发病或对某些物质敏感的带因者便可能失去求职机会或在工作晋升与职务分配上受到不公的待遇。

第二，对商业性保险参加权的侵害。保险可以分为社会保险和商业保险两类。商业保险必须依赖投保人提供的真实的身体方面的信息，保险公司据此进行合理的风险评估。保险法上的诚实告知义务，其目的便是克服投保人和保险人在咨询上的不对等问题，以防止风险较高者成为保险购买者，造成逆选择（主要指在特定的商业保险市场中，已获知自身为高风险者认为购买保险所带来的避险利益大于成本，因此增加购买保险的行为）危机而恶化保险的经营。近年来，美国和英国的一些保险公司提议对人寿保险投保者实行基因检查，如果投保者携带的疾病基因多，则需多交保险费。但就遗传疾病的特征而言，以基因预测个人在未来发生疾病的概率并非都有高度准确性，只有少数的单基因遗传病才能归因于某一特定基因。遗传疾病的发生往往是个体基因与外在环境因素共同作用的结果，这种多因素遗传病的发病原因相当复杂。而医疗保险商业中对被保险人的基因缺陷的歧视和排斥表现在：保险人因为对被保险人的基因缺陷所隐含的风险的检测，而拒绝核保或要求收取较高的保费以将其排除在自由投保的范围外，侵害了投保人自由参与保险的平等权益，影响其最低生存尊严的保障，更侵害了其健康权甚至生命权。

第三，对交友自由、婚姻自由的权益侵害。例如拥有某些特定基因的人或族群在交友或选择结婚伴侣时如果被要求提供基因检测报告，作为婚姻、生育决定时的参考，如果基因有缺陷或基因表现出某些生理功能不正常，或者该特殊基因和某些基因相结合，能导致下一代患上基因疾病有很大概率，则会给该基因携带者带来交往上的不自由和婚姻上的限制，以致对其择偶结婚产生不利后果，因而间接限制其婚姻平等自由权。

第四，对教育、求学的公平权益的侵害。如果在孩子入学、接受教育的过程中被要求进行基因检测并出示结果，智商基因不高的孩子有可能被要求送至特殊学校，或者以基因评判智商，实施能力分班，以基因分析孩子的能力，并按此分组，侵害孩子受教育的自主性。

第五，对受试者知情同意、信息自由权益的侵害。知情同意原则是在吸取纳粹德国医学和遗传学的教训以后，基于不伤害、有利于受试者以及尊重受试者而提出的国际公认的人体研究的一项基本准则，其并不是在人类基因研究大规模开展以后才提出的新权利。在现代社会，个人了解与自己利益密切相关的生存环境信息，知悉自己的处境，明确自己可能面临甚至遭遇的困境与危险，是人们得以生存的前提条件。每个人有权决定是否将其个人资料交付与供利用。知情同意和自主选择的原则尊重个人的自主性，在基因科技领域，知情同意与自主选择不仅仅包含传统意义上的是否自愿成为受试者的内容，而且包含受试者是否自主提供基因信息，即基因信息自主权问题。

人类基因知情同意包括基因研究、基因诊断、基因咨询和基因治疗中，基因数据采集和使用的知情同意及基因信息的选择自由。即受试者在被利用了自己人体的组织、血液作为基因研究素材时，应被告知研究的目的，研究的程序，如何利用其组织或血液，研究结果的处理等信息，并基于此自主作出选择。只有个人才最清楚他的最佳利益是什么，是否适合参与基因研究，所以应当尊重参与者作出的有关遗传材料或信息储存或用作其他用途的任何选择。然而医疗研究单位在基因研究过程、基因诊断、基因咨询和基因治疗中，招募受试者进行基因治疗临床试验时，出于在临床试验阶段，病人往往会怀疑疗效、副作用而拒绝参与，从而使试验受到影响的考虑，在使用由病患身上所采得培养的细胞时并未告知病患参与的是基因治疗的临床试验阶段以及可能发生的风险，从而影响参与者依靠知晓的真实信息，所具有的知识、智慧自由地作出正确的选择。

（二）基因科技发展带来的隐私权难题

个体隐私权是保持平等自由权利、人格尊严所必不可缺的要求。而人类基因组计划使包含着大量精确的个人疾病、健康、性格、智力、行为等各方面的信息的获得越来越容易，这些信息由于基因技术的发展一旦被泄露或滥用，将会使权利主体的隐私权受到侵犯。当今，基因技术对人类隐私权的重大威胁主要来自社会生活中对个人基因信息的广泛需求和基因的研究、咨询、检验、诊断中对于基因资料库的使用两方面，基因检测技术的发展普及，生物信息技术的发展与基因科技领域的日益商业化更加剧了隐私权益的损害。

首先，在与个人经济生活密切相关的劳动就业、保险等社会活动中，基因信息与个人健康状况密切关联，使得个人的基因信息对雇主、保险人具有巨大的吸引力。对于雇主和保险人而言，基因信息是了解雇员或被保险人的健康状况的重要工具。在家庭生活中，基因与个人健康、医疗的密切关联，使得家庭成员，尤其是血亲，在许多情况下会倾向于知悉个人的基因信息，以助于了解自身的健康风险，采取早期检测、预防或者治疗措施。而非血亲的配偶间也存在知悉对方基因信息的需求。由于基因能直接揭示当事人生育的风险，知悉配偶是否携带有某种特异基因，通常直接影响着当事人对生育的决定。

对个人基因信息的需求不仅限于个人生活的经济系统内，近年来基因专利的白热化，导致不论是国家还是生物公司都积极寻求从基因科技中获利，寻求申请人类基因专利或基因方法专利，给基因隐私的保护带来巨大的压力。

其次，对个人基因隐私的保护而言，最大的威胁不是来自上述私人领域，而是来自政府（国家）。科技的进步直接刺激了公共领域中政府对个人基因信息的需求，具体表现为政府建立的医学研究基因资料库收集、使用个人基因信息的行为。

基因资料在同一家族甚至族群中，往往有极高的相似性，因此基因资料的使用或外泄，其影响的层面往往不止于个人，而且许多基因研究一开始的设计就是锁定"族群"作为研究变量之一。传统法律框架中以"个人"为权利主体的保护观点也应随之修正，将基因隐私权的主体应扩大到"族群"。依据人群基因资料库的研究设计和研究目的，研究者不可能单纯地只收集血液样本和基因资料，而是必须同时收集血液样本的民众的病历资料，最好再加上家族族谱资料，彼此联结、交叉比对，才能有效地分析出基因与疾病，或者特定基因型与表现型之间的关联。针对这一点，该项研究将会加大个人隐私的深度和广度。因为这项研究使用的个人资料不是单一的，而是多样的；不是平面、独立地使用不同资料，而是立体交叉地比对不同资料库同一民众的个人资料。现成的病历资料中，包括民众曾经生过什么病，看过什么医生，已然牵涉个人相当敏感的隐私。但每个人的基因资料甚至包含自己还不知道的资讯，例如未来可能会得什么病。一个同意参与研究的民众，从个人生活习惯，家庭组成及家族遗传，个人健康状况及病历，户籍资料，可以作为身份识别的基因资料等可能全部涵盖在基因资料库的研究过程中。①

再次，基因科技的进步对个体隐私权益的威胁加剧。微电子技术、计算机技术在生物领域的运用，促进了基因科技的发展，使得人类的基因知识在"质"和"量"上呈几何级数地增长，直接压缩了个人基因隐私的生存空间。基因科技的高速发展，意味着人类解析基因信息的能力的提升，近年来，科学家们开发出的"基因芯片"可在短时间内一次进行多项基因检测。而且，基因信息在目前的生物技术条件下，几乎唾手可得，从毛发、唾液、血液、牙齿等组织，就可分析出人体基因的信息，个人的基因资讯。不容忽视的是目前所存在的对个人生理健康信息的制度化收集也使得个人医疗信息受到被不当利用而泄露的威胁，如劳动法中要求入职员工需进行健康检查，员工也有接受检查的义务；在保险领域，人寿险合同，一般都将被保险人的体检合格作为保险合同的生效

---

① 刘宏恩. 基因科技伦理与法律 [M]. 台北：五南图书出版公司，2009：251.

要件；身体检查通常也是入学考试制度的一个必要环节，这使得即使是常规性的医学身体检查，都有可能被保险人、学校或他人所利用，以进行秘密的基因检测。

同时，基因技术的发展也会直接导致基因检测器械与基因检测商业服务更加低廉与普及化，可以预测，各种利益驱动下的秘密基因取样、基因分析行为将会涌现。基因科技在这些方面的进步，实际上也正意味着个人隐私空间被压缩的加剧，个人基因隐私面临的侵害威胁的加剧。

（三）基因科技发展带来的财产权难题

人类基因是否具有财产属性？哪类主体可以对人类基因享有财产权？这些疑问在理论界争论已久。学界主要形成了以下三种主流观点。第一种观点认为，基因的载体是人的身体或与人分离的组织，根据大陆法系的传统，只要不违反法律与公序良俗，与身体分离的部分，可以作为独立的物，作为物权的客体，属于该人所有，所有权人有权进行或捐赠或抛弃的处分，亦即每个人对于基因在研究和商业上的运用享有自己决定权，同时也享有获得利益的财产权。第二种观点认为，作为基因源的个人对于其基因的商业运用不享有财产权。第三种观点认为基因是人类共同的财产，个人没有基因财产权。依据遗传学和基因学的观点，每一个人的基因都不全是自己的，它是我们的祖先经由几百万年的演化发展，一代代遗传而来的，而且，在未来我们也将把我们的基因一代代遗传下去。因此，我们体内的基因，除了造成我们个别形状差异的基因功能单位以外，其余的都是与全人类共同享有人类基因图组部分。以此角度考虑，基因就不是我们每一个人的，也不是其他任何人的，而是全人类的共同财富。人类共同财富或为人类共同遗产、人类共同继承财产，原则是给予认定某些特定财富资源乃是全人类所共同拥有，因此禁止任何国家、任何企业或私人将这些资源据为己有，相应地排除其他国家或人民的利用机会。

三、基因科技发展的社会冲击

当人类基因图谱之谜揭晓，医学将从临床医学走向预测医学，科学家预言，人类平均寿命将可能达至千年。当有人立足于工具理性而赞叹人类的无所不能时，有学者则从价值理性的维度对它将带来的社会问题表明了深深的担忧。

首先，个体过长的寿命冲击了人类原有的价值体系，即原有的"人生短暂"

会增加对生命的珍视程度，促使人奋发有为不断创造，如若"来日方长"则会使人懈怠，导致生命创造力的降低；而生命的有限性是人类价值体系尤其是人生价值体系和意义的前提。同时，过分渲染和强调生命的量会造成对生命的质，人之精神不朽的忽视。

其次，为满足人类生命永恒的愿望而无限制延长人的生命会导致地球人满为患的灾难，使本来不堪重负的地球环境更加雪上加霜，同时将导致上下几代人为本已紧张和稀缺的生活资源和生存空间而展开畸形竞争，从而加深人与自然，人与人的矛盾。

此外，有性繁殖是形成生物多样性的一个重要基础，人类胚胎干细胞研究如果滑向生殖性克隆，将违背生物进化过程，改变人的遗传结构，使人种单一；基因技术如果用于优生，对一些遗传特征（如聪明、美丽等）进行人为控制，将改变人类基因库，减少人类基因的多样性，这些都将存在着一些未知的，现在又无法评估的风险，可能会在未来某个危急时刻（如某种瘟疫的突然发生和蔓延）出现不可逆转的灾难性后果。而基因增强技术则有可能会使未获得基因增强的"弱势人群"遭受歧视，引起新的社会群体之间的对立和冲突，严重的会导致种族基因歧视，如果再被少数别有用心的人利用成为宣扬种族优越论和挑唆种族矛盾的工具将加剧种族矛盾。

以上的观点理性地注意到了科技发展与人的发展，个体寿命与人类整体发展的关系，但同时也警示了我们，在科技高歌猛进的年代，不应盲目陶醉于科技的发展和个体的长寿而忽视甚至忘记人的精神，人的社会的发展，因为只有人和社会的全面发展才是最终目的。

第三节　基因科技的伦理语境解读

基因科技利用人类掌握的调控生命的"基因钥匙"，将基因技术运用于疾病诊断、治疗等诸多方面，在造福于人类社会的同时，将直接带来对自然秩序和社会秩序的双重冲击：人体是自然存在物，必然在一定程度上受自然秩序的支配，通过基因的剪接和重组，对人体缺陷基因的剔除，对人体某种素质的强化，将打乱原有基因的自然秩序的规定，在自然秩序的模板上留下人的意志的痕迹，同时对社会秩序也带来巨大影响；人类基因科技的发展必然带来基因隐私、基因歧视、基因技术滥用等社会问题等等。因此，基因技术的应用不单是一个技术问题，而需要进行伦理思考和评判。伦理评判的关键是基因技术的具体运用对医学发展和社会进步有何价值和意义，评判的基础是从生命伦理角度考虑在尊重人的生命、生存权利和生命价值前提下的生活质量、生命健康、生存环境、人生价值。对人类基因科技的应用进行必要的伦理评判与人类基因研究本身并不矛盾，因为基因伦理评判与基因科技应用的目的都是为人类自身服务，既要充分利用基因技术为人类造福，又要尽可能避免由此产生的有害于人类社会的现象。同时也是为了规范和协调人类基因技术应用引发的道德风险，这会进一步增进关于医学科学本质的认识，揭示基因技术与生命伦理的相互依存性。这种依存性表现在，离开伦理评判的基因技术只具有自发性，而融入伦理评判的基因技术则会减少自发中的盲目和无序，增强有利于自身和社会的秩序性。

一、问题解决的伦理途径

德国当代法哲学家 Arthur Kaufmann 曾指出，科学家问的是："什么是我们能做的？"而伦理学和法学要问的是："什么是允许做的？"[1] 可见，并不是所有技术上能做到的，就可以做，人类基因科技尤其如此，需要伦理和法律在人类技术行为的可能性范围内划下界限。不同的是，法律是社会矛盾冲突紧张到了非国家强制力介入无以解决的程度才能够使用，而伦理规范则从人类基因科技的研究开始就相伴相生，人类基因技术引发的社会争议最根本的问题与其说是法律问题，不如说是伦理问题。

对人类基因科技带来的众多伦理问题，要彻底进行解决并非易事。因为每一问题都存在着纵横交错的利害关系。究竟哪些技术应该给予支持和鼓励？哪些技术应当被禁止？哪些技术可以在监管条件或有防范措施的情况下开展研究？如何制定各项技术研究、开发、应用中的伦理规范和管理规章？对此，首先要进行一番伦理分析，然后才能寻找相适应的解决问题的进路。

所谓伦理分析，是指依据我们通常所认可或接受的道德价值以及道德原理、原则去论证面临道德困境时有哪些支持或反对的道德理由。通过对各种相关的事实和道德理由的论证，进行对伦理和价值规范的讨论，建立一种伦理和规范

---

[1] 颜厥安. 鼠肝虫臂的管制——法理学与生命伦理论文集［M］. 台北：元照出版社，2004：176.

的判断，也被称为道德分析。对人体基因科技引发的诸多伦理问题，我们是否能够用一般生活中的道德规则或原则就能够验证其正当性呢？要遵循何种进路，何种价值、理论和伦理原则去解决这些问题呢？要寻求这些问题的答案，无疑要先对其进行伦理分析。

在日常经验中，很多时候要进行道德抉择，当我们决定在某一种情境中所应选取的行为时，我们所用来支持的经常是一些大家都接受的道德规则。因为这些道德规则都是大家所认可的行为规范，所以依据此规则而为的行动也会被绝大多数人认可。简单说，一个具体行为如果具有道德上的正当性，必能得到某一个或几个道德规则的支持，如果没有任何道德理由的支持，则会被判断为不道德的行为。换句话说，如果一个具体行为没有道德规则对其反对，也会被接受为一种道德的行为。但各种具体的道德规则内涵不同，适用范围也不尽相同。很多时候，并不是所有的道德规则都同样支持或反对某一行动。比如研究者是否需要告知受试者通过基因检测获知的未来某时期罹患癌症的信息，就有不同的知情同意规则、自主规则与不伤害道德原则的各自支持。在这种道德规则相互冲突时，就需要诉诸更高层次或者相对而言更重要的道德依据，即更具有普遍意义的道德原则，比如仁爱原则、正义原则、平等原则、尊重自主原则等。在人类基因科技研究领域，道德规则之间相互冲突而诉诸道德原则来解决问题的情形就更为常见。那么，是不是依据道德原则就可以解决所有的伦理难题了呢？也不尽然。由于道德原则涵盖内容广泛，相互之间会产生交叉、重叠，在某些情境下甚至互相冲突。比如，进行克隆人实验时，尊重生命和尊严的道德原则和研究自由的道德原则就产生剧烈的道德冲突。由于道德原则之间并不互相隶属，也没有一定先后顺序的位阶安排，当它们发生冲突时，就只能寻求更深一层的道德理论来解决困境，比如，康德的义务论，穆勒的功利主义以及其他伦理学理论等。一般来说，道德理论是用来为某些道德原则提供理论支持或证据的，使一些道德原则能够成为连贯的、有系统的道德系统。比如，康德的义务论认为，人是目的而不能作为手段，从而为尊重生命和人性尊严的原则提供理论支持；功利主义则认为社会效益最大化，从而为不伤害原则和符合社会整体功效的原则提供论证，也为治疗性克隆提供理论支持；儒家伦理学则支持仁爱的原则等。因此，在人类基因科技研究和运用过程中，当发生伦理问题，出现困境时，首先可以分析其符合哪些道德原则，违反哪些道德原则，如果针对同一具体情境，存在相互冲突或对立的道德原则，那么就寻求其背后所支持的道德理论，哪一种道德原则得到的理论支持较多，则支持的理由就更为充分，则依据该道德原则所做的行动就是道德的，具有正当性。

当然，这种基于道德理论基础上的分析和论证只是一种解决问题的重要方法，并不是说根据道德理论的支持就可以解决人类基因科技研究和应用中的一切伦理难题。因为，即便是基于相同道德理论的支持也会有分歧意见。宗教、文化、教育背景不相同，持有的道德理论也不尽相同，从而作出的道德判断也会不同。比如，对利用胚胎进行干细胞研究的争论，英国尊重生命，但允许利用14天以内的胚胎进行研究，而有的国家则坚决反对利用胚胎进行研究，认为从精卵结合那刻起就具有生命，进行胚胎研究无异于杀人。由此可见，对生命认识的分歧和宗教文化的差异，导致没有共同的基础，也就达不成一致的道德判断。这个时候，往往只能诉诸道德理论背后的价值选择。以上是分析解决伦理问题的一种思路与方法，即从实践中发生的伦理问题入手，在伦理规则——伦理原则——伦理理论——伦理价值层层递进中寻求道德正当性的进路。

反观对人类基因科技研究和运用中各种伦理问题的态度，无论是支持方还是反对方也正是从不同的道德原则、道德理论以及伦理价值中寻求论证依据。而人类基因科技研究所面临的道德困境比其他一般的道德两难更为复杂，更为深刻。一方面，要促进人类基因科技的发展，但改造人类自身存在着许多不可预知的风险，包括对人类本身和自然生态的伤害等；另一方面，人体基因科技发展有可能治疗癌症和各种遗传性疾病，关系到人类的幸福。究竟何去何从？这种两难涉及人类和各种自然生命之间的价值选择以及正义、自由、公平、秩序等价值的取舍问题，涉及义务论、功利论、儒家伦理、道家伦理等各种伦理理论，以及自主、无伤、有利、行善等各种伦理原则的选择问题。几乎每一个伦理问题都面临不同的价值、理论和原则的支持与反对，比如，是否可以授予基因研究成果专利，是否允许以研究为目的制造胚胎等。

那么，从伦理视角观察，符合伦理的、道德的科学研究和正当的行为，应该支持、鼓励和促进其发展，为人类的生命健康谋福利；不符合伦理的、不道德的和不正当的行为则应该禁止或者有限度地禁止其研究，防止给人类带来毁灭性的灾难。这样就给人体基因科技的研究和应用划定了一个范围，或者说一个最低的伦理界限。它最重要的意义在于为人类基因科技的法制研究提供伦理依据或道德基础，具有正当性，易被社会公众接受。因此，在对人类基因科技的法律问题进行研究时，应先探讨其伦理基础。

二、基因科技伦理的价值选择

"价值"成为一个伦理性的概念，始于 19 世纪下半叶赫尔曼·洛采所创立的价值哲学之后，用以表达人们的某种需求或对事物的相关评价。按照哲学界的一般说法，所谓价值，就是在人的实践、认识过程中建立起来的，以主体尺度为尺度的一种客观的主客体关系，是客体的存在、性质及其运动是否与主体本性、目的与需要等相一致、相适合、相接近的关系。① "所谓伦理价值是对社会生活中实存的伦理价值关系的抽象反映。而伦理价值关系是社会生活中伦理关系的价值抽象，或者说，从价值的角度对伦理关系进行的考量与概括。从现代伦理学来看，伦理关系包括四个方面：人与社会的关系，人与人（他人）的关系，人与自我的关系和人与自然的关系。伦理关系之所以是一种价值关系，是由于它内蕴着主体与客体相互作用的过程，这一过程亦是主体对社会进步、人际关系和谐、人与自然关系协调以及自我完善的追求过程。"② 在人类基因科技的研究和运用中，存在着大量人、社会、自然之间的伦理关系。因此，也就存在着多方面的伦理价值与冲突。人类基因科技的迅速发展，特别是人类基因组计划的初步完成，标志着人类历史由认识、改造客体的时代转向认识、改造主体的新时代，这就意味着基因科技所引起的伦理、法律问题不是像以往其他技术一样在技术应用之后的间接冲突，而是在研究的过程中，甚至从一开始就直接面临尖锐的社会伦理价值观念之间的冲突。为了实现科技变迁与法律体系之间的良性互动，必须理清技术与价值的关系。

（一）工具理性与价值理性相结合

随着人类基因技术的迅速发展，一些人越来越迷信技术的"无所不能"，工具理性愈来愈成为他们的主导思维方式，导致当今人类生存的危机主要来自"人祸"，而不是来自"天灾"，人类在尽享科技理性创造的辉煌成就时，也饱尝自己亲手种下的苦果。正如学者马尔库塞所说，人成为一种单向度的人，成为一种更为关注物欲与成就，关注工具和手段，缺乏自我生存意义的人，而作

---

① 孙伟平. 事实与价值——休谟问题及其解决尝试 [M]. 北京：中国社会科学出版社，2000：99.
② 陈爱华. 科学与人文的契合——科学伦理精神的历史生成 [M]. 长春：吉林人民出版社，2003：223.

为体现人主体性的价值理性却没有得到重视。

所谓工具理性，也称工具的合理性，就是把科学技术作为一种无所不能的终极力量的价值观念。所谓价值理性，也称价值的合理性，是指在科技的发展中以人为本来确定科技的发展方向，对科技予以人文化特征，强调人的价值和尊严的价值观念。工具理性与价值理性的对立来自"在科技发展的过程中，由于科技把人类对财富的追求，内化为人们的思维和行为准则，形成了技术统治下的社会意识，科技异化了"①。随着程度的不断加重，人性也扭曲了。人们对科技带来的这种情景的反思和批判，形成了将科技的属性区分为工具理性和价值理性的批判理论。

工具理性与价值理性应并非绝对对立的，而是相互依存，相互促进，和谐统一的。价值理性是体，工具理性为用。工具理性以价值理性为导向，价值理性指引着工具理性活动的方向。只重视价值理性，一味关注抽象价值，而没有具体的客观的技术理性作为支撑，则价值也毫无意义。

由于人体基因科技直接作用于人的自身，如果只重视工具理性，虽然可能会极大地推动科技进步，经济和社会的发展，但是必将给人类带来灾难性的后果，甚至危及人自身的存在，相反，如果仅选择以价值理性为导向，又存在其能否起到促进科技发展作用的疑虑。只有工具理性与价值理性的和谐、统一，才能保证人性的全面与完整，避免人性的残缺与异化。

在价值理性指导之下反思工具理性能力，使工具理性能力获得价值灵魂，成为人的自由意志的合理性行为，实现工具理性与价值理性的统一。②

（二）效益与社会正义相结合

效益与正义是相辅相成，相互促进，协调一致的，但有时难免也会发生冲突，基因科技的发展一方面促使公众期望创新知识能早日公开和使用，以投资形成产业化规模，给人类带来财富，实现科技成果的效率，具体体现为基因专利、基因发明等；另一方面，法律必须鼓励科技创新和推广科技成果的应用，必须赋予创造人以相应垄断的权利。但是，如果无限期地赋予权利人垄断使用专利，那么这个发明创造的价值在社会上得不到体现，就不能成为社会的公共财富，最终也会对伦理的公正价值构成危害，也破坏了伦理的效益价值。

① 范在峰，李辉凤. 论技术理性与当代中国科学技术法 [J]. 中国政法大学学报，2002（6）.

② 郭亚萍. 工具理性与价值理性的冲突 [J]. 塔里木大学学报，2005（2）.

正义作为一种社会观念和社会准则，自古以来一直被看作关于社会关系合理性的最高范畴和社会道德责任的典范，同时也一直引导着法律的发展，是法律的最高价值，包括形式正义和实质正义双重含义。自亚里士多德起，正义就被认为与平等紧密联系，他认为，"公正的也就是守法的和平等的，不公正的也就是违法的和不平等的"①。在这一观念之下，他把正义划分为作为整体的正义和作为部分的正义，进而又将作为部分的正义划分为分配的正义和矫正的正义。整体的正义要求人体基因科技的研究和运用有利于人类整体的利益，有利于人的全面发展和人自身价值的全面实现；分配正义要求公平地对待每一个人，在资源稀少和利益竞争与冲突的情况下进行合理分配，实现社会公正。

随着人体基因信息在各个领域的渗透和应用，产生很多信息获得、信息分配和信息披露的公正问题。究竟谁有权获得和使用，分配和公布这些涉及个人基因隐私的信息？对这些信息的不当使用会不会产生新的不公正？会不会对当事人的升学、就业、保险、婚姻带来新的不平等，从而造就新的弱势群体？在获取信息方便、快捷的同时不得不令人担忧产生一系列效益和公正之间的冲突问题。人类基因科技研究应坚持这样的价值取向：社会公正价值优先，包括人类世代间的利益公正，人类同代人间的利益公正以及实现人与社会、人与自然间的公正，同时兼顾效益的价值，二者不可偏颇。

（三）自由和秩序相协调

人类通过基因科技活动不断开辟和扩展自己认识和实践的范围，不仅在支配大自然的领域获得了越来越多的自由，也越来越深刻地认识了人的自身，甚至能够控制人类出生到死亡的全过程，当科学家们的研究自由随着科技发展而扩张时会对原来的社会伦理、法律造成冲击，需要重新建构社会秩序、法律秩序。没有秩序的自由最终导致的结果就是真正的不自由，最终给人类带来破坏性的灾难。因此人类基因科技在应用过程中需要以秩序为边界，不得凭借研究的目的，任意践踏个人的领域，如基因信息的不当披露导致基因信息隐私的泄露。

三、基因科技伦理原则反思——以基因专利为例

伴随社会的发展和进步，传统伦理学时刻面临着严重的道德和社会问题的

---

① ［古希腊］亚里士多德. 尼各马可伦理学 ［M］. 廖申白，译. 北京：商务印书馆，2005：128－129.

冲击。传统伦理学的理论基础是目的论、至善论、幸福论和德性论。伦理学的先驱亚里士多德认为,一切技术、一切规划以及一切实践和选择,都以善为目标。目的、至善、幸福都与个人的德性紧密相连。要切实解决现实的利益冲突,协调各种社会关系和人际关系及人与自然的关系,传统伦理学在超越现代道德困境的同时必然要对新的伦理挑战作出回应。特别是随着现代科学技术的迅猛发展,伦理学的研究视野不仅关注人类的自然环境,而且关注一般意义上的生命乃至人类自身。这在客观上促使传统伦理学从以"人格、德性、至善"为核心向以"正义、正当、规范"为核心的现代伦理学渐变。科学技术的发展推动了伦理学从传统向现代飞跃。

西方哲学家对基因科技中的伦理及原则率先展开了精彩纷呈的讨论,德沃金(Ronald Dworkin)在基因技术引发的从天择(by chance)到人择(by choice)的变化面前,提出了同等重要性和特殊责任两个伦理原则:前者是平等主义的,认为每个生命和生命潜能都具有同等的客观重要性;后者是自由主义的,强调任何人都对其生命负有特殊责任,有权自己决定成功和完美的生命是什么。① 哈贝马斯(Jürgen Habermas)从人性论和主体间性(intersubjectivity)的角度论证了在基因时代如何保持人性尊严,主张基因医学技术应用于治疗而非基因优化之目的,每一个人的天赋基因都是其开始未来生活的首要条件,不应受他人的有意控制。因而基因增强(genetic enhancement)在道德上不能被允许,否则将会破坏关系的对称(relational symmetry)以及个人对自身作为人类的道德理解。② 麦克尔·桑德尔(Michael J. Sandel)提出了"天赋伦理学"(ethics of giftedness)来应对基因医学技术③,认为伦理上的自主和平等原则并不能够解释对基因增强加以禁止的理由,真正的理由是应把孩子看作"上天的馈赠",因而父母不能作出无法预见质量的对未来孩子的选择。考夫曼(Arthur Kaufmann)则提出用一种"多元风险社会的法律哲学"——"宽容原则"来应

---

① DWORKIN R. Sovereign Virtue:The Theory and Practice of Equality [M]. Cambridge, MA: Harvard University Press, 2000:446 - 452.

② HABENNAS J. The Future of Human Nature, Cambridge [M]. UK:Polity Press (in association with BlackwellPublishing Ltd.), 2003:242 -244.

③ SANDEL M J. The Case against Perfection:Ethics in the Age of Genetic Engineering [M]. Belknap Press of Harvard University Press, 2007:45.

对基因医学技术，"为了能够掌握未来的任务，我们必须对新事物抱持开放的态度"。①

　　（一）基因科技伦理基本原则

　　基因技术伦理原则主要有以下几个：①自主原则。体现在涉及基因研究、基因治疗、细胞捐献等方面的问题时，必须经当事人明确地自愿同意；在从事基因科技活动时，对于所涉及的个人隐私必须予以尊重。②知情同意原则。科学（包括生命科学）进行探索的过程中必须尊重人们的尊严与意愿，尤其是要尊重参与者的尊严与意愿，要求基因研究的参与者能行使自由选择权利的地位，不存在暴力、欺诈、欺骗、胁迫或其他隐蔽形式的强制或强迫的情况，并保证其对涉及的因素有足够的知识和理解，以使能够作出理解的和知晓的决定。③正义原则。又称公平原则或公正原则。正义被伦理学家约翰·罗尔斯（John Rawls）认为是社会制度的首要价值，正义原则在很大程度上体现为社会资源的"分配正义"，即制度的设置应体现为"给每个人以其应得"。在基因技术的应用中，即要求基因技术的开发者用他人所拥有或支配的基因注册专利并因此享受丰厚的经济收益时，或者在基因药品对医治人类疑难杂症极其有效而其又因被某些组织所垄断而无法更好地服务于那些贫困却更需要救助的穷人时，做到基因研究的利益公平分享。④不伤害原则。不伤害原则又称安全性原则，也是规范基因技术的一项重要的基本伦理原则，指在医学技术使用中，不应该施予患者或受试者某种罪恶或伤害，而应该阻止罪恶和伤害，驱除罪恶与伤害，并一贯实施或推进善行。②⑤有利原则。有利原则是一种相对较为功利的生命伦理原则。具体到基因技术的伦理调整方面，它要求基因科技活动总体上来说应当是有利的，也就是说，在其可能带来的医学、生物学乃至社会学等方面的收益与其可能带来的对社会的风险之间有一个差别，而此差别大得足以使人们认为该行为是值得做的。这是一种典型的成本/收益判断。有利原则是由经济学原则衍生而来的一项重要伦理原则。⑥保密原则。在基因研究过程中，对于所涉及的人们的隐私以及相关的基因技术信息必须保密，未经当事者本人同意不得随意宣扬或泄露。⑦利益分享原则。这是国际人类基因组织（HUGO）伦理委员会

---

①　[德] 阿图尔·考夫曼. 法律哲学 [M]. 2版. 刘幸义，等译. 北京：法律出版社，2011：307.

②　Tom L. Beauchamp &James F. Childress , *Principles of Biomedical Ethics*, New York：Oxford University Press，1989：121.

所确认的一项关于基因研究的重要伦理原则,该原则业已发展成为食品与农业生物多样性和遗传资源领域内的一项重要国际法准则。根据这一原则:所有人类分享和获得基因研究所取得的利益;利益的享有者不应限于参与这种研究的人;关于利益分享问题应与人群或社区事先讨论;即使不能赢利也要提供社区需要的医疗卫生服务;所有参与研究者最低限度应该得到有关遗传研究结果的信息和感谢;赢利的单位应当提供一定百分比的年净利润用于医疗卫生基础设施建设和/或人道主义援助。①⑧互助原则:该原则的提出主要是基于人类基因组的共享性。⑨尊重原则。意味着从事生命科学研究及生命科学技术应用的人能够将被他人视为一个与自己有着平等生命健康和人格尊严的主体,意味着对他人生命健康权与人格尊严的维护或至少是不侵害。

这些基因技术伦理原则对于规范基因技术应用及保障该技术健康发展有着重要的指导意义。在众多基因科技伦理指导原则中,笔者认为正义原则相对于传统的基因伦理原则,对于在基因技术应用和开发日益增多,并能带来巨大利润引起基因研究的利益分享冲突有着特殊的指导价值,但正义原则在现代条件下是否完全适用?是否有效实现基因资源利益分享的分配公平或正义?笔者认为需要反思并革新,下文以基因专利为例,从专利法的正当性入手论证专利技术法律的伦理正当性,并基于伦理分析进路探讨罗尔斯正义论中的专利原则并进行反思,认为以多元正义理论作为生物科技专利法律原则的指导,是一种值得参考的理论架构。

(二)基因技术专利的伦理分析

专利法往往被认为是纯技术性规范,与伦理道德相距甚远,不应含有伦理性的考量,但随着基因技术作为专利主体引发的道德论争提示了我们,专利法律规范同样有着深刻的伦理内涵。我们应当对专利法与伦理的关系加以全面审视,重新关注专利法的原则。

1. 基因专利的伦理困境

20 世纪 50 年代以来,基因技术的迅猛发展带来了相关生物产业的兴起,以生命体本身为研究对象的专利申请也层出不穷。由于基因技术专利的核心是构建生命体的基石和调控生命的方法,有着无法否认的伦理内涵,势必引发学界

---

①　邱仁宗. 国际人类基因组（HUGO）伦理委员会关于利益分享的声明 [J]. 医学与哲学, 2000 (9).

广泛的关注和论争。

西方国家为了促进技术的发展，在专利法理论与实务界出现了所谓去伦理化的主张，认为专利法不应涉及伦理价值判断，即：在生物技术是否可以授予专利问题上回避伦理判断，除非立法明确排除某一类专利主题的可专利性，执法和司法中应避免以主观的道德判断驳回专利申请或认定专利申请不是合格专利主题。

我国对于生物技术专利问题，缺乏相应的伦理方面的规定，属于伦理缺位，仅有知识产权局在 2006 年颁布的《审查指南》的第二部分第十章中作了简要规定：人类胚胎干细胞及其制备方法不能授予专利；处于各形成和发育阶段的人体不能被授予专利；首次从自然界分离或提取的基因或 DNA 片段，且产业上有利用价值，可给予专利；动物胚胎、植物个体不能授予专利等等。

专利法是否应该保持其单纯的技术色彩？在专利法规范中，包含伦理道德意味的当属所谓"公序良俗条款"，通过该规定，专利性判定中进行道德审查的法律机理才能得以实现。是否可以将传统判断应授予专利权不能违背公序良俗的判断交由其他法律部门进行？这是现代生物技术发展及其产业化带来的不可避免需要面对的伦理困境。

技术的中立并不等同于选择和使用技术不依赖于人的主观偏好，因此专利权的授予在道德上并不是呈中性色彩，尤其人类基因技术与人类尊严密切相关。是否促进该项生物技术发明创造的产生和推广应用，专利法需要体现立法者的道德倾向。

因此，对于专利法"去伦理化"并不可行，对一项生物科学技术是否授予专利，符合伦理是其前提和必然要求。专利法律实践中，应该在道德的视角内对包括生物技术在内的一切专利主体进行严格的审视，充分发挥公序良俗条款的功能，排除有违伦理标准申请的可专利性。

2. 专利技术法律的伦理正当性

专利法针对技术领域，但其调整的仍为人与人的关系，所涉及的与生活伦理不同，可以归为技术伦理的范畴。如我国专利法中的一般条款中对违反社会道德的发明不授予专利权作了规定等。

法的正当性衍生自政治哲学中统治的正当性问题，更强调法律的善的伦理内涵，较多地指向实质正义价值；法的合理性衍生自哲学上的理性范畴，更强调法律的真的技术面向，较多地指向形式正义价值。当然正当性与合理性在本源层面也有密切的联系。

专利权作为知识产权，是手段，而不是目的，从这个角度理解，似乎不存在知识产权法的正当性问题，因为作为手段，它是中性的，无所谓善恶。它的正当与否全在于其欲实现的目的和已发生的效果，在于其蕴含的价值观和对该价值观实现的程度。

由于近来基因技术的应用带来的基因序列和生命体的可专利性难题，引发了西方国家全社会范围的伦理争论，在基因技术产业利益的驱动下，一些国家对此给予专利保护，但未能解决其中蕴含的道德疑问。由此又进一步加剧了对生物技术专利的正当性质疑。尽管如此，专利法实践中表现的弊端确实与人们的公平、正义、诚实信用以及生命尊严等道德观念相抵牾，但据此根本否定专利法存在价值的，否定其正当性的国家还是少数。

讨论法的正当性，就是以制度伦理标准对法进行道德评价，正当法应是合乎伦理的理想形态。专利法的正当性应同时体现实质正当性、形式正当性和程序正当性。所谓实质伦理性，即讨论法律规范对当事人之间实体权利义务的划分是否合乎道德原则；所谓形式伦理性，即富勒所说的法律的内在道德性，包括法律的一般性，公开颁布，不得溯及既往，清晰性，连续性和官方行动与公布的规则之间的一致性等原则。所谓程序伦理性，是对法律程序正当与否的道德评价，其正当性要求集中体现于程序正义的概念之中。

专利法的实质伦理、形式伦理和程序伦理三方面存在相互作用，如程序正当化常常有助于实现专利法的实质正当化；实质伦理性和形式伦理性的论证也可为专利法立法、司法等程序中的商谈提供论辩的材料、证据和逻辑。

3. 基因技术专利法律原则的伦理分析进路

专利制度由于其以权力的形式保护发明创造，促进技术进步和经济增长，在生物技术高度创新的今天，成为科技工作者保护自身科研成果的首选法律制度。

但对保护生物技术研究及成果的专利制度是否应仅以促进技术进步和经济增长为其唯一或根本原则，认为符合这一原则的专利制度就是正当的制度？笔者认为以此为指导原则有失偏颇。仅以促进技术进步和经济增长为其唯一或根本原则，片面追求社会福利最大化，忽视人权、人类尊严等基本法律价值，属于功利主义观念作用于专利法领域，使法律制度实际被产业利益所左右。因此专利法不应局限于功利因素，而应把公平的正义作为终极目标，在对社会福利最大化的追求中，应受到一些基本的正义原则的限制。罗尔斯正义观对专利法原则的伦理解读如下：

（1）罗尔斯正义观伦理思想剖析。

罗尔斯的名著《正义论》是其集伦理思想之大成，罗尔斯在此书中以严整的逻辑体系提出了"一种继承西方契约论传统，试图代替现行功利主义的"①有关社会基本结构的正义理论。《正义论》的主要贡献有以下几个方面。

其一，在实质规范理论上对功利主义加以批判。功利主义伦理学在英美思想界具有深远影响，是自由主义的主要形态之一，核心观点认为：最大多数人的最大幸福是正确与错误的衡量标准②，因此，此伦理观下，法律的正当性取决于法律制度对于社会总福利的作用：能够增进社会福利的法律制度就是正当的。罗尔斯对此进行了批判，指出功利主义的许多结论背离了道德和情感的信仰，必须发展出"有说服力和系统化的道德概念反对功利主义"，他继承了洛克、卢梭和康德代表的社会契约论传统，并将之普遍化至更高的抽象层次，形成公平的正义（justice as fairness）概念，以提供一种超越和替代功利主义的体系化的正义理论。③

其二，在方法学上指出元伦理学概念分析的方法只能居于从属地位，不能代替实质意义上的道德哲学；元伦理学是道德哲学理论之一，是以逻辑和语言学的方法来分析道德概念，判断性质和意义，研究伦理词、句子的功能和用法的理论。在具体的研究中，有时机械地搬用自然科学的机械符号和公式，具有形式化和脱离实际的倾向，罗尔斯抛除形式伦理，将空泛的个人道德关注转到社会伦理层面，从而使伦理学能够对社会制度这一人活动的背景条件的正当性问题作出回应。

其三，建构起关于社会基本结构的正义理论。④ 主要体现为罗尔斯提出的两个正义原则及原则间的词典式序列。

两个正义原则的完整表述为：⑤

---

① ［美］罗尔斯. 正义论［M］. 何怀宏，等译. 北京：中国社会科学出版社，1988：1 - 2.

② ［英］边沁. 政府论断片［M］. 沈淑华，译. 北京：商务印书馆，1995：211.

③ ［美］弗里曼. 罗尔斯［M］. 英文影印版. 北京：生活·读书·新知三联书店，2006：426 - 427.

④ 石元康. 罗尔斯［M］. 桂林：广西师范大学出版社，2004：3.

⑤ ［美］罗尔斯. 正义论［M］. 何怀宏，等译. 北京：中国社会科学出版社，1988：302.

第一个正义原则——平等自由原则。每个人对与所有人所拥有的最广泛平等的基本自由体系相容的类似自由体系都应有一种平等的权利；

第二个正义原则——差异原则。社会的和经济的不平等应这样安排，使它们：a. 在与正义的储存原则一致的情况下，适合于最少受惠者的最大利益（差别原则）；b. 依系于在机会公平平等的条件下职务和地位向所有人开放（机会的公平平等原则）。

上述两个原则要解决的是社会基本善的分配正义问题。

罗尔斯强调正义论并不是旨在以最大量地增加善为合理的制度，而是以平等的自由原则为依归，或者说罗尔斯强调公平原则的优先性和至上性，在这个原则的约束下考虑社会善的增长问题，不以牺牲社会公正来换取最大的社会善。①

这是对功利主义伦理观将善的范畴在专利法制度中简化为经济效益和社会福利的修正。

罗尔斯认为"那些违反正义才能获得的利益本身毫无价值"，由于这些利益一开始就无价值，它们不可能逾越正义的要求。② 他从原初状态的设定出发作了有力的论证，"如果假定在原初状态中的人们要选择一种平等的自由原则和有利于每一个人的有限的经济和社会不平等，那就没有理由认为正义的制度会最大量地增加善（在此我与功利主义一起假定善被定义为合理欲望的满足）"。当然，在这种情况下产生最大的善并不是没有可能，但这只是一个巧合，"达到满足的最大净余额的问题决不会在作为公平的正义理论中产生，这个最大值原则在这里完全是多余的"③。

（2）罗尔斯正义观中伦理思想对专利法原则的指导。

罗尔斯正义论所关注的主题是社会基本结构，讨论主要的社会机构之间，如何相互调适以组成一个系统之方式，并通过社会合作分配基本权利、责任与利益。其社会伦理思想试图提供一种作为背景的制度正义，认为正义是社会制度的首要价值，正像真理是思想体系的首要价值一样。一种理论，无论多么精致和简洁，只要它不真实，就必须加以拒绝或修正；同样，某些法律和制度，不

---

① 龚群. 当代西方道义论与功利主义研究［M］. 北京：中国人民大学出版社，2002：117-120.
② ［美］罗尔斯. 正义论［M］. 何怀宏，等译. 北京：中国社会科学出版社，1988：31.
③ ［美］罗尔斯. 正义论［M］. 何怀宏，等译. 北京：中国社会科学出版社，1988：29.

管如何有效率和有条理，只要它不正义，就必须加以改造或废除。罗尔斯提出的两个正义原则和词典式序列这一总体性的实质性原则，也需要在具体制度规则或制度规范中落实。专利法调整因技术信息的控制、使用、转让等发生的关系，它以拟制所有权的方式，在特定期限内赋予特定人对技术信息的垄断实施权利，其实质是因技术信息所衍生的利益的归属和分配。专利法律制度仍然为正义论的论题所涵盖。

专利等无形财产的分配正义问题，属于技术信息利益的分配问题，罗尔斯正义论讨论的社会分配正义问题不仅涵盖分配者有形财产，也包括财产以外的"善"等抽象价值，因此专利制度与罗尔斯正义论的价值追求是相契合的。从这个意义上讲，正义论应用于专利法领域，具有当然的合理性，罗尔斯正义论对专利法原则具有伦理上的指导意义。

在罗尔斯有关两个正义原则的表述中，第一个原则强调公民应平等地享有基本的政治自由。专利法针对的是发明创造技术信息，公民个人的信息平等分配权利就成为正义原则对包括专利法在内的所有知识产权法律的统一要求。可以理解为第一个原则包含了对获取信息的权利自由和公正的承认。因此专利法的制定应首先确保信息获取、使用的公平和正义。

第二个正义原则，对专利法的指导更为直接。按照差别原则，社会与经济上的不平等应以对最不利者是有利的方式安排，即惠顾最少受惠者。专利法赋予发明创造者以控制技术信息的权利，这是一种经济上的不平等安排。但如果专利法能够激励更多有用发明的产生，而这些新的发明创造能给最少受惠者带来益处，那么这种不平等的安排就符合了差别原则。

对于原则间的优先性排列，罗尔斯认为：基本政治自由，应该具有优先的地位。放之于知识产权背景下，即使是为了鼓励发明创造此类的社会政策目标，也不能成为限制基本自由的理由。即在知识产权领域，立法如果涉及言论、表达自由与版权权利保护两种价值目标冲突，自由原则或对于自由、善的追寻的正当性原则应优先于利益、效率或福利。

（3）对罗尔斯正义观的反思——再谈生物技术专利法律原则

罗尔斯根据"无知之幕"所假设的：立约者是处于无知之幕之后，他们无法知道不同的可能选择对自己的影响，所以他们不得不在一般考量的基础上评估不同的正义原则，以使得正义原则是公平的原初状态中协议或谈判的结果。按照这一逻辑或方法，罗尔斯比较了利己主义、功利主义、古典目的论等伦理观念，将公平的正义原则作为最优的原则，罗尔斯的正义理论和两个正义原则在专利法中如何被适用？在专利法中可将罗尔斯的理论化解为如下的伦理原则。

第一，无伤害原则。这也是一般性伦理原则，即：专利法施行的实际效果不得损害任何人的基本人权，不得贬损作为人类整体的生命尊严和任何个体的人格尊严。在生物技术专利法律中，如是否授予基因序列专利，是否应进行人类胚胎干细胞的研究等问题，尊严原则是考量的伦理底线，根据此原则的指导，对人类基因序列授予专利权，虽不触及具体的人格尊严，但对一般性的人类整体所应享有的尊严造成了侵犯。立法者和司法者在制定法或判例形成专利法规范时，要审慎考虑该规范是否会与人类尊严相冲突，而且专利法实施中涉及对法律的解释和适用，也需要顾及无伤害原则，使专利法的法律实效不损害人类尊严。

第二，自由原则。包括科学研究自由，参与科学研究的机会均等。在罗尔斯看来，天赋和能力等资质一定程度上源自先天遗传，而非后天努力的结果，并非道德上的应得。运用这样一种财产道德观来理解专利法，即任何人想从事任何领域的技术创新活动，都不会受到压制和阻碍。现实中由于多数人的发明能力并非后天的努力可以完全弥补，所以难以获得真正平等的机会，那么从社会制度的整体考虑，仅仅保障公民的研究自由是不够的，法律制度应该通过给脆弱群体提供更好的教育和培训条件等，使更多的人能够真正具备参与创造性科学技术工作的能力。

观之专利法实际运行效果，在信息技术和生物技术的背景条件下也存在研究不自由的情况，这是由于专利权的不合理扩张，也由于专利法本身存在的制度缺陷所引起的：由于在某一技术领域已经授予了大量专利权，后续研究者如果贸然研究会面临侵权的可能，加之基因技术的使用，导致人类基因的隐私被窥探，由此导致从事此类研究工作可能构成侵权，从而剥夺了从事研究的机会。

自由原则在专利法中主要表现为保障每一个人从事科学研究活动的自由，并避免被机会主义行为所利用成为阻碍后续研究的工具，发明创造的机会应平等地向所有人开放。这和既有专利法的宗旨并不矛盾，只需在具体制度的实施中采取一些限制即可。例如，在对技术的使用目的上采取一些限定：凡是非营业性质的为科学研究和教学目的使用专利技术都不构成侵权，可以不经许可使用，不必支付许可使用费等。

第三，平等原则。罗尔斯有关两个正义原则的表述中，第二个原则即差别原则，也被简称为"惠顾最少受惠者"原则：社会与经济制度应该尽可能促进所有人的实质平等；如果不得不作不平等的安排，则必须有利于最少受惠者。

由于专利权有一定的期限，是一种暂时的不平等。将此原则置于专利制度下，即要求专利法律制度应能够改善处于最劣势地位的群体——最少受惠者的处境，这种不平等才是符合差别原则要求的可接受的不平等。这种观点摆脱了传统的知识产权法以保护知识产权为基点的看法，开始强调知识产权法的利益平衡，意味着关注的视角从权利人向社会整体移动。

根据以上的分析，可见罗尔斯的正义论中的思想指导生物科技专利法的伦理原则的制定有其合理性和适合性，他以社会结构为背景的正义观提供给我们一个如何认识与评价制度优劣的架构。但随着社会关系的复杂化，我们应当承认某一社会关系中的正义标准，在其他社会关系中可能被视为不正义，我们应当承认社会中存在着多元正义标准，那么是否有必要以某一种社会关系中的标准调整其他社会关系中的标准？由于人类知识的有限性，以及社会制度发展的历史性，我们不应使用单一标准分配所有的资源，因为每一种资源都有其内在的社会意义，唯有根据资源的社会意义从事分配才符合正义。因此，现今探讨生物技术专利法律原则，应跳出现有的学者的理论视野，在此之上，以多元正义理论作为比较合适的方法论是一种值得参考的理论架构，一方面既重视了社会制度与实践所发展的分配原则，另一方面能够以诠释性的方法兼顾社会发展与资源分配的利益均衡。

第二章

走向本真的存在：人类基因权利的存在
基础与法律价值

我们所面对的美丽新世界不仅是关于技术的，也是关于社会论争的，在匆匆忙忙去定义或聚焦社会内涵的时候，大多数争论却忽视了问题的缘起与本质：是否真的出现了新事物？是否我们真的处于一个社会和伦理纷争的美丽新世界？抑或新技术只是唤起我们去重新审视那些长久存在的、持续的、困难的而我们从未解决的社会问题？

——索尼亚·M. 苏特（Sonia M. Suter）①

第一节　人类基因权利产生条件

科学技术的发展与社会变迁推动了生产力的发展，促进了经济和社会的进步，同时也推动了法制的发展，引起法律意识、法律内容的变化以及对法律实践、法律表现形式的影响。科技是一种持续存在的法律变革"潜流"，科技进步促使人们对权利和自由的追求，成为时代的直接动力。一切权利的产生都以一定的经济条件为基础，离开了经济条件，权利就无从产生，更不可能得到实现。人类的基因权利是否存在？基因权利何以值得珍视和保护？首先应从社会生产变迁入手，分析基因权利存在的社会经济背景，在此基础上探讨其法理上存在的可能性和必然性。

---

① SUTER S M. "The Allure and Peril of Genetics Exceptionalism: Do We Need Special Genetics Legislation?" [J]. Washington University Law Review, 2001 (79).

一、科技发展与基本权利的演变

科学技术是人类文明的重要支柱，是影响人类生存与发展的最根本和最主要的因素。每一次科技革命唤醒了人类权利意识，滋生了新型社会关系，都引起了基本权利的变化与发展。权利是历史社会发展的产物，科学技术对权利的影响主要是在科技革命的深入改造人类生活中实现的。

（一）科技的发展唤醒自由、权利意识

权利意识是权利发展的前提条件，科学技术的发展增加了人们冲破封建迷信与偏见的可能，自由观念从此才有可能深入人心。

在古代，科学技术落后，人们受神权思想的影响，没有做人的真正权利。14 世纪以后，天文学、地理、化学、医学、数学等自然科学都取得了新的进展，人们在科学技术的创造活动中不断修正自己的错误认识，了解到世界是人创造的而不是神创造的。在对自然现象的解释上，科学逐渐战胜并取代了宗教在人们生活中的地位，神权的法律意识被人权的法律意识所取代。在资本主义发展时期，资产阶级重视科学、理性、人权，并把它作为反封建、反神学的武器，希望通过科学的发展实现人类的"自由、平等、博爱"，也就是实现人类普遍享有的自然权利。① 随着 15 世纪末航海技术的发展，超越欧洲一国之内的贸易自由化使摆脱封建桎梏和通过消除封建不平等来确立权利平等被提上了日程，由此可见，权利思想是资本主义生产关系代替封建生产关系的产物。

到了近代，科技的发展威胁人的生存，进一步唤醒了人们的权利意识。医学、解剖学的运用使人成为科学研究的对象，人不仅不断被肢解，而且逐步被商业化：辅助生殖使得精子、卵子等成为交易的对象；器官移植使得肾、肝、角膜等成为供不应求的商品；生物基因也成了某些人的专利。信息科技的发展更强化了这种趋势，网络使人的私人空间越来越小，机器的智能化可以取代许多人工的作业，人类的命运该走向何处？人类是否会被物化，甚至变为机器的附属？这些表明科技的发展损害人的尊严甚至已经威胁到人的生存与发展。然而科学如何发展，都必须尊重人的尊严和权利，保护人的健康与生命。也正是

---

① 孟宪平. 科技法发展对人权的双重影响及解蔽思路［J］. 江汉大学学报（社会科学版），2008（1）.

由于科技的发展，人的尊严意识、权利意识才不断被唤醒。

（二）科技的进步滋生新型社会关系

科学技术进步与科技成果的广泛运用，扩大了人类活动的空间与范围，新的社会关系不断涌现。如电子工学的发达，促使了情报迅速传播，也造成情报的泛滥，使民众私生活受到一定的破坏；再如核科技的日新月异，加之军备竞赛的激烈，使世界上的国家都想拥有超级杀伤力，也使人民的和平生存权面临严重的威胁；而20世纪以来网络技术和电子商务的飞速发展丰富了商务活动的运行模式，提高了交易效率，降低了交易成本，使得交易更加便捷，但不可避免在很大程度上改变了保护知识产权、信息隐私的条件；记录装置、监视装置、网络技术、辅助生殖技术、基因测试以及其他基于电子学、光学、声学的通信技术与新的复制技术的发展，对人类的生产方式、生活方式乃至思维方式、生活质量等都产生了极其广泛又深远的影响，改变了人类社会的权利内容，信息隐私、网络知识产权、代孕亲子关系、电子证据等这些词汇伴随着新型社会关系而纷纷出现。

科学技术的更新与突破必然在实践中催生新的生产关系并引发新的问题，如人工授精技术与试管婴儿的诞生颠覆了传统婚姻观念、亲权关系；克隆技术导致了代际混乱、现代家庭关系的瓦解；基因筛检中信息的不当披露和使用产生的基因歧视等。在这些错综复杂的关系中，每个人的行为因与他人的行为交织，而带来了他们利益范围的交叉，如奥斯丁所指出的，"权利的特质在于给所有者以利益"①，因此，不是任何要求都能成为权利，只有符合伦理要求的权利才能成为权利。于是，人类的生存权、发展权、环境权、自由权等反映了人的需求的基本权利成为人权新的内容和形态。基因权利也正是科学技术发展过程中人类产生出新的需求的结果。

由此观之，20世纪60、70年代以来，随着生产的自动化与机械化，人类环境的破坏，医学技术的发展，人类生存权、环境权、隐私权、和平生存权，还有基于基因的权利等新兴的基本权利因科技的发展不断涌现，相继登上人权的舞台，这必然要求法与权利，法律体系的理论与制度也随之发生变化。

---

① ［德］弗里德里希·包尔生. 伦理学体系［M］. 何怀宏，等译. 北京：中国社会科学出版社，1988：540.

二、基因权利的产生源于科技对现实的冲击

法作为社会关系的调节器，每当社会生产领域发生变革，必然要求现有法律制度给予回应。如果现有法律制度无法调节新生的社会关系，则必然会有新的法律制度产生。法律如何回应社会变迁，自古以来就是最重要的课题。基因技术对已存在的社会伦理观念和准则带来了挑战，甚至可以说是空前的冲击。德沃金曾言："从根本上说，权利理论是关于法律发展的理论。"那么，基因权利是不是一项新兴的权能？基因权利所涵盖的平等、自主、隐私、公开等诸项权能可否在既有的法律权利体系中找到依据？现有权利规范是否可以涵盖和解决所提出来的问题？

首先，现代社会中新型而复杂的"人格交往关系"需要新的规范分析工具调整。基因技术及其应用所引发的法律问题充满了更大的风险和不确定性，侵权行为也更加隐蔽或容易被忽略。现代社会中的个人信息正在被难以控制地侵犯着。而基因时代的侵权行为相比则更为隐蔽甚至难以被当事人察觉。例如，当一个人手术中被医师提取骨髓、血液样本、毛发等后，他很难知道也很难控制他的基因材料将用于何种目的，甚至当他的基因被申请了专利并取得巨额的财富时，他也因不知情而难以获得相应的报酬。当人类基因医学研究和技术应用过程中，种种新型的法律关系日益出现时，有必要把基因权利在法律上予以明确和规范。

其次，基因科技的发展使得法律内容与形式发生变化，保障基因权利的法律也要相应地适应基因科技的发展。传统的平等权、隐私权、知识产权等在我国宪法、侵权责任法、专利法中虽作了规定，但在宪法和私法层面上并没有对基因科技发展带来的诸如平等、隐私、知情同意、专利等新兴权利进行明确。如平等权被当然地视为人格权，但却没有被明确化为私法上的具体人格权规范，而隐私权在我国确实已经成为私法人格权，并可以在《侵权责任法》第 2 条中找到救济的具体规范依据。但是，基因隐私不同于一般的某一个体不愿他人知悉的个人信息，它涉及的问题更加复杂，对家庭关系、社会关系影响更大，关乎更广泛的公共利益（如在保险、雇佣、教育、医疗等领域的歧视）甚至威胁代际正义，这是由人类基因的特殊医学、商业价值以及在遗传上的特性所决定的。现行法中的隐私权无法涵盖基因隐私的这些特殊性。同样地，虽然隐私权

内含着个人信息控制权和自己决定权，并且通过基因隐私权来对基因人格利益进行全面保护的思路也被提出来了①，但它们还是无法完全涵盖体现于基因人格利益上的平等、自主和公开等这些权能或权利内容，仅仅属于所谓"一般人格权"的宽泛领域。

三、基因科技伦理的刚性诉求

基因科技的种种问题需要伦理上的指导和决策，伦理规范和准则的变动性、多样性、灵活性虽可以较好地适应多元的、发展的、日新月异的社会，具有比法律规范更高的包容性，更能适应社会生活的变化和技术的发展，但伦理总是不能提供一个非常确定的答案，而往往只是给出一个具有可能性的辩护基础。基因伦理上的诸多柔性的问题，最终需要法律的刚性解决。将基因科技发展带来的新型权利形态用法律的形式加以确认，才能更好地确保基因技术在经济和医学领域的积极利用，平衡基因权利主体间的利益。

第二节　人类基因权利的法律价值

基因权利发轫于基因科技的发展，公民对基因利益随着基因科技的发展逐渐产生了权利上的诉求。国内虽然关于人类基因、胚胎、干细胞等法律文献日益增多，但对于人体及人体组织基本权利的研究却未受重视，究竟什么是基因权利？它包含哪些内容？具有哪些价值？唯有厘清基因的基础权利结构，才能使相关生物科技法律的研究具有切实的理论基础。

一、基因权利是公民应有之权利

目前我国学术界对于基因权利是否存在众说纷纭，概括起来，存在三种主要不同的观点：持肯定态度者，持否定态度者以及谨慎论者。持肯定论者主要以湛江师范学院王少杰，生命法学者倪正茂、陆庆胜、饶明辉等为代表。其中

---

① 刘士国. 患者隐私权：自己决定权与个人信息控制权 [J]. 社会科学，2011（6）.

王少杰博士认为:"所谓基因权就是基于基因资源的开发利用和基因技术的研发应用而产生的权利,基因权是一束权利,而非一项权利。"① 学者饶明辉认为:"与基因有关的权利,可以称为基因权利。"② 基因权利,从直观上来看,可以有不同类型。把基因视为物质的性质来看,基因是一项"资源",由此可形成基因物权、基因社会权(环境权和发展权);将基因视为技术,在应用中可形成基因知识产权;以基因所附带的遗传信息来看,形成基因人身权(基因隐私权)。持否定态度的学者主要以李文、王坤为代表,他们认为:"基因隐私权歧视就可以包含在传统的隐私权范围内,解决基因隐私权问题也无须另外再建立一套新的法律制度,可以套用民法的调整手段。"③ "只需要扩大对传统的平等权、财产权、隐私权等的保护,再加上更新侵权理论,就足够弥补传统法律的缺陷,根本不需要确立一个新的基因权利。"谨慎论者主要以台湾学者颜厥安为代表,他的著作《鼠肝与虫臂的管制——法理学与生命伦理论文集》中关于基因权利的观点如下:"如果我们认为,人不仅是对具有生命潜能及基因资讯的细胞拥有所有权,更对其生命潜能与基因讯息拥有某种权利,问题就会比较复杂。在这种看法下,新取得细胞所有权的人,除非获得法律允许活细胞产生者之同意,否则他就不能任意运用科技去发动这些细胞的生命潜能或探知其基因资讯。这种权利我们可以将它称之为基因权(genetic right),其中包括基因资讯权(right to genetic information)与生命潜能控制权(right to control of life potentials)。"他对于基因权利谨慎地表示:"将人类基因或基因信息视为财产法益,承认其具有财产价值而给予保护,其可能引起之法释义学与法政策上的效应如何?将基因或基因信息视为人格法益的延伸,并给予相对化的人格自主保护,是否能够提供足够的权利保护?""人对于潜在细胞中的生命潜能与基因资讯真的拥有如此绝对的权利吗?这种权利得以被证明的合理基础是什么呢?它是一种宪法保护的权利吗?如果是的,它的保护领域在哪?"④

面对以上的观点,笔者认为:公民基于基因上的权利,实为人们的应有权利。应有权利是权利的初始形态,它是特定社会的人们基于一定的物质生活条

---

① 王少杰. 论基因权 [J]. 青岛科技大学学报(社会科学版),2008(3).
② 饶明辉. 基因上的权利群论纲 [D]. 武汉:中南财经政法大学,2003.
③ 李文,王坤. 基因隐私及基因隐私权的法律保护 [J]. 武汉理工大学学报,2002(4).
④ 颜厥安. 死去活来——论法律对生命之规范 [M] //鼠肝与虫臂的管制——法理学与生命伦理论文集. 台北:元照出版有限公司,2004:37-38.

件和文化传统而产生出来的权利需要和权利要求，是主体认为或被承认应当享有的权利。广义的应有权利包括一切正当的权利，即法律范围内外所有正当的权利。狭义的正当权利特指应当有，而且能够有但还没有法律化的权利，由于这种权利往往表现为道德上的主张（以道德主张出现），所以也被称为"道德权利"，实际上是以道德主张出现的法律上的应有权利。道德是应有权利的价值基础，如果缺少了道德的支持，也就不存在应有权利。基因权利为狭义的应有权利。基因技术的发展及其衍生的诸多问题使人们产生了对基因权利的渴望，生技科学与生物医学的发展使得国家具备了保护这一权利的物质手段。因此，国家应及时将这一应有权利转化为法律权利。

传统的民法理论适应科技发展的要求，在不断完善自身的前提下发挥保护基因权利的职能也是非常必要的。但是，传统的基本权利类型固然在一定程度上可以提供对基因权的法律保护（例如可以依托平等权、财产权等进行保护），但是这种保护是缺乏针对性和极不充分的，有时甚至无法提供这种保护，这使得独立的基因权产生成为必要。同时目前我国传统的平等权、财产权、隐私权、人格尊严权等所针对问题都还没有涉及基因权利问题，同时都不足以完整地涵盖基因权利。即使扩展这些基本权利的内容，那它们每一项权利也只能将基因权利的其中之一涵盖进去，都无法把基因权利全部涵盖进去，要完整地体现这项权利的基本内涵，使基因权利真正而完整地得到保障，必须把基因权利抽出来，使之成为一项基本权利。于是，基因权利已经逐渐成为一项独立权利受到重视并产生独立保护的诉求，而且只有将基因权利作为一项专门权利才能使其获得充分的保护。

二、人类基因权利的概念

法律意义的权利，是指法律关系主体依法享有的某种权利或利益。它表现为权利享有者可以自己做出或不做出一定的行为，也可以要求他人做出或不做出一定的行为。权利确定了不同人群、不同个人之间在利益分配方面的权威定位，确立了追求利益、分配利益的基本规则。人类社会的权利现象多种多样，错综复杂，依据不同的标准可以对权利进行不同类型的划分。基因权利作为新兴的权利，学术上还未有统一定义，尚存不少争议。

对于"基因权利"概念，相同含义的概念还有"基因权""人类基因权利"

"基因上的权利""人对其基因的民事权利"等，基本都是指"人类基因权利"的含义，如果没有特指，下文中的"基因权利"概念即"人类基因权利"。

有关生物技术相关法律的研究，我国台湾地区著述颇丰，不少学者通过法学和医学、社会学、生物学的"科技整合"的多学科视角对基因展开了宪法、民法、刑法领域的研究和思考。通过梳理此类文献，可发现最早提出人类基因权利的概念的是台湾地区学者颜厥安，他在《死去活来——论法律对生命之规范》一文中提出了基因权的概念。他认为，人对细胞中的生命潜能与基因讯息拥有某种权利，新取得细胞所有权的人，除非获得法律允许活细胞产生者之同意，不能任意运用科技去激发这些细胞的生命潜能或探知其基因资讯。这种权利，我们可以以将之称为基因权（genetic right），其中包括了"基因资讯权与生命潜能控制权"。① 早期的学者如饶明辉，对基因权利采取了描述性的表达，认为基因权是与基因有关的权利。② 还有观点从人对其基因的民事权利出发，认为基因权包括基因人格权（包括对尚在人体内的基因的身体权，对与人体脱离的基因的自己决定权及对基因信息的隐私权）和基因财产权（包括对其基因物质的所有权，决定对基因的研究，限定在民事权利范畴，它还应是在基因上产生的综合性的宪法基本权利）。③

随着研究深入，这个关于基因权利的解释在不断演变。我国学者也尝试着对基因权利作了如下的定义，如倪正茂、陆庆胜认为："基因权即与基因的研究、利用和保护等有关的各种权利和义务的总称。"④ 这也是现今通常对基因权利广义层面的界定。与上文基因相对应的概念而言，关乎本文所谓"基因权利"的实践和立法中并不存在直接和明确的私法规范，更多出现的是"基因材料""基因隐私""基因信息"和"基因歧视"等与基因权利具体形态相关的规范条款或伦理指南。在英文法学文献中，席尔瓦较早专门讨论了基因权（genetic rights）概念。他列举了基因权概念的四种不同的含义：对基因信息商业利用的控制权利，对基因信息生殖利用的控制权利，对基因信息的保密权利以及免受基于基因信息的生存限制的权利。席尔瓦所提的基因权概念，仅为人们对于基

---

① 颜厥安. 鼠肝与虫臂的管制——法理学与生命伦理论文集［M］. 台北：元照出版有限公司，2004：34.

② 饶明辉. 基因上的权利群论纲［D］. 武汉：中南财经政法大学，2003.

③ 李燕. 论人对其基因的民事权利［J］. 东岳论丛，2008（4）.

④ 倪正茂，陆庆胜. 生命法学导论［M］. 武汉：武汉大学出版社，2005：367.

因上的具体的权利诉求。

本书认为基因权利是基因科技发展应用产生的一系列新型权利，非一项权利，是伴随基因科技发展而来的复合权利。基因权利可被解析为基因平等权、基因自主权、基因隐私权、基因公开权等一系列权利。这里运用了英美法上的权利束（bundle of rights）概念。权利束观念真正盛行于分析法学对财产权的分析。20 世纪初期，霍菲尔德将权利（right）作为一种基本法律关系分解为严格意义的权利，即请求权（right/claim）、特权（privilege）、权力（power）和豁免（immunity）。① 权利束概念的开放性对于发现和认可新的权利提供了便利，它也成为英美法中的一个主流观念和主导范式（dominant paradigm）。

有学者质疑基因权利概念的产生，认为没有必要定义"基因权利"来加以保护，强调只需扩大隐私权、财产权、平等权的外延就可以了。但是笔者认为基因权利的概念还是需要有个基本界定。首先，因为基因权利是一项复合权利，它涉及知情权、隐私权、人格权等多项权利，单独扩大一种权利的外延显然无法全面保护，而通过扩充每项传统存在的权利，有可能使这些理论失去存在的基础而变质，甚至可能挂一漏万，反而使受传统民法保护的权利得不到妥善保护。② 其次，基因权利的保护涉及宪法、民法、刑法、行政法等多种法律部类，需要一个集束的权利概念加以分析论证。再次，基因权利是一个发展中的权利。随着技术的深入发展和应用，概念不断被扩充。如基因信息的隐私权，基因信息的专利权概念，是因就业过程中基因信息不正当披露，以及基因信息的商业化应用而产生。随着应用的深入，必然有更多的权利需要保护，基因权利概念的产生更利于发展中权利的讨论和保护。

基因权利是基于基因衍生的综合性权利，其构成要件包含权利的主体、客体和内容。人类的基因资源需要从个人身上提取，那么个人对于自己身上的基因享有基因隐私权、基因平等权、基因财产权、基因人格权等。基因权利中享有知情权、隐私权、平等权等的主体是拥有基因的患方，客体是基因信息；专利权的主体是发明新基因治疗药物的医方，权利的客体是基于基因的发明创造。基因权利的内容主要包括基因财产权、基因隐私权、基因平等权、基因专利权等。有关基因权利的主体、客体、内容将在下章中具体论述。

---

① HOHFELD W N. Fundamental Legal Conceptions as Applied in Judicial Reasoning ［M］. New Jersey：The Law book Exchange, Ltd. , 2010：144.
② 张小罗. 基因权利初论 ［J］. 法学评论, 2010 (3).

三、人类基因权利的价值分析

（一）人性尊严之维护

"尊严"一词可以称为人性尊严或人格尊严，它是指人的尊贵和庄严；指人具有一种高于物和其他生命形式的，令他人敬畏的独立而不可侵犯的身份和地位。①人性尊严的理念起源于古典时期的"人本主义"思想，它对人性尊严的思考也是康德伦理学的重要原则，即人不能被当作其他人期望的客体。康德认为："人性本身就是一种尊严。……正是这样，人才能使自己超越世上能被当作纯粹的工具使用的其他动物，同时也超越了任何无生命的事物。"②"人，一般说来，每个有理性的东西，都自在地作为目的而存在着，他不单纯是这个或那个意志所随意使用的工具。在他的一切行为中，不论对自己还是对于其他有理性的东西，任何时候都必须被当作目的。"③ 正是在这种理性的存在中，人才有了尊严。康德强调人性尊严之道德上的自治，而以自治为人性和一切有理性事物之尊严的基础，这是人为终极目的之内涵。④ 康德的人性尊严理念构筑了宪法人性尊严的基本含义：人并不仅是国家及社会作用的手段或者客体，相反，作为先国家而存在的人，恰恰是国家的目的，国家的重要在于它是满足人类目的的条件。人能够在国家的框架内，自我设定和追求己身的基本权利，即实现对己身基本权利正当行使的自治与自决。这已经成为很多国家确立人性尊严宪法保障的哲学基础。

人性尊严的概念虽然与基督教人道主义的普遍理念有关，但发展至今，康德哲学作为世俗化的宪法人权理念基础，人性尊严不可侵犯，普遍为宪政民主国家宪法规范所确认。《世界人权宣言》在《前言》就明确宣示："鉴于人类一家，对于人人固有尊严及其平等不移权利之承认确保是世界自由、正义与和平的基础。"而其第一条更明白地揭示："人皆生而自由，在尊严及权利上一律平等。人各富有理性良知，诚应和睦相处，情同手足。"在各国宪法中，也均有关于人性尊严的规定，如德国基本法第 1 条规定了"人性尊严不可侵犯"，这是整体法秩序中根本的

---

① 夏勇 . 人权概念起源：权利的历史哲学 [M] . 北京：中国政法大学出版社，2001：296.

② ［德］伊曼努尔·康德 . 道德的形而上学 [M] . 玛朋·格雷格，译 . 天津：天津大学出版社，1996：20.

③ 康德 . 道德的形而上学原理 [M] . 苗力川，译 . 上海：上海人民出版社，2002：52.

④ 法治斌，董保城 . 宪法新论 [M] . 台北：元照出版有限公司，2004：202.

规范，被描述为"最高法价值"或"最上之宪法原则"，意味着每一个独立、自主的人在宪法的保护下以主体资格参与国家政治管理，每个人都享有作为主体性的人的精神、身体及行为等各方面的自由和价值，有进行自主决定的自由意志，这也可以说是主张人性尊严的根源。日本宪法第 13 条也规定："所有国民，均以个人地位而受尊重。"相比这些国家的宪法规定，我国宪法第 38 条规定了：中华人民共和国公民的人格尊严不受侵犯。禁止用任何方法对公民进行侮辱、诽谤和诬告陷害。《民法通则》第 101 条规定了"公民的人格尊严受法律保护"，《消费者权益保护法》第 14 条规定了"消费者享有人格尊严得到尊重的权利"。但以上条文中的"人格尊严"（dignity of personality 或 personal dignity）并非"人性尊严"（human dignity），结合其他规定，可以认为，它主要是在人格的较狭意义上对"侮辱、诽谤和诬告陷害"的反面表述。和人格尊严的突出的个体意义相比，人性尊严还强调了整体人类尊严。《宪法》第 33 条还规定了"国家尊重和保障人权"，但它只是一种并非具有明确和具体规范意义的宣言，并不能以此条为规范依据而成为一切基本权利和私法权利的核心价值和最高原则。

由于意识到生命科学的迅速发展以及其中某些应用针对人类尊严和个人的权利及自由可能产生的伦理问题，在人类基因组计划开展后不久，联合国教科文组织就颁布了《人类基因组与人权宣言》（*Universal Declaration on the Human Genome and Human Rights*），其中第 10 条规定："任何关于人类基因组织研究或研究之应用，尤其是在生物学、基因学或医学领域方面，都不应该超越对人权、基本自由、个人尊严以及某些情况下的群体尊严之尊重。"而第 10 条第 1 项则规定："违反人性尊严之实践不该被允许，例如对人类的再生性复制。"《国际人类基因数据宣言》的第 1 条 a 款也规定："本宣言的宗旨是：按照平等、公正、团结互助的要求，在采集、处理、使用和保存人类基因数据、人类蛋白质组数据和提取此类数据的生物标本方面确保尊重人的尊严，保护人权和基本自由，并兼顾思想和言论自由，包括研究自由；确定指导各国制定相关法律和政策的原则；并为指导有关机构和个人在这些方面的良好实践奠定基础。"

法律以人性尊严之维护作为最高主旨，可以有效应对基因科技引发的问题。根据人性尊严原则，人的主体性受到绝对的保护，在权利行使的正当范围内得以自律自决而不被操纵，不容许被当作客体而物化或商品化。针对在基因技术条件下，"主体客体化"现象的强化趋势，当现代科技将人类基因操弄于股掌而可能颠覆人性尊严价值之时，建构一个具有合理边界的基因权，则可以在法律秩序中积极抵御这样的颠覆。

人类基因权利只有从人性尊严出发才能获得深厚的道德伦理基础，并因最终走向人性尊严而实现正当的规范价值。

（二）人格利益之保障

人类基因具有人格和财产的双重属性，两种属性之间并不存在本质的冲突。在特定基因的采集、研究与商业利用上，基因人格的利用混合了人格和财产，同时涉及了经济性利益和尊严性利益，只有法律允许某项基因人格利益可以交易，作为基因人格权所包含的财产意义才能现实化。因此，确定基因权利对于保障人格利益具有十分重要的现实意义。而基因权利中的基因平等权、基因自主权、基因隐私权等典型人格权形态也需要以人格利益之维护为其核心价值目标。一些国家如美国，在这方面已经制定了相应伦理守则或法律规范作为"政治的公序"，以确保人类基因上的人格利益维护。①

（三）技术理性之控制

有一些观点认为，技术没有善恶之分，具有中立性，技术带来的双刃剑后果取决于人类对技术的使用。其实技术并非纯然中立，而是内含一种控制对象的扩张欲望，若不加反省，必然摧毁生态和人文价值。基因技术在推进人类的福利事业的时候，人可能已经或正在悄悄异化为作为意识形态的技术的奴隶。而法律规范可以用制度理性（人性）控制这种盲目的技术理性，将其驯服于人文价值之内。②

法兰克福学派的马尔库塞以韦伯的工具理性③为依据确立了技术理性的概念，认为其突出特点是强调技术效率和工具意义而忽略价值和目的，诸如基因筛检技术的发展带来的基因歧视、基因隐私的侵犯等。基因技术理性的一个基本的伦理和法律评价标准是"善"，基因权利作为一项法律建构出来的社会规则符合"善"的社会规则，可以规范技术在符合伦理的框架下构建"美丽新世界"。

---

① 美国生物医学与行为研究之受试者保护国家委员会（1974年成立）于1979年发表的《贝尔蒙特报告》，就人体试验研究中的受试者保护提出了尊重、行善、公正三原则。
② 罗胜华.基因隐私权研究［M］//易继明.私法：第二辑第2卷.北京：北京大学出版社，2003：151－152.
③ 马克斯·韦伯把技术理性区分为工具理性和价值理性。所谓技术理性，即理性的技术规则，其基本逻辑在于可预测、可控制以及有效率。

第三章

基因科技与法律的对话：人类基因权利的法律内涵

> 每当社会发生重大变动，法与权利亦必随之发生变动。若法与权利关系无视社会条件之显著变化而抱残守缺于旧有状态，不但对解决纷争毫无裨益，反而会成为摩擦与纷争的根源，而随着社会的变动，若社会成员的意识与需要已构成要求变革之强大力量，则基本权利关系，自然会产生变化。
>
> —— （日）小林直树

第一节　人类基因的法律地位

人类基因的法律地位和性质是什么？是属于人格、财产还是信息？法律应当如何保护基因？对此学界有着多种不同的理论分歧，对于人类基因的法律属性的研究直接影响到人类基因的权利归属，进而引导着是将其纳入人格权法保护，还是纳入物权法保护抑或是纳入知识产权法保护的法律规范的方向。

从前文的论述中可以明确：生物学意义上，人类基因是 DNA 分子上具有遗传效应的特定核苷酸序列；从伦理学意义上看，人类基因具有独特的个人遗传信息，具有尊严价值和道德意义；在法学视野下，人类基因不仅是基因医学技术的操作对象，它还是基因权利的客体，一种作为"原本"的生活事实的"存在"。

以现有的研究成果来看，关于基因的性质有以下的几种观点：观点一认为基因是人类身体的细胞之组成部分，其本质是一类生物大分子，是客观存在的物质，当其脱离身体成为独立存在的个体时，可以将其视作独立的物，大多从物权或知识产权的角度予以展开，并把其作为一种财产、资源或者隐私权、知识产权的客体，承认它具有财产的属性；观点二认为基因是带有人类个体遗传密码的基本单位，体现了人类身体的全部秘密，如果了解了一个人的基因也就等于知道了他身体的全部性状和特质，可以说是一种信息或隐私，并从基因隐私权、基因歧视等角度展开分析，因此信息属于人格权所保护的客体——人格利益的范畴，因此基因同样具有人格的属性；观点三从知识产权的角度分析，由于基因是从人体内分离得到的，将其用于研究时属于知识产权保护的客体，从而具有人格权与财产权双重属性的特性。由于人类基因本身涉及多方利益，牵涉到人的生命权、身心健康权和隐私权等人格权利，具有非常复杂的利益属性。

笔者下文将从民法中人与物二元对立格局的困境入手，分析人类基因复杂的法律地位和属性。

一、人与物二元分离理论的现实困境

民法的哲学视角认为：民法社会是由人和物构成，人是社会的主体，支配所有的物。人的本质在于人格（personality），人格是主体的要素而不是外在的客体；而物是社会的客体，物的本质在于财产（property），而财产是外在于人和人格的。人体具有特殊的属性，作为人格的载体，身体权的客体，不能将其视为物。人格和财产在边界上是互斥和独立的。"主客体二分法"经由罗马法到法国和德国的民法典，一直在大陆法系法律中被牢牢地确立，人法和物法的划分就是这一观念在立法中的直接反映。基因具有的物质和信息的双重属性将会导致基因权利定位的两难，在一个主客体对立的法律体系下，将基因视为物质与信息会有两种完全不同的保护结果。如果将人类基因视为物质，那么个体是不是就可以将其视为财产，承认其具有财产价值而给予保护呢？如果将其视为信息，那么它是否就是人格法益的延伸，只要给予其人格自主保护就能够提供足够的权利保护了呢？

二、人类基因的法律属性

人体组织、血液、器官、毛发等，在其未脱离人体和已脱离人体两种情况下，存在不同的法律性质。如果人体器官和组织等还未脱离人体，毫无疑问，它属于人体不可分割的一部分，本人对其应享有完整的人格权、物权和相应的物质和精神权利，这点并无太多争议；当人类基因紧跟在器官、组织等之后，已脱离人体，它们的性质如何？随着人类基因技术的深入发展，人类基因正在成为技术的操控对象，日益被作为客体对待，"主体客体化"的现实已然变成了常态。基因所包含之人格上、生物学上、医学上的种种信息，都可能蕴含着经济上的价值，当这种经济利益逐渐被意识到的时候，不只是生物科技相关的企业，个人也可能会开始主张其基因的经济价值，而尝试作商业上的运用。此种可预见的发展，不免引发在法律上权利保护之质疑：是否人身法益会逐渐"客体化""财产法益化"，并进而成为可以交易、处分的客体？"主体客体化"直接地冲击了人与物二元分离理论，人类基因、器官、组织等是主体（人格）还是客体（财产）？对于脱离人体的器官、组织和基因等特殊事物的法律地位的判断，从英美国家，到德国、我国等同样有着明显的分歧意见。

（一）客体与主体非此即彼关系下的法律属性评析

新生生物科技产物的问世，是否意味着全面颠覆法律原有的逻辑与思维？如何在现有的法律体系下应对基因技术的发展给人类自身权利所带来的挑战？对此大部分学者将基因法律属性的确定首先放在现有的规范体系中去思考，在不触及民法"二元论"的前提下，他们更愿意将对基因权利的保护寄托在单一的人格权或者财产权领域。

1. 人格属性——由一则经典案例谈起

［案例］　德国储存精子灭失案（vernichtung von sperma）

某甲预见有不能生育的可能性，乃将其精子冷冻储存于某乙大学附属医院。其后甲结婚，欲取用精子时，获知乙医院过失致其储存的精子灭失，乃向乙请求 2500 马克的抚慰金。下级和原审法院均否认了原告的请求权，德国联邦法院则肯定被告系侵害原告的身体权，对原告的抚慰金请求予以支持。

台湾学者王泽鉴教授曾在《侵权行为法第一册：基本理论一般侵权行为》一书中的"与身体分离部分在侵权行为法上的保护"部分提到这个经典案例。依照德国法学界的通说，人格是人本质上为人的资格。身体的部分一旦与身体分离即成为物，但联邦法院认为，在本案中据此判定精子不属于身体的认识则过于狭隘。联邦法院认为人格权的客体不是物，"而是人格的存在及其自主决定领域，实质化于身体的状态之上，并以人的身体作为人格的基础加以保护"。这种将精子等同于身体的肯定认识，即明确了其为人格权客体的法律地位。① 同样地，当由精子推及基因时，就可以得出人类基因不是物而是人格的结论。

身体是一个人人格实质化的部分，是一个人人格的基础，因此即使是与身体分离的精子，只要符合功能一体性的原则，即这种分离出身体的部分在其与身体分离期间构成"功能上的一体性"，对分离出身体的部分的侵害应认为是对身体的侵害。可以认为这些精子之上仍有人格法益的附着。而人格法益与其物质载体是密切相关的，因此对于人格法益的保障，也不能忽略对于其物质载体的管制。那么我们是否可由此案得到这样结论：基因也有某种人格法益的附着，因此对于基因的权利，不能完全决定于对于基因物质的权利。

作为物质的人类基因是一种有体人格财产。人类基因作为细胞的组成部分存在，不能被肉眼查看，但借助现代技术手段，可以被提取、改造并进行医学和商业利用。作为物质的人类基因与特定人身之间有着密切联系，是具体人格的表现形式，并当然成为人格权的客体。

不过，这种分析仍然带有某种程度的悖论：一方面主张与人体分离的身体部分为物，另一方面却又基于"权利主体的意思"而认其作为人格的法律地位，以便透过"人格的自主决定"而进行保护。当"权利主体的意思"成了确定人类基因的法律地位的准则时，它的法律地位将是难以确定的。人格法的思路有益于在人类基因上的平等、自主决定、隐私等纯粹人格利益上为主体提供正统的人格权保护。但"人格的自主决定"等法律分析策略并不能有效解释人类基因的专利化、商业化等财产利益的获取或分享时的困境。

2. 财产属性

在大陆法系，德国法学家沃尔夫认为，从人体分离出来并且已经独立化的人体部分（例如捐献的血液、卵子、精子或者人体器官），在将其投入交易场中去的前提下，成为物权的对象，其产生的物之客体和所有权将优先适用，直到该物被重新移植到另外一个人身上为止。② 日本学者也从大陆法系的传统观念出发，通说认为已经分离出来的人身组成部分与生存中的人身不同，它构成了

---

① 颜厥安. 财产、人格，还是信息？论人类基因的法律地位［M］//鼠肝与虫臂的管制——法理学与生命伦理论文集. 台北：元照出版有限公司，2004：174 – 175.

② ［德］曼弗雷德·沃尔夫. 物权法［M］. 吴越，李大雪，译. 北京：法律出版社，2002：8.

物权法上的物，可以对该身体部分作出让渡以及其他处分。①

在我国，史尚宽先生较早提出，法律以人为权利主体，活人之身体不得为法律之物，人身之一部分自然地与身体分离之时，其部分已非人身而成为外界之物，当然为法律上之物从而得为权利的标的。② 杨立新先生把脱离人体的组织和器官归于"生命物格"——第一类"法律物格"。在我国的民法典草案学者建议稿中，脱离人体的器官、组织、体液等也在"不违背公共秩序与善良风俗"的条件下被界定为"民事权利的客体"或"物"。③

但以上的学者都没有直接地把人类基因明确列在其中。这种考虑的原因在于人类基因毕竟不同于一般的财产（物），它来自人身，并承载着人的尊严等伦理价值。在对人类基因进行财产法上的通常处分（如交易）时，会面临着诸多的伦理和法理的困境。西方有学者通过把人类基因视为一种特别的财产，即承认在作为财产的人类基因之上附着了人格利益，进而在财产法上提供特别的权利保护④来解决这种伦理困境。

此论断也依然存在问题，因为分离出来的人类基因具有无限的可复制性，并且它的初始"母本"确实依然存在于人体内，在这种意义上它是永续存在，不灭的。人类基因上的侵权类型将会是多样的，除单纯的财产损害外，还有纯粹的人格损害，单从财产出发来确定人类基因的法律地位，将无法解释这种特殊情势。且若将"人格"和"财产"（或"物"）简单叠加，实际上回避了对事物本质的分析，不能回答对此类特殊事物进行权利保护及其限制的正当性何在。

---

① 生存中的人的身体作为统一体来理解时，是与之所归属的人格相统一的存在，应视为人格权的一个对象。参见［日］岩志和一郎．器官移植的比较法研究——民事法的视点（1）［J］．比较法研究（日本）46号，104；转引自余能斌，涂文．论人体器官移植的现代民法理论基础［J］．中国法学，2003（6）.

② 史尚宽．民法总论［M］．北京：中国政法大学出版社，2000：250.

③ 梁慧星主持的建议稿第95条第3款规定："自然人的器官、血液、骨髓、组织、精子、卵子等，以不违背公共秩序与善良风俗为限，可以成为民事权利的客体。"梁慧星．中国民法典草案建议稿附理由．总则编［M］．北京：法律出版社，2004：124.

④ 玛格丽特·简·雷丁（Margaret Jane Radin）将财产区分为"人格财产"（personal property）和"可替财产"（fungible property），前者（如婚戒）具有人格意义，后者（如金钱）仅为器物性的。人格财产与人格（personhood）紧密相连，一旦灭失即无法通过其他财产加以替换，因而会产生巨大的精神痛苦。如果某一财产损失造成的痛苦无法通过财产替换而减轻，那么这项财产就与人格密切相关，这种特殊的财产对持有者而言就是其人格财产。人格财产在本质上与个人特质高度联系在一起，正是这种联系证明了对其控制的合理性——在这里，作为基本概念的正是人格，而非自由。

3. 知识产权属性

台湾学者颜厥安在他的《财产、人格，还是信息？论人类基因的法律地位》一文中对人类基因的法律地位作了深入而深具启发意义的探讨，他认为可以用"智慧财产权理论"（IPR theory）模式来处理人类基因的法律地位问题。① 这种观点潜在的前提是将基因和基因所表达的信息一分为二，即基因资源和基因信息，而具有财产性质的是被提取后的基因信息，然而在科学研究中，基因信息通过技术手段被提取出来后，被提取出信息的基因本身因失去研究价值被抛弃掉。但即使基因被抛弃，依然和其他普通器官有本质区别，因为基因对人类的意义并不在于它的物质表现形式，而在于它所表达的包含了人类身体全部秘密的信息。所有权人抛弃含有该基因的组织或器官的同时并没有放弃对该组织或器官中所包含的基因的权利。知识产权分析思路的局限性在于忽略了基因提供者对其基因所享有的权利，因此就人类基因的法律地位的分析而言，依然没有明确人类基因复杂的被称为"人格"或"物"的问题。

（二）非人非物——基因属性的另一种思路

尽管大部分学者都在坚持客体与主体是非此即彼的关系，但是也有部分学者提出了"人类基因非物也非人"，是在主体与客体之间存在的"中间体"，而且也在理论上探讨了这些特殊的事物——包括脱离人体的人类基因、组织和器官合乎其本质的法律地位。

台湾学者蔡维音在《"权利主体"概念的反省——由人类基因科技所引发之法律面问题出发》《"拟似权利主体"之法律意涵——重新建构人类基因之法律定位》等文章中对传统法律概念体系中这种"权利主体"与"权利客体"相互对立的体系建构提出挑战。为替人类基因科技带来的规范难题寻找可能的新出路，为具有发展为生命潜能之胚胎、物种之完整性等法益寻求法学上的定位，提出"拟似权利主体"之概念，尝试在传统"非主即客""全有全无"架构下建立一个新的中介性的存在，并借此观念来重构权利能力的定位，以因应由人类基因科技发展所引发之法律难题。而配合"拟似权利主体"的提出，学者蔡维音提出了三个提议，其一为对权利能力之阶段性承认，以配合于人类基因相关之法益在法律上的新定位，并给予相应其性格之阶段性的权能保护；其二为

---

① 颜厥安. 财产、人格，还是信息？论人类基因的法律地位［M］//鼠肝与虫臂的管制——法理学与生命伦理论文集. 台北：元照出版有限公司，2004：190.

"权益代言制度"的设置，借以解决这些新型法益实际上之权利保护管道问题；其三为确立法定之"拟制身份关系"，以因应人工生殖科技所引发之身份关系上的疑义。① 这种思路跳出了权利主体"非主即客"的传统，具有一定的新颖性，但似乎仍然没有完全解决人类基因主体难题："拟似权利主体"能否拥有自己的权利，并可以具有自己的权利内容？如果回答是，则它依然还是主体，如果回答否，则它还是无异于客体。

（三）基因法律属性的复合——人格财产属性

我国法律体系承袭大陆法系，从而也承袭了主、客体截然划分对立的思考体系。这种主客对立的格局表现在法规范体系中，即是将我们存在的世界一举划分为权利主体与权利客体，而权利主体又只限于"人"，人以外的万物都只能作为被支配的对象而存在。民法的这种前提——人的主体性和物的客观性完全对立，使其不得不重新作出调整以应对生命科学发展所带来的新问题。前文对于基因法律性质的分析都是在主体和客体，人格和财产完全对立的立场下进行的，但这种完全对立是否具有事实上的合理性？人格和财产是否真的水火不容？人格是否可以有财产的性质？

从"人格"内涵的历史演变观之："人格"一词起源于罗马法，在其肇始之际就是用来划分人的本质等级的，原指具有一定声望和尊严从而享有法律地位的人，一般包括三种权利：自由权、市民权和家族权，只有当完全具备以上三种权利时，人才具有完全的人格，因此，罗马法上的人是"身份的人"。而以法国民法典为代表的近代私法中的人则是"财产的人"。近代法国的总体财产（patrimoine）理论认为，总体财产是"人格的流露和一个人本身所具有的法律能力的表现"。任何一个人都有总体财产，而且只有人才能拥有总体财产。这样，总体财产就成为人格在经济层面上的表现，并且具有不可分性（一个主体对应一个总体财产）和生前不可转移性。② 而黑格尔也认为：唯有人格才能给予对物的权利，所以人格权本质上就是物权，而物是外在的东西，甚至包括了人

---

① 蔡维音."拟似权利主体"之法律意涵——重新建构人类基因之法律定位［J］.成大法学，2001（2）.

② ［法］雅克·盖斯旦，等.法国民法总论［M］.陈鹏，等译.北京：法律出版社，2004：150－152.

自己的身体和生命。① 因此，可以认为财产正是主体人格的组成部分，是主体人格的延伸和表现②，人格可以有财产的性质。

台湾学者黄立也曾建议将人格权细区分为精神人格权与财产人格权。③ 由此可以得到启发：人格是否也可以被区分为这样两种类型：纯粹精神性人格和兼具财产性人格。前者如尊严、自由、平等、自主决定等抽象的人格存在，后者如生命、身体、健康、肖像、姓名、隐私等具体的人格存在。前者体现了人的本质，不具财产利益；后者体现了人的属性，在特殊情形下可以产生一定的财产利益，在一定的范围和程度上可按法律规定对其进行有限处分。前者的损害有关人的目的和内在价值，因而本身只是一种精神损害，只能获得抚慰性的纯粹精神补偿；后者的损害则有关人的手段和外在属性，除了精神损害外还包括了对人格财产性的损害，并因而可以获得财产赔偿。

人类基因并非只能有单一的某种属性，根据人格内涵财产性质，基因的法律性质可以定性为是一种具有人格性质的财产属性，复合着基因人格和基因财产双重属性。

（四）基因法律属性的彰显——物质和信息的双重性

有部分学者在探讨基因法律性质时把基因、基因物质（genetic material）与基因信息（genetic information）作了具体的区分，视基因等同于基因物质，或等同于基因信息，并认为基因物质与基因信息是截然不同的东西。也有观点认为，人类体细胞即"基因材料"，只是基因信息的载体，是"广义上的基因"。④ 崔国斌把基因分为"基因原材料"和"基因资源"。颜厥安则认为："至少有以下几种界定基因性质的可能：（1）基因是身体的一部分（body theory）；（2）基因是人格的延伸，或基因表彰了人格（personality theory）；（3）基因就是这个人本身（identity theory）。"⑤ 美国学者丽贝卡·埃森伯格（Rebecca Eisenberg）认

---

① ［德］黑格尔. 法哲学原理［M］. 范扬，张企泰，译. 北京：商务印书馆，2009：48-49.

② 林喆. 权利的法哲学［M］. 济南：山东人民出版社，1999：247.

③ 黄立. 民法债编总论［M］. 台北：元照出版公司，1996：254.

④ SILVER L M. The Meaning of Genes and Genetic Rights［J］. Jurimetrics Journal，1999（40）.

⑤ 颜厥安. 财产、人格，还是信息？论人类基因的法律地位［M］//鼠肝与虫臂的管制——法理学与生命伦理论文集. 台北：元照出版有限公司，2004：37.

为：“DNA 序列不单单是分子，它们也是信息。”① 有的国家在立法上也把基因物质和基因信息分开表述，表明两者并非同一个东西。比如澳大利亚的《涉及人类研究之伦理施行国家宣言》（*National Statement On Ethical Conduct in Research Involving Humans*）中的规定就把基因物质和基因信息明确分开。它的第（i）条、第（j）条、第（k）条和第（l）条在表述上都体现了这一点。第（i）条涉及关于检体是否提供他人或国外使用，以及研究成果是否公开这一问题，这条具体的表述如下：“基因物质与基因信息可能会用于与人类研究道德委员会（Human Research Ethics Committee，HREC）批准的研究无关的用途上。参与者应被告知他们的遗传物质与信息除法律要求外，未得到同意，不会释出作其他用途。”第（j）条是关于检体管理方面的，其表述如下：“有关参与者之基因物质和信息可能对迄今非特定的未来研究有帮助，任何予以储存之意图。如得到同意者，持续期间应予特定。”② 以上种种的表述反映了人们对于人类基因这种微观世界的事物的存在状态“物质的、信息的还是双重的”认识上的困惑和思考。

基因组作为由 DNA 等遗传物质所组成的基因的总和，自始至终被科学家们当成一种物质来对待，当研究人员要取得人类基因信息，首先需要从人自身的身体上获得相应的组织材料，这些材料包括：血液、组织细胞、器官、皮肤、毛发，甚至整个身体（尸体）。③ 组成我们每一个人的生理躯体的细胞带有基因，基因被看成物质没有太多疑义。然而基因的特殊性中除了物质性还包含了一个人的遗传信息，这些遗传信息既可能被授予专利，又可能被滥用，如果主体借助对自己基因人格的商业化利用，便能够产生财产利益甚至给研究人员和投资机构带来回报，也同时可能损害基因提供者的利益。目前，学术界和法律

---

① ANDREWS L B. The Gene Patent Dilemma：Balancing Commercial Incentives with Health Needs [J]. Houston journal of Health Law&Policy，2002（2）.

② 第（k）条规定：参与者之基因物质与信息是否会在研究完成时，或在其后一段储存期间过后，就予以销毁。某些参与者或团体对于其基因物质的销毁具有敏感性，此类参与者和团体应在研究开始时建立并记录起来，并在销毁时考虑到他们。参与者可在任何时候自由退出研究，这可能会牵涉到以可识别方式提供检体，要求销毁其基因物质与信息。另外，也可用不可识别方式继续提供检体和信息，视参与者意愿而定。这表明，无论是因研究完成还是参与者退出需要销毁基因，必须把基因原材料以及通过基因原材料而取得之基因信息等全部销毁。参见蔡明诚. 基因检测受试者保护和相关问题与规范之研究 [J]. 生物科技与法律研究通讯，2000（16）.

③ ［德］迪特尔·梅迪库斯. 德国民法总论 [M]. 邵建东，译. 北京：法律出版社，2000：876 – 877.

实务界都倾向于认为：基因同时具有物质和信息的双重属性。即可以认为，即使将基因作了基因物质和基因信息的划分，基因都具有作为物质和信息的双重属性。可以概括表达为：作为物质的人类基因可以被提取、改造并进行医学和商业利用，是具体人格的表现形式，与特定人身之间有着密切联系，并因而当然成为人格权的客体。而基因信息记载着个人生理特征，从而关系到具体主体的尊严和隐私而当然成为人格权的客体，是一种无体人格财产。

第二节　人类基因权利的法律性质定位

基于人类基因是兼具人格属性和财产属性的复杂组合，人类基因权利的法律性质也具备了多重性。人类基因权利的性质定位是怎样的，是宪法基本权利还是民事权利，这是基因权利法哲学领域中的一个重点与难点；作为民事权利，是不是单纯的人格权抑或财产权等问题是我们必须深入思考和研究的。基因权利在人权保障等方面具有基本权利的特征，应属于基本人权，同时人类基因权利具备私法上的权利属性，是包含了基因隐私权、基因平等权、基因财产权等形态的权利束或称之为一束权利。人类基因权的性质是否具有排他性、专属性、绝对性等，是厘清了法理问题后要明确的问题。

一、人类基因权利的基本权利属性解读

基因权利究竟是不是基本人权？基因权利为什么具有基本人权的价值？通过对基本权利、人权的本质分析，笔者认为人类基因权利具有基本人权的特征，是基本人权。

（一）基本权利、权利与人权概念辨析

基本权利是公民在宪法上的权利，这一权利体系经过了一个历史发展过程。早期公民基本权利以个人主义和自由主义为理论基础，以保护个人尊严为核心，是抵制政府侵犯的个人权利，并辅以司法审查公权力的合宪性促成这类权利的实现。随着社会的发展，国家理念由消极国家观转变为积极国家观，公民基本权利体系也出现了相应变化。基本权利不仅包括不受政府侵犯的消极权利，还包括要求国家采取行动的积极权利。由于各国历史、权利观念、法律传统及制

度上的差异，理论和实践上，各国宪法上的公民基本权利在法律形式、分类、主体、效力、限制、保障、救济，以及基本义务体系等方面都存有一定差异。并且，基本权利还是一个开放和不断发展的体系，随着国与国之间联系的加强，区域一体化、全球化加重了国家间的相互依赖，基本权利在上述几方面呈现变化与发展趋势。

基本权利与权利的概念既有联系，又有区别，在从属权利一般特性的前提下，基本权利具有自己的特征。权利在法理学上有着普遍的意义，是个人对客体包括公民与国家提出的要求，基本权利是个人在宪法上针对国家提出的消极或积极主张。不同国家对于基本权利的概念带有各自一定的地域特色。由于这些概念是基于各国历史与现实基础理论与逻辑上的高度抽象，故彼此之间存有差异。

法理上的权利是个人主张，与之对应的是要求相对方负有作为或不作为的义务。对于生活在政治社会的个人而言，权利持有者的义务主体有两个：一是普通公民，二是国家或者政府。个人权利有可能受到双重侵犯：其一是来自公民的侵犯，其二是来自国家的侵犯。"在对人权的实证法的承认中，人权具有双重意义。在基本的体系上，人权是人类相互间的权利要求，在辅助的体系上，人权也是对应当保护这种权利要求的机构即国家提出的要求。"① 人权遭受双重侵犯的可能需要给予权利的双重法律保护。防止公民之间相互侵权构成普通法律或侵权法的内容，防止国家或政府机构侵犯权利构成宪法的内容。美国"宪法中的权利条款仅仅保护其不受'国家行为'的侵犯，而将私人对他人权利的侵犯留给侵权法"②。基本权利获得了基本的法律属性，即基本权利是公民在宪法上针对公权力的权利，它载明于宪法，是公民要求国家为或者不为一定行为的权利。国家具体表现为立法、行政和司法机关，那些虽然不属于国家机关，但其性质或行为具有公权力因素的机构也可以被列入被抵制和防范的范围，如地方自治团体。

何谓基本权利？基本权利（fundamental rights）概念的界定需要考虑各种因素，包括观念和社会现实因素，并不能单纯以成文宪法文本来简单确定和认知。

---

① ［德］奥特弗利德·赫费. 政治的正义性——法和国家的批判哲学之维 ［M］. 庞学铨，等译. 上海：上海译文出版社，1998：404.
② ［美］路易斯·亨金. 宪政与权利 ［M］. 郑戈，译. 北京：生活·读书·新知三联书店，1996：7.

何种哲学、价值信念或何种社会政治状况决定了一些权利是基本的，需要写进宪法，确立对这些权利的宪法保护。事实上，各国在确立和决定基本权利内容的过程中受多重因素制约。这需要首先考虑人的生存状态。人是生活在社会中的动物，非生存在纯粹的自然状态中，国家或政府既可以保护个人权利，也可能侵犯个人权利。由于国家或政府侵犯个人权利的方式和内容与公民之间侵权的方式和内容有所不同，这需要决定究竟哪些权利是"基本"的，免受国家侵犯（国家不作为），或者哪些权利国家必须给予保障（国家作为），即究竟哪些权利需要载明于宪法，以明确对这些权利提供不同于普通法律的宪法保护。

基本权利中的"基本"一词是一个不确定的概念，其确定方式和内容带有很强的时代印记。随着洛克个人主义学说的兴起，基本权利问题日益突出，此后，基本权利被称为"天赋人权"，因而又常被称为"人权"。① 从基本权利的定义来看，基本权利所指的仅为古典意义上的自然权利或天赋人权，即消极权利，尚不包括当今各国宪法基本权利结构中的所有内容。因此，如何确定基本权利的内容是一个随时代变迁的问题。

英国宪法学家詹宁斯也认为基本权利是一个变化中的观念。在确定什么权利构成"基本"时，他认为十分困难。"一代人认为是基本权利的东西，也许另一代人认为是对立法权的不适当的限制。"② 亨利·舒对于基本权利作出了精致的论述。亨利·舒以罗尔斯的"原初利益"观念为依据认为，如果某项权利的享用"对于其他所有权利的享有是至关重要的"，那么，该项权利就是基本权利。在其撰写的《基本权利》一书中，他认为至少有三种这样的基本权利：安全、生存和自由。维纳森把基本权利定义为"要求每一个人在与每一个人的关系中遵守的那些权利"。阿加米则主张，基本权利是"一种'核心权利'，一系列全球共同的标准"。③ 在最近的几十年中，一些人开始尝试在一系列权利清单中区分哪些权利是"基本"的，特别是在《世界人权宣言》和《国际人权公约》所列的长长的人权一览表中分离出"基本"的权利。

但是，问题是如果基本权利的核心是人的尊严，它是否能够被简化为一份

① ［英］戴维·米勒，韦农·波格丹诺. 布莱克维尔政治学百科全书［M］. 邓正来，译. 北京：中国政法大学出版社，1992：283.
② ［英］詹宁斯. 法与宪法［M］. 龚祥瑞，侯健，译. 北京：生活·读书·新知三联书店，1997：178.
③ ［美］杰克·唐纳利. 普遍人权的理论与实践［M］. 王浦劬，等译. 北京：中国社会科学出版社，2001：41.

简短或狭窄的"基本"人权清单？上述列表中基本权利内容只是早期消极的个人对国家的防卫权。今天，社会生活的复杂性，权利的相互关联性，维护人的尊严手段的多样性共同决定了基本权利的内容。基本权利概念已经突破了早期自然权利的内容，国家不仅负有尊重个人免受政府侵犯的消极责任，也需要承担积极责任保护和促进个人尊严的实现，故社会权利纳入多数国家宪法基本权利体系中，成为公民在宪法上的权利。这些权利彼此关联，共同促进个人尊严的维护。

基本权利的概念决定了其特征。归纳起来，这些特征包括以下内容。

第一，基本权利是实定法上的权利。

鉴于"权利"一词概念和内涵的复杂性，基本权利仅指宪法文本所规定的权利。凯尔森指出："'权利'这一术语具有一些十分不同的意义。这里我们只涉及被理解为'法律权利'的那一种。这一概念必须从纯粹法理论的角度出发来加以理解。"① 日本民法学家星野英一指出："'与生俱来的天赋权利'，乃是自然法上的权利，能够取得的'权利'意指实定法（私法）上的权利。"② 由于此处讨论的是宪法基本权利，为了与自然权利相区别，能够识别的仅为各国宪法文本规定的基本权利。

第二，基本权利是个人权利。

权利的个人性是基本权利的重要特征，这与"权利"一词具有密切关联。任何时候，集体属性的权利都有可能削弱权利的价值和分量，成为某一社会政治团体行不义之举的借口。正是在公民与国家对应关系的意义上，个人获得了对抗国家的属性，要求强大的国家不得无视弱小的个人，个人权利遂成为国家行动的界限。

第三，基本权利是个人对国家的要求。

基本权利的概念表明，宪法上的基本权利是个人针对国家提出的要求，不是公民之间相互的权利主张。宪法历史和基本权利发生学也证明了这一点。有学者指出："以历史发展的眼光而言，宪法的基本权利之规定，无异是在保障人民，免于遭受国家滥用之侵害。"③ 保障人民之基本权利之重心，始终置于防止

① ［奥］凯尔森. 法与国家的一般理论 ［M］. 沈宗灵，译. 北京：中国大百科全书出版社，1996：84.

② ［日］星野英一. 私法中的人 ［M］. 王闯，译. 北京：中国法制出版社，2004：24.

③ 陈新民. 德国公法学基础理论：上册 ［M］. 济南：山东人民出版社，2001：288.

国家权力之侵犯之上。国家不得侵犯个人权利的要求是在资产阶级革命过程中逐渐确立的。封建社会中的国家具有道德上的优越性，国家在人格假设上是完美的，是不会犯错误的，不可能有要求国家不得侵犯的宪法意义上的公民基本权利。资产阶级启蒙运动于理论上抽象出人权原则，要求国家不得侵犯个人权利，此后人权原则才具体化为各国宪法上公民基本权利。

第四，基本权利是个人要求国家作为或不作为的权利。

要求国家不作为的基本权利从属于早期自由国家理念，其权利内容是要求国家不作为的、消极的防卫性权利（negative rights）。要求国家作为的基本权利从属于社会国家、福利国家或者社会主义国家理念，其权利内容是个人对国家提出的积极主张，要求国家以作为方式促成权利的实现（positive rights）。前者称为自由权，后者称为社会权。

当今各国多采用宪法成文主义，基本权利是明示的、写进宪法的诸项条款，多数国家以"基本权利"作为宪法典的组成部分，故此处讨论的基本权利概念以宪法文本结构为依据。在学术研究与司法实践中，人们同时使用其他权利概念。在许多场合，基本权利和人权同时使用。人权概念与基本权利的含义既有重叠之处，也有不同的地方。

人权（human rights）指人的权利。"人权"一词经常出现在国际性的人权文件中，如《世界人权宣言》《欧洲人权公约》《非洲人权和民族权宪章》。最早在文件中使用这一词语的是法国大革命人权宣言，即《人与公民权利宣言》。从法的意义上来看，基本权利和人权有着一定的区别和联系。

基本权利是获得国家实定法承认的，具有法的效力的权利；人权则是道德意义上个人抽象的权利主张，是道德与应然层面的权利，它不考虑各国具体制度和现有的物质条件，仅以人性为依据，主张人所应该享有的权利。人权一词的产生，与天赋人权的理论密不可分。天赋人权理论所主张的人权内容，即人权是与生俱来和不可让与的。人权与权益有本质区别。权益是附加于权利之上的利益，它以权利的存在为前提，人权则是人的本质属性和内在构成；权利是不可剥夺的，权益则未必。出于维护人的尊严的需求，国家和政府必须负责保护这些权利。

人权一词有其局限性。人权理论在抽象意义上具有巨大的道德力量，但在现实生活中，人权的主体"人"还有人权的内容"权"都具有相当的限定性。从人权的主体看，人权中的"人"总是局限在一定范围内。人权发展史证明，政治生活中的"人"并非指社会全体，没有包括所有的自然人，不具有普遍性。在权利发展的各个历史阶段中，总有一些人被排斥在"人"之外。他们虽然具有自然人的属性，但政治国家并未在法律上承认他们的人的地位，不给予他们相关的权利。从享有政治参与权的主体看，古希腊的"人"仅指贵族和有社会地位的人；美国早期的人也仅指"成年的有财产的白人男性"；在英国和法国，很长时期以来，人的范围都局限在有财产的、受过教育的范围之内。在许多国家，妇女、奴隶、有色人种、无财产的人、没有受过教育的人、身份地位低下的人都无法获得法律上的"人"的地位，不享有权利。从人权的内容看，人权中的"权"有很大弹性，且随着社会物质条件与观念转变，权利种类不断增加。人越是认识到自身的价值与尊严，社会越是提供了较多物质保障，权利的内容越是增加和扩展。然而，并非所有增加的权利主张都获得了客观实在性，如果没有实定法的承认和制度上的保障，人权仅仅是人的主观追求与向往。

　　无论在思想观念还是社会现实层面，人权都受到不同程度的局限，几乎所有国家都只谨慎地选择人权的一部分规定在宪法中，这部分获得法治国家认可的权利成为实定法上的基本权利，是神圣不可侵犯的，国家必须无条件地予以维护。人权缺少基本权利具有的实证的法的效力。赫费注意到人权与基本权利之间的这种差异，他指出："为了突出人权的新的、实证的法意义，人们也讲到基本权利。按这种语言规则，基本权利正像人权一样，表示前实证和超实证地适用于法的要求。只是，'纯粹权'缺少那种它作为基本权利所具有的实证的法效力。人权和基本权利的存在方式并不相同。作为道德准则的人权涉及道德政治的假设，从时空看是普遍的，作为基本权利的人权则涉及法规范，它实证地与当时的集体有关。"① 基本权利是实证意义上的法规范，人权存在于道德层面，需要依赖国家的承认和具体制度才能获得实定法意义上的权利属性。这并非说人权没有意义。任何时候，抽象的道德意义上的人权都构成宪法上的基本权利的评价标准和评价体系。换言之，人权是基本权利的道德表现，基本权利是人权的法律形式。

　　归纳而言，基本权利与人权相同之处在于：基本权利和人权都是个人主张的权利，二者在内容上也互有交叉和重叠。但两者产生的时间、表现方式以及两者的主体、内容、法律效力等诸方面具有明显的不同。在此不赘述。

---

① ［德］奥特弗利德·赫费. 政治的正义性——法和国家的批判哲学之维［M］. 庞学铨，
　　等译. 上海：上海译文出版社，1998：402.

基于以上论述，笔者认为，人权和基本权利的区别表现为：人权是基于自然法上天赋人权的理论所主张的权利，此种权利没有种族、性别和国界的界限，是一种"先于并超于国家的权利"。而基本权利则是一国宪法确认并保障的具有法规范效力的人权。对于"基本权利"，应该理解为经宪法实定化后的人权，即宪法保障的权利。基本权利与宪法权利无实质性差别，都区别于人权概念，指人权价值在宪法中的实定化。人权和基本权利的联系表现为人权的理论成果促进基本权利的发展，而基本权利则是人权的宪法化，基本权利中包含了属于一般人权性质的权利。

（二）基本人权的特征

1. 基本人权权利主体的普遍性

基本人权作为人之为人的权利，包括人的生存、活动、自由、尊严等方面的权利，其主体是普遍的、无限的和绝对的。一切人不受任何政治、经济因素的影响都应当平等地享有基本人权。它是每个现代人维持正常生活应当拥有的基本条件。

2. 基本人权权利观的人道性和理性

基本人权体现了公平、正义的原则，反映了人道精神和理性精神，即重视人和人的价值。基本人权的人道精神在政治上的要求就是要尊重人的政治权利，每个人应以平等的态度参与政治生活，从而表现为一种民主精神。基本人权权利观体现的理性精神，一方面表现在承认人具有认识事物的思辨能力，并充分肯定这种能力的独立性、自主性，因而为保障人们充分运用个人的思辨能力，发展个性而提供种种权利（即国家确认的公民实现某种行为的可能性）。另一方面表现在承认人的本性是不完善的，人的认识受到时空的局限，易被感情和私利所驱使，从而作出错误的决定。这不是否认人的能力，也不是否认人具有克服困难的力量，而是强调只能依靠大众的积极性、主动性和创新精神才能做到。基本人权因能提供给大众一种较好的条件而为人类所追求。

3. 基本人权权利性质的固有性

基本人权权利性质的固有性表现在基本人权对于人而言是不可缺乏的、不可取代的、不可转让的、不可分割的四个方面。其一，基本人权对于人的不可缺乏性。人之所以为人，人与动物根本区别在于：人作为社会动物，只有在社会中才能独立。人基于自然本性而要求生存、追求自由、追求幸福等各种物质和精神需求无不是通过社会来满足，通过社会来承认与保障的。在社会关系中，基本人权区别于动物的生存价值、自主独立和理性原则开始产生。其二，基本人权的不可替代性。对于人的价值或尊严，以及人的独立性、自主性和个人的权威性，基本人权具有决定的意义和不可取代的作用。其三，基本人权的不可转让性。基本人权是把人与社会联结在一起的基本纽带，人的自然属性的社会认可是人存立于世的基础。社会和个人都不能各自独立而存在。因此，对于社会而言，取消、让渡基本人权无异于把人复归为兽类，这实质上是取消社会本身。其四，基本人权的不可分割性。基本人权是一个不可分割的整体，这个整体构筑着一个人所享有全部权利的基础与核心。其中各种权利都互相依存，互相促进。

4. 基本人权权利功能的母体性

权利功能的母体性，即指基本人权是母权，具有派生性。基本人权优先于其他人权，具有繁衍、派生其他权利的功能。基本人权是权利体系的中轴，权利体系内容的充实和丰富都以基本人权的轴心为起始，并围绕着它随着经济发展而发展。

（三）基因权利的特征

笔者认为基因权利具有基本人权的特征。

首先，基因权利根源于个人的人性尊严，是人之为人当然享有的权利，非由国家所赋予，这点并不和宪法权利的来源矛盾。在美国，早期基本权利、自然权利与宪法权利的含义与属性基本相同，宪法权利不是"宪法赋予的"，1887年，美国法官菲尔德写道："每个人享有生而有之的权利……它不是源于君主或皇帝的恩赐，也不取决于立法机关或宪法法案的施舍。而是来自人类的造物主，人们成立政府只是为了保护它，而不是承认它。"① 美国学者路易斯·亨金也说道："个人权利并非源于美国宪法，严格地讲，它们也不是'宪法权利'，但是它们是由宪法来保护的。"②

虽然如此，但宪法文本为基因权利的宪法属性提供了某种实证性的证明与依据。从基因权利本身来看，它已具备和体现了宪法权利的某些特征。对每个人而言，基因权利是其根本利益和根本要求的法律反映。基因是人生命的基础，

---

① ［美］詹姆斯·安修. 美国宪法判例与解释［M］. 黎建飞，译. 北京：中国政法大学出版社，1999：166.

② ［美］路易斯·亨金. 宪政与权利［M］. 郑戈，译. 北京：生活·读书·新知三联书店，1996：4.

没有基因就没有生命，人对基因所拥有的权利可以说是与生俱来的、固有的。虽然还没有得到宪法的确认，但并不能因此否认基因权利的宪法性权利的性质。正如"美国宪法最初并没有规定迁徙自由、隐私权、婚姻自由，但他们现今作为个人保留的自由权而受到宪法的保护"①。概括地说，基因权利的固有性是指作为人所直接享有的，任何人一出生便享有基因权利。也就是说，只要是一个人，那么基因权利就与之相伴，不附带任何条件。

基本权利是指那些成为有理性和意志的人所不能缺少的固有权利，如果失去了它，人的本质属性就难以保持甚至会丧失掉。② 基因权利地位的基础性体现在与它是主体不可或缺、不能转让并不能分割的权利，亦即主体所固有的对人具有绝对必要性的稳定永恒的权利。

其次，基因权利具有母体性。基因权利从民法法律规范中发展而来。基因权利之下包含了多种权利和利益在内。基因权利在民法权利和宪法规范中体现了权利的多样性和客体的复杂性。由基因权利可以派生出基因隐私权、基因平等权、基因财产权等，基因权利可视为一束权利，借用财产法的"权利束"概念或称之束权利，基因权利具有母体性。

再次，基因权利具有不可转让性。基因权利对个人而言是一种根本性的和不可剥夺的权利，是国家应予以宪法保护的权利。如果将基因权利擅自转让给他人，显然就会失去基因权利所具有的保护人的尊严和价值之性质。让渡基因权利，人性尊严将不复存在。

最后，基因权利彰显着人性尊严和价值，而一切人权都源于人类固有的尊严和价值。主体是否应该具有普遍性是衡量是不是基本人权的标准之一，基本人权的主体是人类，无论性别、年龄、文化程度、种族、国别，每个人都应享有，因此主体具有无限的、绝对的、普遍的特性。

人权是法律中往往被认为阻碍科技发展且抽象不切实际的部分，人们享受科技带来的好处时未尝觉得有异，但副作用日益显现时，才开始正视科技。"基因权利"，除了具有新鲜的名词外，其实早已是原本存在的现实。日本学者卢部信喜认为一项权利只有被认为具有宪法上的权利价值才可承认，具体而言具备以下三个条件方可成为"新的人权"，受到宪法保障：一是此种权利为长期国民

---

① 莫纪宏. 宪法学 [M]. 北京：社会科学文献出版社，2004：283.
② 汪习根. 法治社会的基本人权——发展权法律制度研究 [M]. 北京：中国人民公安大学出版社，2002：121.

生活的基本权利，且被证明具有历史的正当性；二是具有多数国民经常行使的普遍性；三是具有无侵害（或极少侵害）他人基本人权之虞者之公共性。① 基因权利显然是具备了上述三个条件。

基因作为人类遗传物质，控制着人的性状表现，即外貌、智力、性格、取向爱好等等，而通过基因治疗，人可以作出任意改变，如果以"基因决定论""基因人种选择"等思想指导临床实践，那么就直接践踏了人格尊严，而人格尊严是"基本权利的基准点，基本权利体系的出发点"②。人类的基因科技活动涉及的人的基本权利广泛而多样，而基因技术的发展应用，威胁到了"人之所以为人"的底线——尊严和价值的时候，基因权利就势必应该转化为基本权利进行保护。基因权利为宪法所确认，就可强化论证部门法中基因权利的价值。传统的宪法权利类型固然在一定程度上可以提供对基因权利的法律保护，但是这种保护是缺乏针对性且极不充分的，独立的基因权利产生并成为宪法基本权利非常必要。

二、人类基因权利的私法属性解读

基因权利具有私法上的基本权利属性，即作为一种人格权而为私法所确认。其主要特征在于：第一，基因权利的主体具有复合性，表现为特定自然人及其群体。它不仅仅是个体权利，还是集体权利，甚至还属于代际权利。③ 因此，对某一特定基因所属的基因族群（基因共同体）而言，基因权的行使可能需要复合主体的一致同意并进行利益分享。本文的分析对象主要是个体意义的基因权，但也会在特殊的情境下考察基因共同体的基因权。

第二，它不是最小单元的权利，而是一个类概念、群概念，即作为一个综合性的权利群而存在。基因上的权利群覆盖了民事权利领域的绝大部分，既包括人身权、物权，又包括知识产权。基因权利的内部结构上具有开放性。

第三，它是一种与多种基本人权相交叉的新型法权。基因权作为人权，主要表现为针对个体的人格权等权利，也表现为针对特定群体乃至民族的生存权、

① 马岭. 宪法权利与法律权利：区别何在？［J］. 环球法律评论，2008（1）.
② 李震山. 多元、宽容与人权保障——以宪法未列举权之保障为中心［M］. 台北：元照出版有限公司，2005：296－305.
③ 李震山. 人性尊严与人权保障［M］. 台北：元照出版有限公司，2001：167.

发展权等权利。

第四，它是兼具被动和主动性格的人格权。一方面，每个人都享有消极（在受到侵害时请求保护）的基因权，因为每个人在基因上都是独具特色的个体人格（同卵双生子除外）。另一方面，基因权也包含了"自我决定""公开""利益分享"等权能。不同于生命，人类基因——不管是作为物质的还是作为信息的，不与主体分离，主体只能享有潜在的、宣示的、防御的人性尊严意义上的基因权；只有借助技术手段使基因与主体分离，即特定的基因得以读取、复制和解释，主体才能现实化、具体化这种具有技术和商业价值的基因上的权利。

第五，它不是纯粹精神性人格权，而是典型的兼具财产性人格权。德国学者 Horst - Peter 在论述了姓名权、肖像权和公开权之后，曾提出了"作为财产权的人格权"的概念。身体权利包含了人格权和"有限的财产权"，而所谓"财产权"其实是对身体要素（包含了基因）的财产性的承认，而"有限"的界定正是身体的人格性所辐射出的法律效力。考虑到在人类基因上的财产利益的可让渡性，在人格权谱系中就可以把其归于兼具财产性人格权。作为法律关系的基因权在现实化它自身时，即通过主体对自己基因人格的商业化利用，能够产生财产利益。因而，基因权正是一种兼具财产性人格权，当然其财产性也是受限制的。

三、人类基因权利的法律性质

1. 支配权属性

支配权在民法中被定义为：民事权利人可直接支配权利标的并且具有排他性的权利。支配权的积极方面表现在：民事权利人不需要其他人或其他行为的介入便可直接支配其标的来满足其利益需要，具有很强的自主性；消极方面表现在：权利人有权禁止他人实施行为妨碍其支配，具有很强的排他性。人类基因权是指自然人基于自身特定基因信息而享有的并且可以完全由自身支配特定信息的权利。从人类基因权的主体方面来讲，其权利主体是自然人，具有独立性，可以独立支配其基因信息，不受其他任何人或者单位的干扰，满足支配权积极方面的作用；同时作为权利主体的自然人也可以禁止他人实施妨碍其对基因信息的支配行为，满足支配权消极方面的作用。因此人类基因权作为一种独立的人格权，满足支配权的一切标准，具有所有支配权的共性，也是一种支配权。由于人类基因权支配的是自然人天生的人类基因信息，所以不同于一般的支配权，具有其特殊性。

2. 专属权属性

专属权指专属于特定民事主体的权利。人类基因是人类含有遗传信息的载体，是一种生物学意义上客观存在的物质，这种物质通过自身复制把遗传信息传递给下一代，并通过控制酶的合成来控制代谢过程，从而控制生物的个体形状表现。首先，身体的任意一个细胞都存在基因序列，因此基因当然地属于人的身体的一部分。作为一种物质的表现形式，基因与其他一般意义上的物一样，整体上属于生产者所有，由其生产者控制。其次，基因是人的身体中带有遗传信息的 DNA 片段。从这种意义上说，基因带有"信息"的性质。基因信息不仅包括表征其个体特征及性状的遗传信息，还包括表征其家族特征及性状的家族共有的遗传信息，同时还包括了表征人类集体特征及性状的遗传信息。因此，基因具有专属性。与其他专属权不得让与和不得继承不同，人类基因权可以让与并继承。如人类基因的信息所有人可以将自己的基因信息让与其他人或组织进行合法使用，他人或组织可以取得该人体基因信息的许可使用权，但人类基因信息的所有权仍然属于携带着该基因的自然人。人类基因信息还可以通过生物学上的遗传被继承。相同家族、民族或者种族之间的基因因亲代之间的基因信息的遗传而被继承，具有相似性。基因信息因此不仅仅专属于某一个人，也被整个家族、民族或者种族而继承。人类基因权作为一种专属权，与一般属于专属权的权利相比呈现出特殊的专属性。

3. 绝对权属性

绝对权指义务人不需要实施一定的行为就可以实现的权利，并且该权利还可以对抗不特定人。首先，绝对权的义务主体是不特定的。人类基因权的义务主体广泛存在，并且不特定，满足绝对权中义务主体不特定的要求。其次，人类基因的权利人享有的权利基于人类自身，不需要任何个人或组织对其进行确定或行为就能享有，而且，除人类基因权权利人之外的其他任何主体都不能随意侵犯人类基因权，未经权利人许可不得为一定行为。符合绝对权中的权利人可以独立实现其权利而不需要义务人为一定的行为的条件。由此可知，人类基因权是一种绝对权。

第三节 人类基因权利的构成要件

一、人类基因权利的主体

关于人类基因权利的主体，学界有几种不同的看法。其一，颜厥安认为：个人能否作为基因权利的主体尚不可确定。他认为，每个人都拥有对其本人之遗传基因的基因资讯权，其中包括基因资讯之私密或隐私权，以及基因资讯与遗传起源资讯之取得权，这是立基于人之尊严的宪法基本权。但并不认为每个人都拥有对产生自他之生殖细胞的生命潜能控制权。[1] 其二，邱格屏认为人类基因权利存在四种主体。分别是：第一，象征性的集体所有者——全人类；第二，法律上的集体所有者——国家和地方政府；第三，资源提供者——个人、家族和社区；第四，资源利用者——社会组织的权利。[2] 其三，人类共同财富说。该学说认为，我们每个人的基因不全然是自己的，而是由我们的祖先经由数百万年的演化发展，一代代遗传下来的。从这个角度来说，基因既不是我们每个人自己的，也不是任何其他人的，而是全人类共同的资源财富。它存在于每个人身体之内，因此没有任何个人、企业或国家有权利独占任何基因。[3] 联合国教科文组织国际生物伦理委员会法律组主席说："人类基因组被当作人类共同遗产的事实再次肯定了每个人对自身遗传财富的权利，个人必须承认它是个人不可转让的物品，但在整体上代表人类利益并服从于法律。人类合法地建立国际组织保护这个遗产，并确保它不被任何个人或者包括民族在内的集团占有。"人类基因是人类的共同遗产，它们被代代相传并被家族和人群共同享有。[4] 其四，基因所具有的"一身专属性"这种人格法益的特点（除了同卵双生以及尚未出现的复制人以外，每个人的基因组成都是独一无二的），使得在法律上明确规

---

[1] 颜厥安. 鼠肝与虫臂的管制——法理学与生命伦理论文集 [M]. 台北：元照出版社，2012：123.

[2] 邱格屏. 论人类基因的权利主体 [J]. 中州学刊，2008 (3).

[3] 李燕. 医疗权利研究 [M]. 北京：中国人民公安大学出版社，2009：209.

[4] [英] 让－弗兰西斯·马蒂. 伦理观解读人类基因组 [M]. 申宗侯，瞿涤，译. 上海：复旦大学出版社，2004：156.

范、保护自然人个人对其自身的基因所享有的权利尤为必要。

概括而言，目前学界认定的人类基因具体权利主体主要可以分为三大类：基因及所附信息是属于全体人类共有的财富；是一国的自然资源；应属于自然人个人所有。

（一）从基因信息分类角度观人类基因权利的主体

由于主体的确立直接关系到权利的适用范围，权利主体是权利理论中至关重要的问题。任何一项权利都需要有明确的主体，无主体则不成其为权利，如果主体不明确，要么权利虚设，要么权利被滥用。[①] 笔者认为根据基因信息的分类用三分法来探讨此问题具有一定的合理性。

按照目前的研究结论，基因信息大致可以分为三类，一是全人类所共有的，不具有个体差异性的基因信息；二是部分族群所共有的基因信息；三是个人所特有的基因信息。由于这三类基因信息具有不同的法律属性，所以其权利主体也不相同。

1. 全人类共有的基因信息

人类基因图谱正式完成并向外界公布后，科学家宣布地球上人与人之间99.99%的基因密码是相同的。而在整个基因组序列中，人与人之间的变异仅为万分之一。国际人类基因组组织（HUGO）《关于人类基因组数据库的声明》中提出了一个非常重要的论点，即人类遗传资源是全球公共财产。联合国教科文组织在它的《关于人类基因组和人权的普遍宣言》中也指出"人类基因组是人类的共同遗产"。基于此有学者认为人类遗传数据负载有关人类遗传的信息，这些信息和知识有益于人类健康，因此它是公共资源，属于全人类。[②] 主张人类基因信息为人类的共同财富者认为，人类共同财富原则也应适用于人类基因组的研究成果，人类基因信息与某些特定公共财富的差别仅在于前者并非存在人体外面的特定空间领域，而是存在于每一个人体内的资源。因此，任何个人、组织或国家没有权利以专利的方式独占任何基因。[③] 笔者认为基因信息归全人类所有的观点有待商榷。因为没有一个全人类的组织和机构可以代表全人类对人类基因进行保护、利用和管理，即使有这样的组织，一旦有利益冲突便会无

---

① 杨春福. 权利法哲学研究导论 [M]. 南京：南京大学出版社，2000：97.
② 王东阳. 自然科技资源共享政策法规研究 [M]. 北京：科学出版社，2005：198.
③ 邱格屏. 论人类基因的权利主体 [J]. 中州学刊，2008（3）.

法正常运作。① 综上，笔者的观点是：对普遍存在于每个人的体内的共同基因，来源于人类亿年的进化，应该属于全人类共同的财富，是全人类共同继承的财产，全体人类都有权以正当合理的目的使用，分享其收益。但对由某一族群或个人所特有的基因信息，则不能简单地归结为全人类所有。

2. 部分人种或族群共有的基因信息

族群（也可以称为基因共同体），这个群体可以被视为患者"家族成员"的放大。不同的人种或族群受长期历史、自然环境及生活习惯的影响，其基因信息在该范围内也会呈现出共有的特性。这类基因信息往往需要在对该种群人的基因样本进行大量采样并深入研究分析之后才能获知。由于此类基因信息往往为一个族群所共有，所以应当认为其权利主体是该族群。对此类信息的权利归属也有学者提出不一样的观点。有学者认为在现代国家中，某一个人类族群通常是隶属于一个政治国家的，而其具有共性的基因信息实质上也是属于一国所有的自然资源，而且是一种关系到国家安全的重要资源，所以其权利主体应该是国家，并且国家应当为了公众和社会的利益而使用它。笔者并不认同特定族群共有的基因信息应归国家所有。从另一角度看，一国国民的基因信息也是一国重要的基因资源。基因资源是一个广义的概念，不能将之直接等同于某个具体的公民个人或某族群体内存在的某个基因。可以这样理解，基因信息是个人财产，但整体上看，一国国民的基因信息又是该国重要的生物资源。

综上，国家对人类遗传资源的申报管理制度并不排斥该族群对其基因信息的完全所有权。所以部分族群的基因信息财产权也应由该族群而非国家所享有。

3. 个人特有的基因信息

这类基因正是本文所主要讨论研究的，虽然其只占到整个人类基因总数的0.1%。但正是由于其存在，才有了全球60亿人口肤色、身高、相貌、性格以及患病风险的差异。有学者反对个人对基因信息主张权利，他们认为：如果承认个体可以对基因信息主张权利，就等于承认基因信息的私有化，基因的无偿捐赠比率自然会大大降低，相应地，学术机构、医疗机构及研究部门取得的免费检体就会减少，客观上就会减缓生物医学研究的进展。如果实行私有化，研究机构就需要与众多权利拥有者谈判基因资源使用许可和利益分配，这也会导致生物科技研发活动的成本提高。这些论证主要从社会价值的角度分析，看起

---

① 邱格屏. 论人类基因的权利主体［J］. 中州学刊，2008（3）.

来虽然有一定的道理，却忽略了一个最基本的事实：个人基因信息负载于个人基因之上，不管基因是否与人的身体分离，它本身都是一种有价值的信息。根据洛克的财产权理论，"每个人对他自己的人身享有一种所有权"，并且其权利主体是特定的自然人。① 因此，笔者认为个人特有基因信息当然属于个人特有的财产，可以将之类比为个人的一种无形财产。

（二）再论人类基因权利的主体

根据上文对于人类基因权利的主体分析，笔者综合并修正他们的观点，认为人类基因权利的主体可以确定为个人主体、集体主体两大类。在这基础上根据基因信息的使用再作进一步细化和分类比较合适。

第一，个人主体。人类的基因资源需要从个人身上提取，而每个人的基因组成是独一无二的，个人对自己的基因理所当然地享有权利。基本权利的主体资格对人是否有高尚的道德并没有要求，只要他是一个人，便应当享有基本权利。由此，任何一项权利，不管它的主体多么广泛，只要还有一个人被排除在主体之外，那么这项权利不能称之为基本权利，因而基因权利中的每一个主体都享有同等的权利。"人权主体普遍性的栅栏一旦允许有了豁口，人权马上就不成其为人权，而蜕变为特权。"② 公民个人对自己身上的基因享有基因隐私权、基因平等权、基因财产权、基因人格权、基因知情权等。

第二，集体主体。1966 年联合国大会通过的《经济、社会和文化国际公约》与《公民权利和政治权利国际公约》中的"所有人民都有自决权""所有人民得为他们自己的目的自由处置他们的天然财富和资源"条文确立了集体人权的基本框架，在它的带动下，环境权、发展权、安全权、和平权等都成了集体人权的内容。现在基因权利也是逐渐被人们接受的一项集体人权。由于担心承认集体人权会牺牲个人权利，传统的人权理论往往把人权的主体仅限于个人。事实上，集体人权不但是实现个人权利的基础与前提，而且还是实现个人权利的重要手段与保障。我们只要从权利的终极承受角度来看，就会发现，任何集体人权最后必然落实到个人，而且，在权利的实现形式上，大多数集体人权包

---

① ［英］洛克. 政府论（下篇）——论政府的真正起源、范围和目的［M］. 叶启芳，瞿菊农，译. 北京：商务印书馆，1964：19.

② 徐显明. 对人权普遍性与人权文化之解析［J］. 法学评论，1997（6）.

括基因权利有赖于个人权利的行使。①

基因权利的集体主体又分为象征性的集体所有者——全人类，法律上的集体所有者——国家和地方政府，提供基因资源的家族或社区。

①象征性的集体所有者——全人类。

《世界人类基因组与人权宣言》中写道："从象征意义上说，它（人体染色体）也是人类遗产。"《关于人类基因组序列图完成的联合宣言》指出："人类基因组是人类的共同财富和遗产。"基因组是人类共同的遗产，人类从动物进化而来，大家拥有共同的祖先，人类现有的基因和基因密码是人类适应上百万年自然和社会的变迁，经过世代的发展，不断优胜劣汰，最终积淀下来的完善合理的基因组合。从这个意义上说，任何个人的基因都属于全人类的一部分，人类基因组计划应该有益于全人类。全人类是基因权利的主体之一。但应作为基因权利的象征性的集体主体，因为没有一个全人类的组织或机构可以代表全人类对人类基因进行保护、利用和管理，即使有这样一个国际组织，也会因为国家之间的资源占有量的不同，技术水平的巨大差异的原因导致利益冲突而无法正常运作。这就是全人类主体是象征性的集体主体的原因。

②法律上的集体所有者——国家和地方政府

国家可以在自己的领土范围内对本国的资源进行有效的控制。对国家以下层次人类基因利用的参与者进行管理和控制，保证一切基因实践活动合理合法，既能做到对资源的保护，也能使各方得到利益公平。作为行政机构的组织链条，各级地方政府也应当作为国家这一层次的主体。根据邱格屏教授的观点，国家所主张的基因权利应该包括：第一，对本国的基因资源享有所有权；第二，制定本国人类基因资源的法律，内容包括权利归属，利用制度和规则，各类各级部门的职能和权责，使用规模控制，罚则；第三，建立专门的国家机构对本国的人类基因资源进行管理和监督；第四，建立专门机构系统采集本国有价值的基因资源样本和数据，进行分析比较研究，建立相应的国家登记制度和数据库体系，建立其完整的保护资源制度；第五，开展国际项目的开发和合作；第六，建立专有的基金或社团组织，对特定研发项目或特定地区人群提供资金支持和

---

① 张光杰，徐品飞. 人权是什么——三种阐释与一个回答［M］//复旦人权研究中心. 复旦人权研究. 上海：复旦大学出版社，2004：14.

利益保障等。①

③家族与社区

家族与社区是一类特殊基因群体。仅在一个患者和其他家族成员中的健康者之间进行基因医学的对比研究往往是不够的，可能还需要对该地或其他地区相关的基因族群进行分析。这类基因的医学价值必须通过群体基因信息的共同性和差异性的比较分析才能发现，因此权利主体不仅仅是其中的某一个体。在基因医学研究中，那些具有血缘关系相对封闭的人群（特别是原住民）的基因尤其受到重视，因为他们的基因（特别是某种遗传病基因）的独特性保存得相对完好，具有极大的医学和商业价值。不过，由于族群的流动性增大，基因族群越来越少了。这些与外界相对隔离的特殊群体，对自身所蕴藏着的特定基因拥有着无可置疑的"主权"，他们在法律上有权主张基因人格权及其所享有的财产利益。因为某一特殊基因群体共同拥有的具有独特性质的人类基因存在于群体的每一个或大多数人的身体中，并且是该群体长期的历史、自然、生活习惯等方面的原因形成的，因而这些特定区域的特定基因群体的基因权利必须得到法律的确认。

二、人类基因权利的客体

权利的客体是权利所指向的对象，具体地说，是指为了满足有形或无形的社会利益为权利的内容或目的所必须要的对象。所有权利都有其客体，基因权利的客体是基因，具体地说主要是基因物质资源与基因信息。例如，基因隐私权的客体是基因信息，基因财产权的客体是基因物质资源。

三、人类基因权利的内容

基本权利的内容就是各种形式的权利，任何基本权利都内含某种利益。权利的享有必须对应着一个义务的承担者。正如霍菲尔德所言："一种权利必然表明一种内在的法律关系，而每一种法律关系又包含一种法律利益与法律负担。"

①　邱格屏. 人类基因的权利主体分析 [M] //倪正茂, 刘长秋. 生命法学论要——2007 年生命科技发展与法制建设国际研讨会论文集. 哈尔滨：黑龙江人民出版社, 2008：213 - 219.

基因权利的权利与义务是相对应的，每个公民都享有基因权利，基因权利的内容包括基因隐私权、基因平等权、基因财产权、基因人格权、基因知情权、基因专利权等等。

第四节　人类基因权利的基本形态

正如米尔恩所说："没有权利就不可能存在任何人类社会。无论采取何种形式，享有权利乃是成为一个社会成员的必备要素。"①"如果要有人类社会生活，就必须有权利。"基因权利也是人类社会生活的一部分，基因权利并非是完全抽象的权利，而是一束权利。权利束（权利之集合）是英美法的观念，具有开放性特质，因基因技术带来的权利形态的开放性，依照权利束的分析范式对基因权利进行进一步解析，具体分析基因平等权、基因知情同意权、基因信息隐私权等人类基因权利的基本形态。

一、基因平等权

（一）基因平等权概述

"基因平等权是一项与基因科技相关的人类权利，是指非正常基因携带者应当在学习、就业等社会生活中享有与正常人同等的，不应受到任何歧视的权利，即自然人所享有的在基因上被平等对待的人格权利。基因平等权是一项基本权利，是一项信息平等权，是一项社会平等权，是人权中平等权概念在基因时代的新发展。"② 基因平等权意味着人的存在价值在基因上一律平等，在法律上不存在"好基因"和"坏基因"之区别，从而否定基因歧视行为。人类只有一个基因组，个体之间只有大约 0.1% 的基因序列不同。这种基因多样性的差异是正常而有益的，并不意味着基因的优劣，即使是致癌基因等所谓的"坏"基因，也在某些方面发挥着有益的平衡功能。特别是那些与常染色体隐性疾病有关的基因都对人类的疾病和生存有着重大意义。基因平等权就是在基因时代对这种

---

① ［英］米尔恩. 人的权利和人的多样性——人权哲学［M］. 夏勇，张志铭，译. 北京：中国大百科全书出版社，1995：143，154.

② 刘长秋，刘迎霜. 基因技术法研究［M］. 北京：法律出版社，2005：35.

事实的法律确认，借以维护人的尊严、价值以及平等的伦理人格。当一个人的基因信息被保险人、雇主、学校或者其他机构不当利用，基因歧视行为就可能发生。

基因平等权在性质上包括以下几方面内容：

首先，基因平等权是一项基本权利。基因平等权是一项基本的人权，它是使人成其为社会上的人的基础和前提。人本质上都是具有社会性的，如果一个人没有一些基本权利，那么也就不能称为一个社会人。基因平等权就是这样一种权利，它确保每一个人不会因为其所携带的基因不同而被划为另类。

其次，基因平等权是一项信息平等权。就每一个人来说，特定的基因决定了其个体的特征，从而使个人成为世界上独特的、不可替代的个体。由此，基因信息被赋予了一种平等权。基因信息的所有人是自然人，他（她）能够自由地利用这种信息，且保护这种信息不受他人侵犯。

再次，基因平等权是一项社会平等权。从社会学的意义上来讲，权利表示一种社会关系，表示个人在社会中的地位。在对待基因的问题上，人类应该在认识到基因的多样性基础上，坚决摒弃基因好坏的观念。只有承认基因的独特性，才能保证基因所有者的权利，才能实现真正意义上的基因平等。

（二）基因平等权视野中的基因歧视

基因技术的发展使得基因识别与检测成为可能。这主要包括基因检测技术、基因筛选技术和基因咨询。这些手段能够在目前的技术条件下，较为容易地发现致病基因。但这同时也给基因歧视带来了可能，从而成为生命法需面对的一个新的课题。所谓基因歧视，Natowicz 等人定义为：单独基于个人基因构造与"正常"基因组的差异，而歧视某个人或其家族成员的行为。① 由这一定义可知，只要个人带有与正常人不同的变异基因，则不论其是否确实发病，都会有可能遭受他人的歧视。而且，如果家族中有一人带有变异基因，则其他家族成员也可能遭受歧视。

随着人类基因组研究计划的进展，20 世纪 90 年代陆续出现了有关基因决定犯罪的观念。如有的科学家宣布，人的暴力基因在第 12 条染色体上。基因决定论的观点一时成为一种潮流和倾向，基因决定论与性恶论遥相呼应，使得基因歧视有了生存的土壤和科学理论上的依据。

———————

① 吕炳斌．基因、伦理及其法律问题［J］．科技与法律，2002（1）．

科学事实是：人类基因是自然进化和自然选择的结果，通过基因突变、基因转移和基因重组，推动了自然界不断进化，物种不断完善。基因对于人的健康而言是内因，而环境是外因，外因通过内因起作用。但是，每个有自由意志的人都应当为他的选择承担责任，而不能把一切都归咎于基因。

总之，没有天生的罪犯，除非你规定他是罪犯。所谓"基因决定论"是不成立的，科学研究的结果已经表明，即使是同样基因的个体（同胚胎发展而来的个体即同卵孪生个体），其性格与行为发展也是不同的。基因存在的差异并不能成为歧视的理由和依据。现代生物学虽然提供了改变人类本性行为的机会，但这份增进自我认识的基因密码的应用可能会带来基因歧视、隐私丧失、宿命论等消极影响。不良基因携带者和正常人在法律上都是平等的，所以反对基因决定论是对生命的尊重。

带因者由于遗传而带有可能使本人发生疾病的基因，因此在未来发生特定疾病的概率比没有这种基因的正常人更高。但除了单基因遗传疾病如亨廷顿氏症，通常疾病的表现是人体许多基因与环境共同作用的结果。因此，带有特定致病基因的人士不一定当然会发病，换言之，是否发病是一种或然率而不是必然性。所以在发病之前，带因者并不是所谓的病人或残障者，可是他们却由于基因状态与正常人有异，因而有蒙受歧视的危险。即使带因者发病的可能性很小，利益相关人如果据此作为决策的基础，必然构成歧视。

在就业市场中，这种歧视就更为明显。有些雇主会要求劳动者进行基因检测，以获取雇员的健康信息，这些信息可能会导致用人单位对携带特定致病基因的劳动者的歧视。对于发病概率低、发病时机遥远、发病症状轻微者，雇主可能无理由以基因状态为雇用决定的根据。至于某些特殊工作职位，例如，对于维持社会运作秩序或者与公共安全有重要影响的职位，即使发病可能性低或发病时机遥远，但是在维持社会秩序或公共安全的重要考量下，带因者的工作机会也可能因此受限制，譬如：无法让先天容易罹患躁狂症或阿兹海默氏症的人出任公司总裁；无法让一个先天容易患酒精中毒或早发性心脏病的人去操作载有 350 名乘客的客机；警察局更不敢冒险让可能精神分裂的人，带着武器到处跑。①

这些复杂的利益冲突情形也会反映在雇主、受雇人与第三方受害人之间的

---

① ［美］毕修普，［美］瓦德霍兹. 基因圣战——摆脱遗传的宿命［M］. 杨玉龄，译. 台北：天下远见出版股份有限公司，2010：8.

民事赔偿责任关系或者保险人与被保险人之间的赔偿关系。如果受雇人因为遗传疾病的影响而酿成意外事故，或因为基因倾向而在执行职务时发生犯罪行为，且这种遗传疾病的带因者可以经由实施基因检验加以辨认，则雇主是否会因为没有使用基因检验而构成选任或监督受雇人的疏失，而必须负担侵权行为的雇用人赔偿责任？此外，雇主对于肇事的受雇人是否构成保护不周，而必须赔偿受雇人所受的损害？即使无法否认一概禁止基因歧视可能会危及其他社会成员的合法利益，但是基于某种社会理念，有些人可能还是不赞成雇主根据人的基因状态进行人事决策，因为如此一来恐怕将导致"基因隔离"（genetic segregation）社会的出现。如果放任雇主根据基因状态导致遗传病的可能性从事决策，则将来社会更可能进一步将某些基因携带者排除于特定职业之外。

基因信息涉及多方其他主体，实践中还有些情况，要求劳动者进行基因检测，如，为了预防特定职业病的发作，或者了解基因信息后便于雇员单位采取特定的保护措施，更至于涉及艾滋病等传染性疾病，以便防范可能给他人造成的损害。那么如何平衡好基因歧视和社会公共利益？德国科学基金会（Deutsche Forschungsgemeinschaft）表达的立场认为，对于劳动者的保护原则上应当优先于用人单位的经济利益。只有在由基因决定的且与相应的劳动关系存在直接关联的疾病的爆发是可以预见的，或者可能会产生的由基因决定的疾病有可能危及其他人之时，才可以构成例外，具体的判断标准需要基于基因技术的不断发展进一步确定。德国《人类基因检查法》第 19 条则明确规定雇主无论在聘用前还是聘期中均不得要求雇员进行检测或要求其提供已经实施了的检测结果。该法第 20 条规定，原则上，即使为了工作上的疾病预防，也不得要求雇员实施基因检测，或者要求其提供已有的基因信息，但该条同时规定，如果相应的基因信息对于特定工作岗位上可能产生的健康损害具有重要影响时，则可以允许进行检测。该法第 21 条强调了禁止歧视的原则，并明确禁止基于雇员家庭成员的基因信息的歧视。商业保险公司会要求被保险人进行基因检测，以判定被保险人的风险指数，从而决定是否接受。为了平衡商业保险公司的经济利益，对于超过一定保险金额的高额人身保险，有些国家的法律规定保险公司可以要求被保险人告知其已经拥有的基因信息。如德国《人类基因检查法》第 18 条规定，对于寿险、职业伤害险、失能收入损失险和护理险，如果双方约定了超过 30 万欧元或者年金 3 万欧元的保险金额时，则保险人有权要求被保险人告知已经实施的基因检测结果。英国政府与保险业协会之间的协定也规定，寿险超过 50 万英镑，大病险超过 30 万英镑，失能收入损失险每年给付 3 万英镑以上的，保险人有权要求被保险人告知已经实施的基因检测结果。可见，保险法领域的最大诚信原则在这里也受到了一定的限制，当然，已经发病和有病史的情况则属于例外，此时被保险人无论何种情况均有义务告知。值得提及的是，美国作为基因研究大国，于 2008 年制定了《基因信息非歧视法案》（Genetic Information Non - Discrimination Act），该法案明确禁止雇主使用基因信息作为聘用、解雇以及雇员升职与否的依据，同时禁止保险公司以基因信息为依据拒绝提供保险或者提高医疗保险费用。但该法未就寿险等险种作出规定。

二、基因信息隐私权

在对基因信息隐私权这一新型隐私权利进行探讨之前，先要对"什么是隐私权"即隐私权的权利内容进行解析，解析的进路是什么？笔者认为首先要考虑将其放在具体的制度规范体系下，从社会事实中理解。在不同的法律体系之下，在"隐私权"的名义之下所具体囊括的权利内容实际上存在着质和量的差异，如英美法概念上的隐私权与大陆法体系中的隐私权就存在着不同。因此下文的方法论上，将在具体的制度规范体系下考察隐私权的权利内容，采用"法律与社会"（law and society）路径来解析基因信息隐私权——在具体的社会时空背景下解释法律现象。

（一）科技进步与隐私权演进

1. 隐私权理论的变迁

1890 年，美国的沃伦与布兰代斯两位学者在《隐私权》一文中，首先明确地将隐私权作为一种严肃独立的权利加以细密的论证。沃伦与布兰代斯指出，隐私权源自法律对于个人生命的保护，个人的"生命权"（right to life）不仅包括最初的不受外力攻击、威胁，还应当延伸到"享受生命的权利"（the right to enjoy life），即"不受干扰的权利"（right to be let alone）。这种不受干扰、独处的权利即为个人的隐私权，其内容是个人对其自身事务揭露与否的决定权利，保障的是个人的思想、情绪和感受，是一种"不可侵犯的人格"（inviolate personality）①，其保护的对象没有固定的形式，不论是对文字、声音或者影像的保障，最终的目的都在于保护个人的精神利益。对于隐私权的界限，二人则认为"公共利益"和"同意"是对隐私权的两项主要限制。② 在两人的隐私权概念中，隐私权保护着"自我的完整（the integrity of the self）"。

然而在《隐私权》发表后的很长一段时间内，美国法院仍然坚持着传统上的否定隐私为权利的见解。在 20 世纪 60 年代，宪法上的隐私权被切实地确立起来。直到 1931 年，加州最高法院在 Melvin v. Reid 一案的判决中首肯了隐私权的存在而且详细地揭示了隐私权的内容要点与特征，该判决揭示：第一，隐私权是一种独处的权利（the right to be let alone），虽然过去的判例似乎也曾对此加以摸索（seem to have been groping in that direction），但是该权利过去在普通法中并未出现；第二，隐私权是一种关乎个人人格的权利，而不是财产上的权利，正因为其属于人格上的权利，所以其权利不可能永久存续，反而会因权利人的死亡而消灭；第三，隐私利益，如若已经由权利人自身公开或者是经权利人同意而加以公开，该利益上的权利即告丧失；第四，贡献于社会的人或者专业人士，在一定限度内，应理解为放弃了隐私权；第五，隐私权救济的诉因应当限于隐私因他人的营利目的的行为受到侵害的情形。③

在围绕隐私权的讨论中，由于首次面临如何在具体个案中援引隐私权这一尚未在宪法中明示的权利，因此，联邦最高法院对于隐私权的宪法法源及概念范围做了创造性的发挥，由此正式明确宣示了隐私权为宪法上所保障的基本权利，承认了宪法隐私权的存在。

在美国宪法层次，隐私权被分成两大类型：以搜查扣押的限制和私人事务的自主权。而在大陆法系国家法律中，对隐私权的承认与接纳，是以一种不同于前述美国法的方式呈现的。在德国法中，并没有直接的"隐私（privacy）"概念，而是通过"人格"（Persoenlichkeit）、"一般人格权"（die allgemeine Persoelichkeitrecht）与"私领域保护"（Privatsphaerenschutz）等几个概念的运作来达成相当于美国法中的隐私权保护效果。

---

① WARREN S D, BRANDEIS L D. The Right to Privacy［J］. Harvard Law Rewiew, 1890 (4) .

② WARREN S D, BRANDEIS L D. The Right to Privacy［J］. Harvard Law Rewiew, 1890 (4) .

③ Melvin v. Reid, 112 Cal. App. 285, 297 (1931) .

具体而言，对于美国法上的侵权层次的隐私权所指涉的范围，在德国法中是以民法上的"人格权（Persoenlichkeitsrecht）"予以保护的。对于宪法层次的隐私权，德国法区分为资料保护与人格的自由两部分：对于个人资料保护，是由《联邦个人资料保护法》与联邦宪法法院创设的"资讯自主权"（informatio-nelles Selbs－testimmungsrecht）共同保护；对于人格的自由，是由《德国基本法》第1条对人性尊严的规定、第2条中对"人格的自由发展权"（又称为"一般行为自由权"）的保护、第10条通讯自由、第13条居住自由等基本权利所构筑的基本权利体系来共同保护。

首先，关于民法层次的隐私保护。

1900年施行的《德国民法典》并没有明文规定隐私权，然而在德国民法学说上，尽管不同的学者对于人格权的具体内容的理解存在差异，但是均倾向于认为有一个"一般人格权"的存在，并由这个"一般性的人格权"可以延伸出对秘密、亲密关系等私人性利益的保护。《德国民法典》第823条第1项规定："因故意或者过失不法侵害他人的生命、身体、健康、自由、所有权或者其他权利的人，对被害人负有损害赔偿责任。"德国学者认为，《德国民法典》第823条中所规定的生命权、身体权、健康权、自由权，是人格权的核心，在"其他权利"的理念之下还包括有"其他的人格权"，其保护范围主要包括："个人领域"（lndividualsphaere）、"私领域"（Privatsphaere）、"亲密领域"（Intimsphae-re）以及"其他法律的规定"。①

1949年德国基本法的制定将人格权与相关人格利益的保护向前推进了一大步。基本法第2条第1项规定："在不侵害他人权利且不违背宪政秩序和善良风俗的范围内，任何人均享有自由发展其人格的权利。"学理上将这一条文所赋予的权利，称之为"人格的自由发展权"（Recht auf die freie Entfaltung Seiner Per-soenlichkeit）。在基本法明文规定对人格的自由发展权的保护后，德国联邦最高法院和联邦宪法法院相继在判例中承认了"一般人格权"与"一般行为自由权"。相应的，对于个人隐私利益的保护，也凭借法律上对"一般人格权"的保障而获得承认。

其次，关于宪法层次的隐私保护。

在德国法中，对于宪法层次的隐私的保障，1949年的《德国基本法》占有

---

① Vgl. Palant, Buergerliches Gesetzbuch, 48. Aufl. Muenchen 1989，§823，14.

重要的地位。《德国基本法》不仅继承了《魏玛宪法》对于公民人身自由不可侵犯、住居自由、通讯秘密等基本权利的规定，在个别领域中对个人的隐私利益予以法律保护，而且通过第1条对人性尊严不可侵犯的宣示与第2条第1项对一般人格权的承认，对个人隐私利益进行了整体性的保护。①

具体而言，基本法第一条对人性尊严不可侵犯的宣示，是将人性尊严（Menschenwuerde）作为个人基本权利的总纲，加上第2条第1项对一般人格权的承认，使得此前以个别基本权利在限定范围内的个别保障的规范形态，相对于个人在私的领域对隐私保护的整体性需要所无可避免地遗留下的漏洞，获得了解决的契机。人性尊严与一般隐私权的规定；将德国法上对隐私利益的保护从依赖于个别基本权利对特定行为的限定中解放出来，大幅度增加了对各种与人格利益关联的行为自由的保障，加上前述的对人身自由、住居自由与通讯秘密等基本权利的规定，共同构筑了对个人"私领域的保障"（Privatsphaerens-chutz），② 在结果上产生了与美国宪法上的隐私权的概念与效力相当接近的权利保护内容。

隐私权最初是民法上的概念，属于人格权的一部分，后来发展成为宪法上保障的公民基本权利之一。宪法隐私权具有高度的概括性和抽象性，就其本质而言，它是对个人领域事务内的控制权。世界各国大部分成文宪法并没有对隐私权给予直接而明确的保障，隐私权概念本身并未得到宪法的明示，其基本内容主要是借助于制定法和宪法解释加以澄清和扩展的。

2. 科技技术进步催生隐私权制度

沃伦与布兰代斯二人对隐私权的倡导发扬，具有深刻的社会背景。二人在文章中对隐私权的倡导发扬，映射出了在19世纪初期社会工业化、教育普及化和媒体大众化的社会背景条件下，都市居民寻求生活、身体的隐私，寻求精神、心理不被侵犯的普遍心理需求。19世纪的美国，随着南北内战的结束，工业获得了蓬勃的发展，内战结束后对免费教育的提倡，使教育在美国社会中逐渐普遍化，直接带动了教育的普及化。国民识字率的提高，也使得一般大众中阅读报纸的人口比例大幅上升。劳工们在生活紧张又缺乏正常娱乐的情况下，转而

① 分别参见魏玛宪法第114条，基本法第2条第2项第1款；魏玛宪法第115条，基本法第13条；魏玛宪法第117条，基本法第10条。
② Vgl. Walter Schmitt Glaeser, *Schutz der Privatsphaere, in Isensee/Kirchhof*（hrsg.）: Handbuch des Staatsrechts, Bd. VI, Heidelberg 1989, §129.

通过阅读各种新闻、报纸，去获取信息、探知他人的生活与私密，作为精神上的消遣。媒体的大众化使个人隐私保护与出版自由、新闻自由之间产生冲突。隐私权因此得以诞生，但其幕后的科技进步因素才是真正的催生隐私权制度的力量所在。

早期隐私侵权，主要是出版、新闻等经济性利用的一个直接原因。另一方面，科学技术的进步，也使得报社能够工厂化地大量快速生产图文并茂的报纸。对个人而言，这意味着，个人隐私被侵害之后危害后果的放大。同时，早期隐私侵权之所以表现为隐私权与出版自由、新闻侵权的冲突，受害人举证容易也是一个不容忽视的原因。这也是早期的隐私权，掺杂着商业秘密、著作权、公开权等知识产权因素的一个重要原因。

从个人信息流通利用与个人隐私保护的博弈分析的角度审视隐私权的诞生过程，我们发现这样一种清晰的脉络：科学技术进步，带动生产方式的变革，催生工业化的社会生产，导致社会工业化→科技进步带动的工业化生产，需要更高素质的劳动力，它导致了教育的普及化→引发媒体的大众化→产生个人隐私保护与新闻自由、出版自由者的紧张关系。如此这般，科技进步通过引发社会生产方式变革这样一个曲折过程，最终催生了隐私权制度。不论隐私权的诞生，还是作为隐私权诞生的直接社会原因的隐私权与出版自由、新闻自由二者之间的紧张关系，都不是历史的偶然，而是一种科学技术进步条件下的必然。

3. 隐私权的特征

作为一项人格权，隐私权的特征也十分鲜明。

第一，隐私权的权利行使主体是且只能是自然人，"隐私权是基于个人与社会的相互关系的处理而产生的保有人的内心世界安宁（peace of mind）以及与外界相隔离的宁居（to be let alone）环境的权利"[①]。正如之前所提到的，隐私权是完全属于个人的，是与公共利益和群体利益无关的。法人所拥有的秘密虽然也受到法律的保护，但是显然与隐私权的保护范围并无任何交集。通常情况下，法人持有的秘密与其所代表的公司存在密不可分的利益关系，极有可能属于商业机密的范畴，则其显然与公共利益和群体利益息息相关，相悖于隐私权所保护的仅属于个人与公共利益、群体利益无关这一特点。由此可见，隐私权专注于保护自然人人格尊严的崇高，故而只能作为被自然人行使的权利。此外，对

---

① 陈玉梅. 我国隐私权的民法保护与完善［J］. 贵州大学学报（社会科学版），2002 (2).

于死者是否拥有隐私权，各界还存在一定的争议，主要原因有二：其一，死者在法律意义上并不属于人的范畴，因而不应享有任何权利；其二，对死者隐私的保护可能牵扯到其与其直接利害关系人的利益关系。而本文认为，死者的隐私也应当受到保护，揭露死者隐私可能影响死者生前名誉，甚至有相当大的可能性对在世的死者近亲属和利害关系人造成包括精神痛苦等在内的不良影响，后文也会对死者的医疗隐私保护进行更加详细的探讨。

第二，隐私权作为人格权的一项，属于对世权的一种。对世权，又称绝对权，是指其效力于一切人，即义务人为不特定的任何人的权利。这一特征规定了除权利人以外的一切人均有不作为的义务。同时这一特征也在隐私权的保护中占据极重要的地位，它使得任何个体不得非法侵犯他人的隐私权，同时也不能以任何形式干涉他人行使隐私权，即有消极维护的义务。

第三，隐私权所保护的内容具有隐秘性，同时也必须是客观存在的事实，即具有客观真实性。因而隐私权所保护的内容不论是否违反道德、法律，不论舆论做出怎样的评价，都不以任何人的意志为转移。

第四，隐私权的保护范围是存在限制的。其作为可克减的人权，与生命健康权等不可克减的人权不同。隐私权的行使主体即自然人的社会性决定了隐私的范围与社会紧密相关，所以行使隐私权不能超出法律的限制和社会公共利益范围。对隐私权的限制主要目的在于保护第三方的合法利益和社会的公序良俗。故而隐私权是可能在一定范围内克减的，在特定情况下，国家权力具有优先性。

第五，自然人有权对自己的隐私进行支配。权利主体能够适当按照个人意愿决定他人是否能够介入自己的私人领域；其他个体是否可以将自己的隐私用作牟利；是否对公众进行某种程度的隐私披露等。隐私已经并不是一个局限的概念，并非要永远秘不示人，只要权利全体主动愿意公开分享部分信息，这一意愿就应得到尊重，不过该权利主体对这部分公开的信息仍旧享有支配的权利。

4. 隐私权内容及职能

隐私权，一般是指自然人享有的对自己的个人秘密和个人私生活进行支配并排除他人干涉的一种人格权。[①] 对于隐私权保护的内容，国外理论中有"信息说""接触说"和"综合说"等。"信息说"认为隐私权所保护的是个人信息；"接触说"认为隐私权是指个人对其私人领域控制他人对其接触的一种状

---

① 张新宝. 隐私权的法律保护［M］. 北京：群众出版社，1997：21.

况;"综合说"认为,隐私权是个人对其私人领域的一种控制状态,包括是否允许他人对其进行亲密的接触(包括个人信息的接触)的决定和他对自己私人事务的决定。① 美国侵权法中规范了侵犯隐私的四种行为,其所保护的隐私可以概括为四种:居住安宁、姓名或者肖像、私人生活资料与真实形象。

在我国,学术界关于隐私权的内容则主要有三种观点:第一,"信息说",认为隐私权保护的是个人不愿意他人知悉的个人秘密(即私人信息);② 第二,"信息安宁说",认为隐私权保护的是私人生活不受侵扰(即私生活安宁)与私人信息秘密;③ 第三,"信息+安宁+决定说",认为隐私权保护的内容包括三个方面:个人信息的保密;个人生活不受干扰;个人私事决定的自由。④

隐私权理论发展的初期,认为隐私权的本质是权利人保持其隐私并排除他人非法干涉的权利,表现为一种消极的或者防御性的形态,随着隐私权理论的发展,隐私权被诸多学者看作是自然人独自享有的对个人隐私拥有绝对支配性的权利,主要强调隐私"由自己所控制,由自己决定是否准许他人知悉、利用"。如李震山引进德国学说与判决,将隐私权解释为"资讯自决权",并认为资讯自决权系人性尊严及一般人格权所内涵或衍生的权利。⑤ 宪法学教授 Charles Fried 也认为信息隐私的理念,不应该只局限于不让他人取得我们的个人信息(an absence of information about us in the minds of others),而是应该扩张到由我们自己控制个人信息的使用与流向(the control we have over information about ourselves)。⑥ 当然也有学者认为这些对个人信息积极支配的职能并非隐私权的权能,它的产生导致了一种独立于隐私权的新型权利的产生,即个人资料自决权(即前文所提的资料权)。⑦

隐私权的定义目前并无定论,在不同的国度、学界都有不同的认知,其神圣不可侵犯性却是其中不约而同的重要内容。"隐私"一词,根据我国文化的造词法可见一斑,其有两个部分构成,分别为"隐""私"。"隐"并非是指隐蔽、

① 王利明,杨立新.人格权与新闻侵权 [M]. 北京:中国方正出版社,1995:410.
② 梁慧星.民法总论 [M]. 北京:法律出版社,2001:135.
③ 张新宝.隐私权的法律保护 [M]. 北京:群众出版社,1997:21.
④ 王利明,杨立新.人格权与新闻侵权 [M]. 中国方正出版社,1995:415–416.
⑤ 李震山.论资讯自决权,《现代国家与宪法:李鸿禧教授六秩华诞祝贺论文集》. 台北:月旦出版社,1997:710,712,714.
⑥ Charles Fried. Privacy – A moral Analysis [J]. 77 *Yale L. J.* 475(1969).
⑦ 齐爱民.论个人资料 [J]. 法学,2003(8).

秘密的状态，而是指当事人不愿被其他个体干涉的私人事务。"私"如其表面字义，是指个人的，与公共利益和群体利益并无关系。至此，"隐私"的含义已经十分明确。学术界公认隐私具有以下三种形态：一是个人信息，为无形隐私；二是个人私事，为动态的隐私；三是个人领域，为有形隐私。

继隐私权被正式提出并逐步深入探讨，世界各国的宪法和法律修订中也将其作为公民权利纳入保护范围，且其出现在一些区域性、国际性公约中，正式成为一项国际人权。

笔者认为，我国的隐私权应视为一项基本权利，主张隐私权的制度加之在于它维护着个人的尊严。同时隐私权也是人格权的一部分。

在现代社会，个人信息存在两种直接利用价值，一是商业利用价值，一是公共管理方面的利用价值。通讯手段的不断现代化，尤其是计算机技术的广泛运用和互联网的迅速崛起，使得大量、广泛、快速收集和利用个人信息在技术上成为了可能。反观我国民法制度中各种具体人格权的设置实际上是赋予主体对其特定方面人格利益进行控制。而今，这种控制不再仅仅是消极防御的方面，也包括积极利用的方面（典型的如肖像权，理论上和立法上均已确认肖像权主体既可防止他人非法利用自身肖像，又可通过授权他人利用自身肖像谋利）。因此，隐私权的完整意义既包括权利人有权防止他人对其个人信息的不法侵害，也包括权利人可积极利用个人信息以获取利益。在某种意义上，我们可以将隐私权理解为用来界定人与人之间关于个人信息流通的一种制度性安排。[①] 对于某些学者在隐私权之外另设个人资料权或者公开权来规范个人信息的积极利用权的主张，笔者认为将同一人格利益之上所存的权利对其积极权能和消极权能确认为两项权利显然并不符合人格权法律制度的理论和立法传统。因此笔者认为无必要也不应当另设个人资料权或公开权。对于隐私权而言，不可片面强调积极利用的权能，忽视其消极防御权能。因此笔者认为隐私权的本质是自然人对个人信息的掌握及自主决定，其权能为消极防御权与积极利用权的统一。

通过上文分析可以认为：隐私权在内容上包括身体隐私权、空间隐私权和信息隐私权；隐私权在法域分类上，既有私法关系中的隐私权，也有宪政纬度上的隐私权；隐私权在权利形态上，既存在消极的独处权，也包括积极的信息控制权。

---

① 何建志. 基因歧视与法律对策之研究［M］. 台北：元照出版公司，2003：93.

(二) 基因信息隐私权

隐私权，以个人自主决定为核心，以个人社会参与为目的，是一种随着社会变迁而动态发展的权利。伴随着人类活动空间的不断拓展，隐私权的外延与内涵日趋丰富，权能权项逐次扩张，而基因隐私权是人类科技进步的大潮中隐私权变动发展的一个方向。随着科学技术的不断进步，基因技术不断发展，各种基因检测技术正在广为人知。基因检测是指采集被检测者的血液、口腔粘膜细胞，经提取和扩增其基因信息后，通过基因芯片等技术，对被检测者细胞中的 DNA 分子的基因信息进行检测，并从中分析出包括疾病风险、用药安全、营养代谢等方面的信息。基因信息是通过基因检测技术所获得的与个人基因状况有关的信息。基因检测技术的发展给人类带来了疾病预防和治疗等一系列的便利和巨大商业利益的同时，也给人们带来了许多的困扰。如今的基因检测技术，只需大概 75 个统计上独立的 SNP（单核苷酸多态性）位点即可确定一个人，因此可以认为基因数据比指纹数据更敏感。当基因检测数据与一些病理数据相遇时很容易匹配到具体个人，从而侵犯个人隐私。基因信息的泄露和不当使用很可能造成基因歧视、就业歧视、保险费用过高等不良后果，也使被泄露隐私的个体受到了来自社会舆论和各方面的巨大的压力。

随着基因检测技术逐渐普及，基因检测机构也越来越多。据了解，正规的基因检测机构一般要有独立的医学检验实验室，开展基因检测项目，实验技术人员也应该具备相应的专业资质。但目前的基因检测市场鱼龙混杂，很多基因检测机构并没有独立的医学检验实验室，业务水平参差不齐。行业乱象的背后，不仅是检测质量不能保障，检测结论可能存在误导，还关系个人隐私安全。基因信息的泄露，不仅仅是因为基因的商业化，金钱利益的驱动，引发了价值背离。而我国的司法体制框架内，基因信息隐私保护还处于空白状态。基因检测后基因信息的所有权权属不明，基因信息所有权的主体是基因检测的委托人，还是受委托人即基因检测机构所有？

从根本上而言，基因隐私权是人类基因科学技术所激发的。基因科技的发展使人类得以从分子层次解析自身的生理结构，得以更加深入探索人类自身的生命奥秘。这是人类认知活动从宏观到微观的一个发展，它开创了人类活动的"美丽新世界"。也正是人类活动向"基因世界"这一新空间的拓展，激发了人类社会新的隐私保护需要，催生了一种新的隐私权——基因隐私权。

1. 基因信息隐私权界定

所谓基因信息隐私权，是指个人拥有对其本身基因信息的隐私权，即个人对其自身基因信息的保密、公开、运用等，拥有信息上的自主决定权。未经本人同意，他人不得刺探、披露、公开、宣扬其基因信息。

基因信息隐私权在本质上属于一种信息的自主决定权。基因隐私实质上是有关个人基因组成之信息，因此基因隐私权的权利标的并非基因，而是信息。

基因隐私权的主体是基因信息的所有者即公民个人，基因隐私权的客体为基因信息、基因资讯。基因隐私权的内容，主要是指作为权利主体的自然人，对于自身基因信息的保密、公开、运用等；拥有信息上的自主决定权，未经本人同意，他人不得收集、揭示其基因信息。在性质上，基因隐私权属于人格权，是一种绝对权、对世权，基因隐私权的义务主体是权利主体以外的一切人，包括自然人、法人和其他组织，除权利人外，任何人都负有不侵害他人基因隐私权的不作为义务。

2. 基因信息

基因信息隐私权的客体是个人的基因隐私。基因信息反映的不是一个人过去或现在的疾病或身体状况，而是"预示"未来的健康情况[①]，在某种程度上与个人的经济状况、家庭生活、个人履历等其他个人信息的性质是相同的，都属于重大的私人信息，但与其他个人信息相比仍有其特殊性[②]，其他学者也提出大同小异的分类。[③]

（1）基因信息可作为一种高精确度的身份识别物（Identifier）

任何个人信息均可用于识别主体，但绝大部分的个人信息，如身高、体重、发型、服饰等。由于不同主体之间具有较高的重合概率，因此其识别性较差。身份证是目前在中国国内广为使用的一种个人身份标识物，在使用过程中，尽管利用它可以实现个人身份识别，但也并不能保证提供证件及号码的就是其本人。个人的毛发、皮肤碎屑、血液、口腔组织等均含有基因，均可以向人们提供了无数基因信息。在整个人类范围内具有唯一性（除了双胞胎可能具有同样结构的 DNA 外），因此，除了对双胞胎个体的鉴别可能失去它应有的功能外，

---

① 王迁. 保险中"基因歧视"的立法对策［J］. 法学，2003（12）.

② Ronald M. Green&A. Mathew Thomas，DNA：Five Distinguishing Features for Policy Analysis，11 *Harvard Journal of Law & Technology*，571（1998）.

③ Lawrence O. Gostin，Genetic Privacy，23 J. L. MED. &ETHICS 320（1995）；George J. Annas，Leonard H. Glantz，Patricia A. Roche，Drafting the Genetic Privacy Acts：Science，Policy，and Practical Consideration，23 *J. L. MED&ETHICS*，360（1995）.

这种方法具有绝对的权威性和准确性。

（2）基因信息具有持久性

相对于普通个人信息如家庭住址、体重等具有变动性，每个人的基因信息与生俱来，个人的基因信息在通常情况下终生不变，除非为了治疗疾病、挽救生命等特殊目的，运用生物技术改造基因或实施基因治疗。然而，即使将来基因改造等技术为人类所掌握但由于伦理的原因不会实施，因此基因信息具有持久性的特点。对于基因信息的特殊性，2003 年联合国教科文组织通过的《国际人类基因数据宣言》进行了较为精辟的阐释，其在序言中指出：基因信息"能够预示个人的基因素因，而且这种预示能力可能大于在获取数据时的估计；它们可能对家庭及其后几代人，有时甚至对整个有关群体产生重大影响；它们可能包含在采集有关生物标本时不一定了解其意义的信息，而且它们可能对个人和群体具有文化方面的意义"。

（3）基因信息具有家族、种族相关性

一个人的基因组成一半来自父亲，一半来自母亲，知晓某人的基因信息能够推测出与其相关的亲属关系，从而得知其家庭关系。同一家族乃至同一种族的人，他们的基因信息往往具有相同或近似的特性。经研究发现，同一家族的成员时常患有相同的疾病，如白化病、多指症、镰刀型红血球贫血等，我们通常将其称之为家族病。由此可见，基因是具有家族相关性的，对于个人基因信息的暴露极有可能影响到其整个家族的利益，甚至波及整个种族。

基因信息的上述特征，表明其是一种与主体利益关涉重大的特殊的个人信息，且与当事人的私人生活安宁关涉重大，应当受到隐私权的保护。

波士顿大学从事生物科技伦理与法律研究的 GeorgeAnnas 教授曾经将美国法上保障隐私之理由归纳为四种：第一，基于信息没关个人隐私（Privacy），例如律师、牧师或医师基于业务知悉当事人之隐私；第二，基于信息相关私密关系（privaterelationship），例如婚姻关系等；第三，基于信息相关私密性之决定（Privatedecision），例如堕胎、安乐死等；第四，基于信息相关私密空间内所发生（PrivatePlace），例如避孕、家庭教育等。在这样的基础上，GeorgeAnnas 认为法律保护隐私权的四种理由，基因信息兼而有之，主张基因信息应该受到隐私权的保护。①

---

① 雷文玫. 歧视有理？美国商业健康保险与基因歧视之研究［C］. 台北：台湾大学法律学院"基因科技之法律规制体系与社会冲击研究研讨会"论文.

基因科技的发展也证明对基因信息予以隐私权保护的必要性。一方面，随着基因科技的发展，基因信息越来越成为一种重要的个人信息。基因信息作为一个人的基因组成特征，一旦泄漏对当事人的损害巨大，不但持续影响当事人一生，甚至绵延数代，其影响范围也涉及到当事人社会生活的各个方面，诸如就业、保险、家庭、婚姻、教育等。另一方面，基因科技的进步，使得在技术上解析个人的基因信息，逐渐成为现实。个人的基因隐私，在基因科技面前日益显得脆弱。"每个人只要抽一滴血，胎儿抽取少许羊水，就会让人的遗传密码完全曝光。"①

因而，在基因科技突飞猛进的后基因时代，有必要在法律中确立基因信息隐私权，保障个人的基因信息隐私。

（三）基因信息隐私权的构成

公民对于自身的基因信息有权决定允许或者禁止他人使用自己的基因信息，有权了解自己基因信息，有权在他人使用自己基因信息之前知悉对方的主要情况（研究目的、资金来源、研究方法、自己有无权限享受研究成果等），有权拒绝接受基因信息检测，有权要求隐瞒基因信息，有权对使用者收取相关费用和基因信息受到他人不合理使用时诉诸法律途径予以保护的权利。

1. 客体

基因信息隐私权的客体是基因信息隐私权所指向的对象——基因信息。②基因信息所包含的内容范围极广，如果将基因信息全部纳入基因隐私保护范畴，会导致基因隐私的过分保护而对社会经济的发展产生负面效应。再者，基因隐私问题的出现是基于基因技术的发展所产生的法律问题，因此，基因隐私权需要保护的是那些必须通过基因检测才能揭示的基因信息，诸如遗传性基因疾病的发病倾向性与风险性等，那些可以通过肉眼看出的基因信息不必纳入基因信息隐私保护。将基因信息保护的范围限定在基因检测所揭示的基因数据上，有利于将基因隐私权的立法聚焦在对基因检测技术的法律规制上，从而使得基因信息隐私权的法律保护更加有针对性。

---

① 李震山．胚胎基因工程之法律涵意［C］．台北：台湾大学法律学院"基因科技之法律规制体系与社会冲击研究研讨会"论文．
② 褚雪霏，徐腾飞．论基因信息隐私权［J］．河北师范大学学报（哲学社会科学版），2015（3）．

2. 主体

传统民法理论认为隐私权的主体仅限于自然人，但随着基因科技的发展，不少基因科技的研究者涉及科研团体和个人，基因信息隐私权的主体不应仅仅局限于自然人，还应该包括法人和非法人组织。例如国家，国家是非自然人，但也可以作为基因信息隐私权的主体存在，因为国家所拥有的基因数据是我们最重要的遗传资源，国家的基因信息隐私权必须得到有效的保护。目前国内相关检测机构使用的大多是进口设备，数据安全受到的威胁更大。2014年，国家食品药品监督管理总局和国家卫计委联合发出禁令，要求任何医疗机构不得开展基因测序临床应用。但这种"一刀切"的做法引起较大争议，到了2015年上半年，国家卫计委又先后公布了基因测序临床应用的试点名单。例如死者，死者是非自然人，但是死者也同样拥有着基因信息，拥有着基因信息的所有遗传因子，所以笔者认为死者也是基因信息隐私的主体。

3. 内容

学者普遍认为基因信息隐私权是自然人对自身基因信息所享有的知悉与不知悉以及允许或不允许他人收集、利用、持有的权利。据此，基因信息隐私权的内容可以包括以下几方面。第一，基因信息隐私保密权。基因信息隐私权人有保持自己的基因信息隐私不为他人所知晓，这样将会更有利于基因信息的安全。第二，基因信息隐私保护权。基因信息隐私权人有权维护自己的基因信息不受他人的非法窥视和传播，在受到他人非法刺探、调查和侵犯时，可以请求司法救济。第三，基因信息隐私支配权。基因信息隐私权人可以自主决定自己的基因信息是否对外公开，是否可以利用自己的基因信息以满足自己精神、物质方面的需求。基因信息隐私权人还可以决定是否允许他人对自己的基因信息探知并可决定是否允许他人利用自己的基因信息。但前提是基因信息的利用不得违反法律，不得损害社会公共利益，不得违背公序良俗。

（四）基因信息隐私权权能

基因信息隐私权是隐私权在基因信息领域的具体化，包含以下诸项权能。

1. 基因信息知悉权

隐私权本质上是对个人信息的控制权，因此每个人都有权知道自己的个人信息，其中包括依据自己能力即可知道的个人信息，还包括需借助他人协助才能获得的个人信息。在后一种情况下，相对地知道或凭借其能力能够知道的个人或组织即为义务主体，这些义务主体有如实告知本人相关信息的义务（如该个人或组织告知该信息会泄露他人的隐私，这种时候即构成不同主体间隐私的冲突，如私生子的母亲告知孩子谁为生父即为一例，此时应运用利益衡量原则来确定该个人或组织是否豁免告知义务）。受测者和受测机构可以通过合同关系来确定双方的义务；但如果在特殊情况下，可能存在基因信息的保管机构并非最初的检测机构，保管机构与受检测者并无合同关系，因此，赋予当事人基因信息知悉权较之合同权利更有利于保障受检测者的利益。

2. 对基因信息的"不知悉权"

"不知悉权"也被认为是隐私权的特殊表现形式，因为个人既有权阻止他人向外泄露自己的信息，也有权阻止他人强制自己接收信息。基因检测积极的一面在于有助于遗传疾病的诊断，但也会因此给被检测者带来负面心理影响，特别是很多人因为缺乏相关的基因科学知识而误认为自己将来必然会患上该种疾病，并整天忧心忡忡，使自己的生活受到极大影响。① 在这种情况下，对基因信息"不知悉权"有必要予以强调。进行过基因检测的个人，可以有权拒绝得知此项检测结果，以避免知晓信息后带来精神痛苦。因此，在未被告知检测结果之前，如当事人不愿知悉该项结果，相关机构及其工作人员必须尊重个人的意愿，不得将其结果告知当事人。除当事人之外，若无个人允许，还应禁止公开检查结果，或者任由第三人得知此一信息。② "不知悉权"已在日本《关于人类基因组研究的基本原则》第 14 条、《应付遗传因子解析研究中产生的伦理问题的准则》中做了规定。③

"不知悉权"的另一种含义还包括基因携带者亲属的不知悉权。爱丁堡大学法学院教授 Laurie 曾在文章中论述了这一权利。④ Laurie 主张不知悉权主要是患者亲属的不知情权，而非患者本人的不知情权。Laurie 认为"心理意义上的"

---

① Genetic Service in Ontario: Mapping the Future, *Report of Provincial Advisory Committee on New Predictive Genetic Technologies*, p. 3 (2001).

② George J. Annas, Impact of Gene Maps on Law and Society, *TRIAL*, Jul. X990, at 43 – 44.

③ 日本《关于人类基因组研究的基本原则》第 14 条规定了"提供者有不知道自己的基因信息的权利"。《应付遗传因子解析研究中产生的伦理问题的准则》规定，如果提供者没有要求告知自己的基因信息，而实施检测的研究机构知道了提供者或其家族的严重基因问题可能影响他们的生命时，应听取伦理审查委员会的意见。如果没有这些情况并且没有取得提供者的同意，那就不能向其及家属告知基因检测的结果。参见佐藤孝弘. 论基因时代对隐私权的法律保护 [J]. 法学, 2003 (12).

④ Laurie, Graeme, In Defence of Ignorance: Genetic Information and the Right not to know, *in European Journal of Health Law*, 6, 119 – 132, 1999.

空间隐私（"psychological" spatial privacy）构成不知悉权的基础。这种隐私保护的是个体的自我认同，当我们被动地被告知有关我们自己的医疗信息，特别是那些我们对应对和治疗无能为力的疾病信息，该告知行为会侵犯我们的空间隐私，在这种情况下保持一种无知状态更佳。Laurie 所提出这种不知情权针对的是第三人的不知情权，本质是医生是否有权向该第三人披露相关信息。

3. 基因信息保密权

基因信息一旦被他人刺探、披露即具有不可逆转性，在基因歧视已经出现并且在短期内无法消除的情形下，阻止他人对基因信息的介入是防止基因歧视是最简便可行的方式。因此应赋予自然人有对自己的基因信息进行保密，且避免他人刺探、披露的权利。基因信息是否公开、在多大范围内公开、通过什么形式公开都应由主体决定，其他组织和个人对此不得干涉。未经本人同意，擅自刺探、披露他人基因信息构成严重侵犯隐私权的行为，应承担相应的侵权责任。

4. 基因信息利用权

基因信息具有双重性，其合法合理的利用能促进基因科技理论研究及医学临床应用。因此，基因信息的适当披露和利用也可能会给隐私权主体带来利益。基因信息主体有权自主决定自己利用或将基因信息有偿或无偿交给他人利用、交给何人利用、允许他人以何种方式进行利用等，以满足自己精神上或物质上的需要。自然人对自己的基因信息有按照自己的意愿进行利用的权利，这正是隐私权积极权能的具体表现。

上述列举的四项权能并非就是基因信息隐私权的全部权能，同一权利在不同情境下可以表现为不同的权能，只要是保护基因信息隐私所必需的手段，权利主体都应以主张。

三、基因人格权、财产权与基因人格性财产权

（一）基因人格权

人格权是指民事主体专属享有，以人格利益为客体，为维护其独立人格所必备的固有权利。人格权应当为自然权利，而非经法律创设才存在，一旦自然人出生，法人成立，就依法享有这种固有的权利。人格权由民事主体享有，具有专属性，且只能由每个民事主体单独享有，不得转让、抛弃、继承，也不受

他人非法限制，不可与民事主体的人身相分离。

凡人格权法益都与某种物质性的表彰和载体联系在一起。基因的载体是人的身体或者与人体分离的组织。首先，当基因存在于人体内时，它是细胞的组成部分，是物质资源，控制个体性状，决定个体健康，保障人的正常形态的维持，因此可以说具有人格权的属性。其次，基因人格权表现在对基因的支配和自主决定权方面，具体而言，是指个人在其基因的采集、研究与商业利用问题上，拥有被告知以及自主决定是否同意该项运用的权利。

基因人格权的客体包括尚未与身体分离的基因和与人体分离的组织中所含的基因。尚未与人体分离的基因是人身体的组成部分，是人格的表彰，是基因人格权的客体；与身体分离的组织中所含的基因，个人对之也享有人格权，主要体现在个人对基因的支配权和自主决定权上。

1. 人体内的基因人格权

关于基因人格权属性，目前存在两种不同的观点。有学者认为，就物质层面而言，基因是 DNA 上具有遗传功能的片段，而 DNA 又存在于人体内所有的细胞之中，故可以说基因是身体的一部分，而身体是人格权中"身体权"这种具体人格权、物质性人格权的客体，因此，尚未与身体分离的基因，与生命、健康、身体具有相同的权利属性，可以直接适用生命权、健康权以及身体权的法律地位及其规则。另一种观点则认为，基因人格权是自然人维护其体现统一整体的基因组成完整及其组成完全的利益为内容的人格权，其客体是基因，维护的是自然人基因组成完整和其完全的利益。基因人格权不同于传统的生命权、健康权和身体权，应当是一种单独的人格权。

笔者赞同第二种观点。虽然从自然属性来看，基因确实是身体的组成部分，但这并不意味着我们从法学角度探讨基因属性时也同样必须将其放在附属的地位。身体、健康和生命等具体的人格利益之所以被法律规定为人格权的客体，最根本的目的在于保障公民的社会生存能力，使其能够发挥既有主体且有社会性的存在意义。获取他人基因时，往往并不会侵犯其身体、健康和生命，却侵犯了其所拥有的维护自身基因完整和完全的权利，基因人格权与其他具体人格权一样，同样维护着人之所以为人的资格，保障人类的正常生活，其本质与前述三种具体人格权既不相同，也不能被包含，只能是并列的关系。同时，在传统的法律规定不能涵盖新出现的社会现象的时候，一味去扩大现有内容以期能够将所有情况都包含在内的想法既不现实，也无必要。法律的稳定性固然要维护，但我们也要正视法律一经制定即落后于现实这一特性。基因人格权无疑是一种超出现有人格权范畴但又属于人格权领域的权利，及早将其纳入法律规定才是保护主体权利的最好方法。

2. 脱离人体后的基因人格权

近些年来在宪法学研究中，将自己决定权当作一项基本人权的见解逐渐取得支配地位。① 通说认为，所谓自己决定权，即对于无关他人的事项本人享有最终决定的权利，而不论决定结果性质何如。自己决定权就是指"就与他人无关的事情，自己有决定权。仅仅对自己有害的行为，由自己承担责任"②。对基因的支配和决定方面，则体现为基因所有者对其自身基因的提取、研究与使用，均享有被告知和由自己决定是否同意的权利，且此权利不仅及于人体内的基因，对已经与人体分离的组织或器官中的基因也同样适用。

王泽鉴先生在《侵权行为法》中进行了专门分析:③ 他认为应以"身体"的观点来看待脱离人体的基因以及类似的身体组织及器官，并提出了"功能之一体性"理论，强调"人格的自主决定在一定的要件下应延长存在于与身体分离的部分，而予以适当必要的保护"。笔者赞同此学说赋予离体基因人格权属性的观点，但认为将脱离人体的基因或组织认定为身体，从而在法律上进行保护，有任意扩大人格权内容的嫌疑。基因是因其包含人体信息而具有人格权属性，普通组织或器官则不具备此特性，倘若忽视这一点而将所有的离体组织均纳入身体权保护范畴，势必会引起权利滥用；若按照此离体组织是否构成功能一体性进行分类，鉴于法律意义不明确，主观上难以判断，且医学发展迅速，客观上也无法形成稳定的定义，缺乏现实意义。笔者以为，因脱离人体的基因作为商业利用，能带来物质的利益，如果因此承认其具有财产价值而给予保护，却可能忽略其人格意义而导致人的物化、人性尊严的降低，所以下文中会在人类基因人格权与财产权的交叠之上进行基因人格财产权的探讨。

（二）基因财产权

伴随着国际市场上有关基因以及基因技术巨额交易的不断出现，基因的高价值性也得到了越来越广泛的认识；同时，不管是基因诊断、基因治疗还是基因药物的研究都要建立在对基因的研究基础之上，然而目前作为研究对象的基

① ［日］松井茂记. 论自己决定权［J］. 莫纪红，译. 外国法译评，1996（3）.
② ［日］山田卓生. 私事与自己决定［M］. 东京：日本评论社，1987：3.
③ 王泽鉴. 侵权行为法：第1册［M］. 北京：中国政法大学出版社，2000：108－111.

因来源仍是以捐赠为主，捐赠者本身未必对自己的基因将来有可能产生多大的利益有一个很清晰的了解，法律上对此又并未做出明确的规定，因此，许多学者主张，赋予基因财产权属性，让其自由进入市场，不仅能够有效保护权利主体利益，对基因技术研究也能起到很好的规范作用。然而，人类基因财产权能否存在？享有财产权的主体又是谁？

1. 人类基因财产权争议

人体基因，除去作为人格法益的介质，更具有了"物"的特性而承载了更多的财产法益的诉求。财产权是民事权利中最古老的一类。关于财产权在法律上的定义，两大法系存在截然不同的规定。英美法系国家，一般将财产与财产权作为一个概念来讨论，是以所有权为核心，以满足主体支配需求为目的的具有经济内容的私法权利总称，包括一切表现出金钱价值的物与权利。有形财产与无形财产均涵括在内。但在大陆法系国家，财产与财产权不是同一个层级的法律概念。财产通常被视为物，是财产权或物权的保护对象，是权利客体，且仅限定在有形财产范围内。从我国立法现状来看，基本上是继承了大陆法系的立法模式，将财产权更多地作为物权来保护，不过相较传统观念也有所突破，如《中华人民共和国物权法》第 2 条规定："本法所称之物，包括不动产和动产。法律规定权利作为物权客体的，依照其规定。"可以看出，我国物权法以有形财产为主要调整对象，但并未完全否定无形财产的存在。

大部分人反对基因财产权是基于对人性尊严的维护。法律以人作为权利的主体，因此如果将人类的血液、组织、毛发、器官等，这些人体的构成部分或整体作为权利的客体，作为"物"，是有悖于法律的根本价值观的。如果将其作为"物"，那么就可以作为财产权的客体，而根据财产权利的基本原则，它是有价值、可交换、可转让的，如果将这个基本原则应用到人体的组成部分或全部时，就会引发生物道德问题。因为人体组织毕竟与人这个法律上的主体相关联，是人格权的外在物质载体和表现，如果将其视作一般的物、一般的客体，就会对人本身的尊严形成冲击。

由上，我们可以发现，人体组织上存在的人格权的联系，以及传统大陆法系对人格权和财产权的泾渭分明，导致我们无法明确给予人体组织财产权。

但是也有观点从目的实现的角度出发，认为基于基因研究的复杂性，倘若承认基因财产权，认可基因的合法转让，则在客观上反而能促进科学研究的发展。这是因为人只有在对自己的基因拥有财产权利的时候，才有权阻止他人获取自己的基因,而这种权利的行使是在个体基因被控制或占有时才发生的,从本质上来说反而保护了人类的自由和尊严。如果禁止基因提供者主张对其基因的财产权,研究机构便可以随意使用他人基因进行研究,并享有对研究成果的财产权利,以致研究者研究基因时若无法寻求取得基因所有者的同意时,宁愿铤而走险违反基因人格权,因为对其进行民事赔偿比起可能取得的巨大利益来说只是小数目。否定了基因财产权非但不能更好地维护人类尊严,反而纵容了对人类基因权利的侵犯。

2. 基因财产权存在的依据

一种物或者权利要想成为财产权的客体,首先必须具备一定的经济价值,这是财产权的基本属性。与人体脱离的基因在前文中已明确可以认定为一种有价值的物。

其次,人类基因财产权保障人的自由意志。如果为了维护人的尊严,器官一律不得商业化,禁止基因原材料提供者主张对基因的财产权,并以此来预防并不存在的伦理道德危机,同时会制造出另一种社会不公:研究者可以随心所欲地对有关基因及其相关技术申请专利(其实这本身就是一种财产权)并进行商业化使用,而基因提供者只能在无偿提供基因原材料和拒绝提供两种方式中二选一,结果利益完全向研究者一方倾斜。

再次,人类基因财产权的确立加强了对生物科技的保护。知识产权制度可以促使从业人员及机构愿意积极从事生物科技的创新与发展。知识产权的保护一直是生物科技发展的重要议题。其主要原因在于知识产权赋予权利个人具有排他性效力的权利,使其有机会取得较大的经济利益。但是,基因资源有一个非常特殊的特点:一般不能从普通的市场上得到,因而可以说这种作用是无法替代的,为了确保基因资源拥有者能够积极向研究人员提供此类重要的基本原材料,保证社会科技成果的正常供给,适当考虑基因材料提供者的利益是完全必要的。如果法律只是一味地加大对知识产权的保护,而忽略了基因提供者所享有的权利,一旦组织捐赠者或其家属知道了他们所捐赠的这些人体组织有相当大的比例被加工处理,并且被出售营利,那么,不仅捐赠的来源将会减少,而且可能因为不断的诉讼而影响生物科技产业的发展。

3. 基因财产权

基因财产权是指任何人拥有对从其身上分离独立之基因物质的所有权。除非有明示、默示或可得而知之的意思表示表达所有权人有抛弃之意,否则该基因物质的所有权仍属于基因源。笔者认为可给基因财产权做如下定义：自然人对其基因享有不受他人干涉、自主决定使用并获得经济利益的权利。具体表现在：第一，脱离人体后的基因在法律上与其载体分离，除非基因所有者明确表示放弃，否则仍属本人所有；第二，自然人对其离体基因享有占有、使用、收益和处分权，既有权决定他人使用该基因并获得利益，也有权将其抛弃或者捐赠。

基因财产权的主体应是基因的提供者。基因的提供者有三类：个人、家族与社区。① 现有的人体基因资源无论从绝对数量（人类基因全体数目）还是相对数量（带病理特征的基因资源）来讲，都呈现出越来越稀缺的态势。特别是后者，由于人类血缘遗传开放性的发展，纯粹的、封闭的血统越来越少，所以研究者们正在竭尽全力挖掘全球各地还保留有封闭血统的群体并进行采样。这类群体往往是居住在偏远地区和未开化的部落社区，对他们进行采样虽然有利于生物科技的发展，但在来自发达国家，拥有雄厚的资金和技术的研究者面前，贫穷，又缺乏相应的知识、权利意识和自我保护意识的当地居民成为了当然的弱势群体，他们的利益很容易被忽略和侵犯。为了保护供因者（提供基因的人）的权利，国际组织、国家、科学研究人员、法学家、伦理学家、社会学家等都在探讨供因者的权利问题。客观上，保留有封闭血统的群体由于长期生活在同一个地区，大多数人有或远或近的亲戚关系，相互之间也有着共同的利益基础。为了保护基因资源主体的利益，家族与社区权利的保护也是必不可少的。在基因研究过程中，作为人类遗传资源载体的特定的血液样本不可或缺，提供者对此及在此基础上开发出的专利应当享有相应的权利。

基因财产权的客体是基因资源。科学技术部、卫计委联合颁布的《人类遗传资源管理暂行办法》第2条对人类基因资源的含义做了规定，人类基因资源就是指含有人体基因组、基因及其产物的器官、组织、细胞血液、制备物、重组脱氧核糖核酸（DNA）构建体等遗传材料及相关的信息资料。如果侧重医疗研究的角度，所谓基因资源就是对某一疾病及其治疗方法的研究所需要的基因资料，包括患病的家族系、患病的群体和患病个人的遗传材料。②

基因财产权的主要内容包括两个方面。第一，排除权。所谓排除权是指基

① 邱格屏．论人类基因的权利主体［J］．中州学刊，2008（3）．
② 范冬萍，张华夏．基因与伦理——来自人类自身的挑战［M］．广州：羊城晚报出版社，2003：180.

113

因提供者有权要求，在未经其许可的情况下，基因技术研发人不得将基因提供给第三人使用。这是因为从基因提供者体内提取的基因本身，并不是专利，专利权人无权未经允许供给第三人进行研究使用。第二，取得报酬权。当基因技术研发人对基因进行商业性利用时，基因提供者就有权获得一定经济补偿或使用费。

基因财产权对于保护基因主体的利益存在一定的局限性。第一，忽视了基因的本质属性。基因的本质属性在于它所体现的有关人类个体性征的人格属性，是基因财产权能够得到具体实现的前提。如果不能对基因隐私、基因信息等进行有效保护，单纯规定基因财产权反而造成基因侵权，当基因研究者和基因供应者之间出现利益矛盾时，单一的基因财产权无法为基因资源的提供者和基因科技的研发者提供一条利益平衡的通途。这方面的经典案例为摩尔诉加利福尼亚大学董事会一案（Moore vs. Board of Regents of the University of California）；①同时依照现行法律规定，如果只是将基因纳入财产法体系保护，一旦遭遇侵犯，受害者将无权请求获得精神损害赔偿，而基因体现着人格尊严和人格价值，单一的财产性赔偿并不足以弥补受害者精神上的损害。

（三）基因人格性财产权——人类基因法益权利化的新路径

在现代法律世界中，大陆法系国家一般认为人格权与财产权是构成民法的两大基本权利，其他一切民事权利或者包含在这两类权利之中，或者是这两类权利结合的产物（如知识产权、继承权等）②。现代民法典将人的主体性和物的客体性完全对立。按照经典权利理论中这种人/物、人格权/财产权的二元界分逻辑，人体基因作为人身的组成部分，处于"人格权"的保护之下，被禁止用于牟利性交易。然而，随着基因科技的发展及基因的产业化应用，人/物的界限被内移到了人自身，人体基因也日益外化而具有独立的经济价值。当基因科技的施为力量已在某种程度上消弭了经典权利理论所依仗的人/物二元界分的基础

---

① 1976 年，Moore 因患白血病到加州大学治疗，医生切除了他的脾脏。医生在这一器官中发现，有一种具有很大潜力的白血球可以促使身体产生免疫抗体。医生并没有将这一情况告知 Moore，而是自行于 1954 年申请了专利。Moore 对此提出控诉，要求分享利润。加州高级法院 1990 年审判结果认为：Moore 不具有经营其本有脾脏的权利，而医生被判"没有执行其应告知病人有关实情的义务"罪。Moore 案曾在 20 世纪 90 年代对美国生物技术案件的判决产生巨大影响，法院最终认为，病人对于切除的组织或细胞并未拥有法律所保障的财产利益（legally protected property interests）。

② 史尚宽. 民法总论 [M]. 北京：中国政法大学出版社，2000：248－251.

时，试图非此即彼地以人格权或财产权来界定人体基因的法律属性，并不能有效地解决相关利益者的权益。

技术的力量和市场的逻辑已经不可回避、不可逆转地在基因所负载的人格法益之上叠加了财产法益的成分。人格法益与财产法益的此种混同，使得单纯采用人格权/财产权二元概念体系中的任何一端，都不足以平息因此而起的利益纷争和价值冲突。① 从前文人类基因的法律属性的分析中得知"人类基因的法律性质"可以定性为是一种具有人格的财产属性，这种属性是对基因人格和基因财产双重属性的复合。那么，在权利建构上能否以"人格权"和"财产权"的双重调整机制来保护基因利益相关者的利益呢？

美国法学家玛格丽特·简·瑞丹（Margaret Jane Radin）率先提出一个兼具两种类型权利特征的新概念——"为了人格的财产权"。认为应该以社会"外在的道德实在"为准据，评判性地承认"通过物实现的自我认同"和"依据物的人格定在或自我构建"。按照"物"与人独特的个性和自我认同的关系强度，玛格丽特·简·瑞丹把物分为"可替代财产"和"人格财产"。其中，"可替代财产"因其在狭义上与"人格"无关或关系很远，按照一般的财产权机制以金钱来定价，在市场上自由地匿名流通。而"人格性财产"因其在核心意义上关涉人的个性和尊严价值，要优先于"可替代财产"受到更严格的保护。② 围绕对血液和儿童买卖、器官移植、性服务、代孕等问题的探讨，玛格丽特·简·瑞丹从"人格财产化"的方向深化了其"人格性财产权"理论。针对"人格性财产"，玛格丽特·简·瑞丹提出了"市场转让限制"（marketinalienability）的保护和规制机制，即基于其"财产性"，允许捐赠等无偿或非直接有偿转让；而基于其"人格性"，则禁止其被商品化和赢利化。③

基因的"人格性财产权"具有合法性。首先，基因与基因信息承载和表达着不可贬损的人格价值。基因上所有揭示着生命的奥秘和潜能的遗传密码，表达着生命个体及其族群和同类的历史、未来、性状特征和生命过程的所有方面。基因和基因信息直接联结着人的个体性、独特性、多元性等人格价值最核心、最基本、最隐秘的部分。基因上负载的人格价值不能被遮蔽、漠视和贬抑，基

---

① Alain Pottage. Instructions：*The Fabrication of Persons and Things*，Cambridge University Press，2004.

② Margaret Jane Radin，Property and Personality，*Stanford LawReviwe*，1982，（34）.

③ Margaret Jane Radin，Marketinalienability，*Harvard Law Reviwe*，1986，（100）.

因信息依市场机制被转让和使用，基因资料提供者的人格权要受到比基因科技研发者的财产权更为优先和严格的保护。

其次，基因经济的发展势不可挡，人体基因和基因信息经济价值的开发也已成为不可否认的事实。基因诊断、基因制药等创造了一个利润巨大的市场，已成为各国重点扶持的产业。在此情境下，若固守传统的伦理禁忌，否定基因资料提供者因其合作而获利的可能，则一方面有违基本的道德公平感，否认基因资料提供者对研发项目的贡献和价值进而削弱其参与科技进步事业的积极性；另一方面也会助长基因科技研发者进一步把供体工具化和非人化。

最后，承认基因上"人格性财产权"，以人格权和财产权的双重机制对其予以保护，为平衡人格价值和科技进步、经济发展之间的冲突提供了实用主义的通道。基因毕竟是人格法益与财产法益混交的介质，以人格权的保护机制确保供体对其基因材料和信息使用情况的控制和支配，以财产权的保护机制维护其对科技进步利益的合理分享，对于捍卫人格尊严、修复社会公平正义，对抗知识和资本的权力暴政、激励基因资源被高效配置，都很有助益。①

四、基因自决权

（一）自决权的理论背景

病患诊疗过程中，医患之间必须遵守"告知与同意"的原则。医师必须履行说明的义务，病患则有知悉真情的权利。知悉真情不仅包括知晓自己的实际病情，还包括是否治疗、如何治疗、自主选择诊疗方案等一系列的自我决定（Autonomy）的权利。知情同意原则的法理基础在于人性尊严。人性尊严、自我价值、正确选择、个人自律乃至于对医疗的信赖丧失都是病患权利运动的基础。其中有关最为基本的人性尊严更成为医疗伦理的核心内容。一般认为，在个人生活领域中，人性尊严是个人"生存形相之核心部分"，属于维系个人生命及自由发展人格不可或缺的权利。人的自决权又是人格自由发展及人性尊严的核心。人作为生命的主体，是具有人格的个体存在，丧失自我决定权等于失去人的尊严。

---

① Gary E. Marchant, *Property Rights and Benefit – Sharing for DNA Donors?* Jurimetrics, 2005, Winter.

　　台湾学者黄全丁在《医师法》论著中详细描述了德国、美国、日本法律中对于人性尊严和病患自决权的关系：从历史渊源看，在德国，康德（Immanuel Kant, 1724—1804）在他所著的《关于优美感与壮美感的考察》（Beobachtungen Über das Gefühl des Schönen und Erhabenen）一书中，叙述"有一种在人类天性之尊严性中的高尚的感觉……不能忍受腐败的奴性，在高贵的胸襟之中呼吸着自由"，提出人性的优美与尊严是德国古典精神的基石，提高了人的地位。之后薛德林（Johann Christian Friedrich Hüderlin, 1770—1843）的《大橡颂歌》诗中，写出自我的尊严，是不受一般的愚妄的流俗所拘，有要高，要强大，要独立的充分自由。这对德国后世颇有决定性的作用，人性尊严的崇高性迄今因此屹立不倒，并奉为德国宪法规范体系中之圭臬。依据《德国基本法》第1条第1款的规定："人性尊严不可侵害，国家一切权力均有义务尊重并保护人性之尊严。"人性尊严成为宪法的上位原则。

　　美国以崇尚自由为其立国精神。自由的精髓就是"人的主体性"，而"人的主体性"就是人性尊严的本质。在1914年的施勒恩道夫诉纽约医院协会（Schloendorff v. Society of New York Hospital）一案中，卡多佐（Justice Benjamin Nathan Cardozo, 1870—1938）法官判决："任何具有健全心智之成年人，对于加诸自己身体之事项都有权决定（Every human being of adult years and sound mind has a right to determine what shall be done with his own body），若未获得同意而进行手术者，构成侵害之不法责任（A surgeon who performs an operation without his patient's consent commits an assault for which he is liable in damages），同时表明基于保护病患之要求，医师于进行医疗侵袭行为前，应先获得病患的同意（This is true except in cases of emergency where the patient is unconscious and where it is necessary to operate before consent can be obtained）。"此即所谓"同意原则"（consent doctrine）的确立，奠定了美国同意原则成立的依据。这一判决，也凸显了美国宪法保障人性尊严的主流价值。在日本，《日本宪法》第13条规定："全体国民，皆以个人身份受尊重，有关国民追求生命、自由及幸福的权利，除违反公共福祉者外，必须予以最大的尊重。"《日本宪法》虽未如《德国基本法》正面规定人性尊严不可侵害，但所谓"皆以个人身份受尊重"，亦表征相同之内涵。日本通说认为，自我决定权的法理基础，即为《日本宪法》"幸福追求权"之一部。既然"个人身份受尊重"，其最为重要的价值根本是"基于个人意思而选择决定之自由"之存在，因此每个人的自治自律权利便成为自我决定权及自由权利的基本。

（二）自决权的界定

基于康德的人性观，人性尊严的本质或核心内容在于"人本身即为目的""自治与自决"。人先于国家而存在，且为国家存在之目的，而国家系因人民的意愿而存在，并非人民为国家的意愿而存在，因此国家不能把人民当作其作用的一种工具、手段或客体，亦即人民在遂行其目的时，有其自主的"自由空间"，尊严由此而生。从医疗伦理的观点来看，不论对人生意义的人生观是否与他人相同，病患的人性尊严的概念都应表现在"人的主体性"上，也就是表现在生命的议题上对医疗行为的实施上。立于"人"之为"人"的基点，表现出"自主的自我形成""自我参与""自我决定""自我觉悟""自我体验""自我负责"的形象。所谓"自决"即自己决定权，属于一种人格自我发展权，即每一个人皆应有机会依己意决定自己的未来，决定追求幸福的方向，也就是说，凡与自我人格发展与形塑有关的部分，个人应有自决权，在此部分原则上排斥他决、他律或他治。因此，"国家"不能为了成就特定人的目的，而将任何人当成达成目的的手段，人尤其不能被贬抑为单纯仅受"国家"行为支配的客体，同时不能在根本上损及其作为"个人的主体性"，其中包括他的自主、自决及自治权力。但也有学者认为在医疗研究上，如遗传基因或生殖技术的发展，违反人性尊严或威胁人性尊严，因此不能仅从"自主性""自我决定"来判断其和人性尊严的关系。德国1957年在司法实践上的有关医师因子宫瘤而切除病患子宫的案例中，已将病患自我决定权上升为宪法保障的基本权。可见自由的人（die freie menschliche PersÖnlichkeit）是宪法的最高价值，自我决定属于自由的人格不可或缺的实质内容之一。

由于医疗行为必须建立在医师与病患之间相互信赖的基础之上，医疗处置对病患身体造成侵害的例子常见于报端，医学知识的不平等性容易被医师以"治疗"的目的将损害结果予以正当化。在医疗过程中医师常展现三种权威，医学专业知识的权威（sapiential authority）、道德的权威（moral authority）及神授的权威（charismatic authority）。知识的权威体现在医师相较于一般人具有知识的优越性：医学知识的专业性使没有医学专业训练或长期研究的人很难掌握和了解。道德的权威是指：医师的天职是救命扶伤，受过长时间的教育与训练，对病患来说不可能心怀恶意。就神授的权威而言，医师都应该是兼具道德和医术之人。因此，病患面对医师大多不会有防备之心，总认为医师治病全为他好，因而不设防地由医师在他身上注射、开刀，这就是医师伦理上的优越性。正由于医师集专业知识与伦理优越性于一身，因此医师相信只有自己才有理性判断的能力，也只有他才知道如何处置对病患最有利，至于欠缺医学知识的普通病患，是不能和医师平等地做出诊疗的判断的。然而随着病患权利意识的提升，不能无视医患之间的关系，病患自我决定权已成为医疗行为合法化的基础。因此医师针对病情的治疗方案、不良后果和危险可能性、愈后等告知病患及家属后，在生命健康至高无上的前提下，任何医疗处置都应由病患自我决定。病患不仅可以同意也可以拒绝医师之医疗处置，病患有权主宰自己的身体，不受未告知的医疗手段的侵袭，甚至在必要时可将决定权委诸第三方代为决定。应注意的是，病患自我决定权源自于自由权，目的在对抗医师可能的权利滥用，这一概念确立后也延伸到其他医疗议题，如安乐死决定权、基因信息披露与否、如何使用等决定的权利。

在法律上较早提出自决权概念的是美国法官卡多佐（right to self-determination）。卡多佐在1914年就曾提出了自决权的概念：自决权指自己决定权，又称"私事自己决定权"，是由司法自治原则发展而来的一项新生人格权，即有理性的人自己决定自己的事情的人格权。它着眼于自己决定自己的发展和命运，以达到个性人格发展的目的。自己决定广义上包含着以下四种意义：A. 管理自己的能力；B. 自我管理的实际条件和优点；C. 性格上的完善（理想）；D. 管理自己的主权，（在某个人的道德界限内）。自己决定自己的核心是做出选择和决定的权利，决定如何使用自己的财产，以及公开哪些个人信息给他人等。简而言之，最基本的自己决定权是决定自己生活方式的权利。

（三）基因自决权及性质

基因自决权也可以称为基因自主权，指自然人所享有的在基因上自己决定的人格权利。基因自决权就是在基因时代对自己决定权的一个微观表征，其积极作用在于使得主体能够在有关自己基因人格利益的私人领域，按照其自由意志做出自己的决定。基因自主权的核心在于自己决定自己的权利。作为伦理原则的自己决定，是指自主行为不应受限于他人之控制，[①] 既包括自己决定仅表现为对外来干预的排斥，也包含自己决定还被作为人的内在价值的一部分。

①　Tom L. Beauchamp & James F. Childress, *Principles of Biomedical Ethics*, 6th edition, New York：Oxford University Press, 2008, p. 126.

基因自决权意味着主体能够对自身的特定基因在人格性和财产性两个维度上进行合理的控制和利用。人类基因在本质上是人格利益，也被拟制为一种人格财产，所以主体可以享有对基因材料和基因信息的所有权。进而主体对其特定基因拥有无可置疑的控制和处分之权利、利用和利益分享之特权、干涉排除之请求以及对抗利益相关者请求之豁免等法律效果。具体表现在：在基因材料的采集、保存、维护乃至销毁等方面，主体能够在被充分告知后做出自己决定。因而可以通过基因自决权的积极功能，有效地应对已经和正在发生的基因"捕猎""海盗"和"欺诈"等侵权行为；在基因信息的检测和披露方面，主体能够通过基因自决权的行使对是否检测、披露及其方式、范围和程度做出自己的决定，并能够请求排除第三人（如家庭成员、雇主、保险人等）的不当干预或接近；在借助基因医学技术对自身生命潜能的基因控制（即对基因的人格性利用方面），基因自决权能够使得主体在人性尊严和代际正义的前提下对未来子女的基因状况进行合理的自主控制，但同时应注意所带来的伦理问题。基因自主权意味着在基因上的人格自由发展。究其本质而言，自由是它所承载的一项基本法律价值，而告知后同意则是其当然的法律内涵。下文所称的基因自决权主要论述的是基因信息自决权。

目前理论界对于个人基因信息自决权的性质并没有定论，存在不同的观点之争。主要包括以下几种：第一种观点认为基因信息自决权是一种财产利益，是个人基因信息所有权的体现；第二种观点为隐私权观点，认为基因信息自决权实际上也就是基因隐私权保护；第三种观点是基本人权说，鉴于个人的基因信息与个人的生存与发展离不开，该观点认为个人的基因信息保护法所保障的是一种基本人权。此种学说多见于国际组织的立法、条约，如1981年通过的《有关个人数据自动化处理的个人保护协定》，即从宪法的角度阐述了个人信息的保护。最后一种观点为人格权说，因为个人基因信息的收集、处理与利用和个人的意志息息相关，处处体现着个体的人格尊严，该观点认为个人基因信息自决权中有关个人基因信息的处理体现着自然人的个性，也直接关系到基因信息主体的人格利益。该学说以德国为代表。德国《个人资料保护法》中规定了："本部法律的立法宗旨在于保护个人的人格权发展，防止个人信息在处理过程中受到侵害，以充分保护个人的人格利益。"这同样适用于个人基因信息的保护。因此，运用人格权保护模式来保护个人基因信息的流通具有十分重要的意义。

前三种观点，都具有某些局限性。第一种观点的问题在于：基因信息不仅只是包含人身利益，还是人身利益与财产利益的重合，所以不能仅仅对基因信息自决权采取所有权的保护模式；第二种观点中对基因信息采取隐私权保护模式也存在很大的弊端，这种弊端体现在以下两点。第一，隐私权保护模式是一种事后的损害赔偿的消极性的防御，极大地限制个人基因信息的范围。只有在个人的基因信息受到侵害时，才能够请求损害赔偿请求，无法保证基因信息权利主体的权利的积极行使。第二，基因信息权利主体对其自身的基因信息拥有完全的知情同意权，而基因信息隐私权保护模式不能确保个人对其基因信息使用的持续性控制权。基因信息一旦流转出去，权利主体将会很难控制其后续使用。第三种观点从宪法角度进行规范，但作为一项具体人权，基因有关权利的实现还是需要部分法来具体规范和保护。

第四种观点发现了人类基因权利最直接地反映和体现了个体人权与尊严、尊重人格和人性尊严是个人基因信息自决权的基础。基因信息自决权具体表现在权利主体对其自身基因信息的决定与持续性控制上，具有采取人格权保护模式的基础。

（四）基因信息自决权

1. 基因信息自决权主体

由于基因信息自身的特殊性，基因信息自决权的权利主体便有了个人及群体之分。在基因知情同意中，个体与群体作为基因知情同意的两种主体，其主体地位并非绝对的对立。群体知情同意正是为了弥补个人知情同意的不足而被提出的。因而，个人基因知情同意与群体知情同意应当是相辅相成的关系。这一关系同样也适用于基因信息自决权中的个人与群体。个人有权决定对自身基因信息的处置，而群体亦有权做出与公共利益相关的基因信息的处置决定。在实践中，我们需注意的便是不能顾此失彼。在涉及群体的基因研究中，两者都应当被重视，因为两者的本质都是为了维护受试者的应有权益。以公共层面的基因筛查为例，我们应当参照相应的公共卫生标准，坚持知情同意的原则。受试者个人有权在公益性的基因筛查中同意或拒绝相关机构对其基因信息的收集，这种受试者的自主性应当予以尊重，而不应当依靠公共力量强行干涉。但当受试者对基因信息的处置危害到民族、国家利益时，如出于利益将个人基因信息出卖给境外危险势力，此时群体基因信息自决权便应超越个人基因信息自决权，以政府为代表的公共群体有权对其进行干涉。

2. 基因信息自决权客体

基因信息自决权的客体往往较为固定，通常指基因信息，包含基因信息所有者自身拥有的，在基因检测、基因药物试验、基因编辑等各项基因研究中提供的各类基因信息。

3. 基因信息自决权内容

基因信息是个人一种极其敏感的信息，不同于个人的一般信息资源，个人基因信息自决权不应该仅仅单纯地只包括权利主体对其基因信息的决定，还应该包含有个人对其基因信息的持续性控制。因此并不是权利主体单纯地决定某项事物或者行为，而忽视事物或者行为的后续性进展。例如，权利人同意医院切除了自己的器官，但是其并没有同意医院通过器官中的基因信息来进行科学研究。器官虽然被切除了成为了民法上的物，但是器官中的基因信息还是归权利主体人所有的，其中所包含的基因信息是永远归权利人所有的，权利人对其享有持续性所有权，他人不得任意侵犯。

基因信息自决权的权利内容，主要包含基因信息决定权、基因信息知情权、基因信息控制权及基因信息请求权四个部分。其中，基因信息决定权是基因信息自决权的核心。基因信息决定权指基因信息权利主体可以直接决定其个人基因信息用途及处理的权利，是个人基因信息采集、存储及流转各个过程中的核心。决定权是个人基因信息中人格性的集中体现，体现了基因信息主体与不特定多数人之间的法律关系，且以推定的方式确定了个人基因信息的自由。同时，基因信息自决权权利主体的冲突往往也聚焦于这种基因信息决定权是否有效。正如上文对基因信息自决权主体所述，笔者认为，个人及群体基因信息决定权的范围可依据利益范围进行判定。当基因信息决定与个人利益相关较大而对群体利益的损害可忽略时，应当尊重个人决定；当基因信息决定对群体利益损害明显时，则应当尊重群体决定。

基因信息知情权主要指基因信息拥有者有权依法知晓其基因信息的权利，主要是指在基因检测之前，权利人有权完全知悉此项检测的目的及其用途等，在进行基因检测后，检测机构必须把检测结果如实告知权利人，并且不得随意泄漏权利人的基因信息。

基因信息控制权指权利人对其自身的基因信息享有排他性的独占控制权，其他任何人都不得随意加以干涉或者侵犯。并强调基因信息拥有者对其基因信息的持续性控制，表明基因信息拥有者提供基因信息时，转移的仅仅是使用权，而非所有权，从而可有效保障基因信息拥有者的基因信息不被滥用。权利主体可以完全在不损害公共利益的范围内，按照自身的利益需求，依据个人意愿来支配自身的基因信息。

基因信息请求权是指基因信息提供者的基因信息受到损害时可请求赔偿的权利，是基因信息提供者基因权利受损时的有效救济途径。在基因信息流通中，相对人如果违反当事人之间的关于基因信息使用的约定或者出现违反法律规定事由时，严重侵犯基因信息权利人的权益，基因信息权利人有权请求相对人停止侵害、赔偿损失等。

五、基因知情同意权

（一）基因知情同意权的意义

基因研究的研究者包括研究人员以及研究机构，指负责具体实施临床试验或进行基因检测、编辑，并对受试者的权益和安全负责的人或机构。针对人体的基因研究通常包含两类情况。第一类是指直接应用于受试者的基因药物或基因治疗方案的试验研究；第二类即基因的提取以及检测、编辑活动。基因受试者主要包括两种群体——第一类即直接参与基因试验，接受基因药物治疗或基因治疗方案的群体；第二类通常是指自身不参与试验而向基因研究机构提供基因样本以供研究的群体。基因是可供长期使用的，而非仅可供当前研究进行使用。传统临床试验中，试验往往以人作为载体，医疗方案的运用或是新药的试用都需要受试者的本人参与。当受试者本人脱离试验时，与受试者相关的实验内容往往也随之终止。但是在基因研究中，受试者的 DNA 被提取后，并非受试者本人退出，实验就会随之终止。由于 DNA 样本与受试者的分离，不可控性大大增加。试验者可以依据 DNA 样本继续进行试验，甚至将样本运用于同原先实验目的无关的研究。从这一角度来看，基因知情同意相较传统知情同意，更易遭受侵害，对基因知情同意进行保护也更为困难。

由于个人基因与家庭基因、族群基因之间有着千丝万缕的联系，在个人的基因研究中，我们可能会发现危及某一群体甚至族群的隐患，而受试者可能出于保护个人隐私的考虑，会拒绝此类隐患的公布。所以，对基因知情同意，更应当施以比传统知情同意更为明确且严格的限制。

基因研究作为生命研究的一个新兴且重要的组成部分，在有着良好的发展前景的同时，也必将面临越来越多的挑战。而传统的知情同意本身尚处于构建以及完善的过程中，对于有着更高要求、涉及更多技术以及内容的基因研究，往往心有余而力不足。因而加强知情同意权的研究势在必行。

（二）基因知情同意权的内容

基因知情同意权主要包含知情权与同意权两部分内容。

基因知情权是指基因受试者或提供者了解自己的基因并决定是否准许他人利用其基因以及对侵犯其基因信息的行为寻求法律保护的权利。主要包括基因治疗中的知情同意权和人群基因资料库研究中的知情同意权。基因知情权设置的结果隐含着另一个权利——基因自主权。基因自主权意味着主体能够对自身的特定基因在人格性和财产性两个维度上进行合理的控制和利用。赋予基因主体知情同意权，使其在基因材料的采集、保存、维护乃至销毁等方面，能够在被充分告知后做出自己决定，通过基因自主权的积极功能有效地应对已经和正在发生的基因侵权行为。基因同意权即基因受试者或提供者在充分知情后，自主决定是否同意接受该项研究的权利。

1. 基因治疗中的知情同意权

基因治疗中的知情同意权又称知情选择权，即在基因治疗过程中，患方对病患信息和治疗方案完全知情后，做出同意（选择）治疗方案的权利，因此完全知情是前提，同意（选择）是结果。下文统一用知情同意权来表述。

"知情同意"源自于英美法系，首次使用"知情同意"（informed consent）这一创新概念是在 1957 年的 Salgo V. Leland Stanford Jr. University Board of Trustees 案中，患者 Martin Salgo 的外科医生要使用当时比较先进的血管造影技术，来确认患者腹部主动脉是否阻塞和阻塞的确切位置，结果造影剂导致了 Martin Salgo 双下肢永久性瘫痪。这一医疗事故的发生是使用造影剂造成的，这一副作用是使用造影剂的已知风险之一，而 Martin Salgo 认为医生未将这一风险告知于他，医生也承认未告知这一风险。此案中已形成知情同意的实质内涵，即患者在得到医生关于疾病及治疗的必要详尽说明后做出的同意，才能成为法律上有效的同意。

基因治疗中的知情同意权主要包括两种情况：一种是在基因诊断、基因治疗过程中作为患者的知情权；另一种是在招募受试者进行基因治疗临床试验时受试者的知情同意权。对于前一种，我们可以适用现有的医疗体系内医生的告知同意的方式解决问题。因此，我们所说的基因知情权主要是指第二种情况。

受试者所享有的知情权不仅是知道的权利，还包括同意与否的选择，也就是知情同意。① 第二种情况下的知情同意权指：一切试验都必须向受试者说明情况，包括实施程序的依据、目的、方法以及潜在的损伤、风险、对个人的影响与研究成果对社会可能的预期贡献等，受试者在没有任何压力、胁迫、利诱、哄骗的情形下主动同意，或在可能多的选择办法中做出自由的选择。② 一般而言，受试者有对人类基因的采集（无论是采用侵入性方法或非侵入性方法），及随后的处理、使用和保存的知情同意权，无论是公共机构还是私立机构来进行，均应在不以经济或其他个人利益加以引诱的情况下，事先征得当事人自愿的、知情的和明确表示的同意。对于按照国内法律不具备做出知情同意决定能力的个人，应根据国内法律征得其法定代理人的许可，该法定代理人应顾及当事人的最大利益。知情同意保障了受试者确认程序的透明与受试者自主权的充分行使，因此是尊重个人的自主权所做的必要程序。

2. 人群基因资料库研究中的知情同意权

为了解基因、疾病与生活方式、环境等外部因素之间的关联性，或出于社会管理等公共利益目的，许多国家和地区推出了一些被称为"人群基因资料库"或"生物银行"的研究项目。就各国或者地区的人群基因资料库的建置情况而言，冰岛、英国和日本的国家级计划较为引人注目，我国大陆和台湾地区的人群基因资料库也在运作之中。本文所谓人群基因资料库，是指在基因医学研究中采取人群研究（population-based studies）的方法，为理解疾病、基因、环境和生活形态之间的关联性及其作用机制，而建立的由人类组织样本（如血液）、基因材料和分析数据以及生活方式、医疗记录、家族病史等相关信息构成的遗传数据库（genetic data）。人群基因资料库的内容不限于单一的基因组资料（genomic data），还包括其他资料，冰岛、爱沙尼亚、英国、日本和我国已经或正在实施的项目就是如此。其他的基因资料库，如单一的人类基因组数据库或DNA 序列文库（美国的 Genbank、欧洲的 EMBL、日本的 DDBJ 等）、刑事 DNA资料库以及其他动植物的基因资料库等，在类型和目的上不同于此处所说的人群基因资料库，也并不以人群样本为内容和研究基础。我国还建有很多小规模的医学研究数据库，但在内容、性质和功能方面也不同于此处所说的人群基因资料库，故也不在讨论之列。

---

① 邱格屏. 人类基因的权利研究［M］. 北京：法律出版社，2009：66.

② 姜萍，殷正坤. 人体研究中的知情同意问题研究综述［J］. 哲学动态，2002（12）.

　　不同于一般的医学研究项目，人群基因资料库具有目标设计的前瞻性和样本来源的大规模性，即它突出地涉及更大规模的人群，也是面向未来（甚至数代）的研究，因而其所引发的伦理、法律和社会问题是独特的，也使得告知后同意的问题变得复杂起来。在采集大规模人群的组织样本和相关信息时只是大致确定了研究方向，但并不可能完全预见将来所有的研究和应用目标，其后随着不同时期而有不同的生物医学需求，故而往往在开始邀请参与者时就无法将所有信息均告知参与者（包含将来用途、利益、存在之风险等）。在人群基因资料库的研究中告知内容上的不充分将是一种常态，这与医师在获取同意前应为充分、完整之告知的要求有违。其中一个显著的问题是：知情同意的主体是谁？是只需要个人的同意，还是需要群体的同意？

　　大多数国际准则，如《纽伦堡法典》和《赫尔辛基宣言》等都倡导个人的知情同意，而《世界生物伦理与人权宣言》第13条则同时鼓励人与人之间的互助。在HUGO《关于基因研究正当行为的声明》中，告知后同意的决定可以在个人的、家庭的或在社区和人群的层次上做出。但社区领导或权威人士的同意绝不能替代个体知情同意。不同的国家对此采取了不同的制度。如冰岛、英国在采集检体时采用的是个人同意，汤加则实行了家庭同意。我国《人类遗传资源管理暂行办法》第12条规定了办理涉及我国人类遗传资源的国际合作项目的报批手续，把"人类遗传资源材料提供者及其亲属的知情同意证明材料"作为一项条件，即间接实行了家庭同意。作为一个基因共同体，一个放大了的家庭——基因族群的整体利益也必须得到正面的考虑。或许从"特殊代表权利"（special representation rights）的理念出发，一个基因共同体可以提出两种要求：一是保护群体免受内部不满（internal dissent）的破坏性影响，二是保护群体免受外部决定（external decisions）的影响。金里卡（Will Kymlicka）称之为内部限制（internal restrictions）和外部保护（external protections）。如果可以有这样的代表机制，那么这种"有群体差别的公民权"可以在做出是否参与人群基因资料库的决定时发挥作用，特别是能够协调群体内部与外部之间的矛盾冲突。

　　上面提到的应只需要个人的同意，只在特别的情况下（如家庭）才需要对共同利益做出一致同意。因涉及到一个人的至关重要的人格利益，所以在决定是否参与人群基因资料库之时，即使是在基因共同体之内，多数决的民主机制也应慎行，以免"多数人的暴政"。也就是说，此时需要来自基因共同体（可通过代表机制）和个人的两个同意，前者关涉共同的基因隐私等利益，后者关涉个人自由。

在传统临床研究中，权利主体通常是受试者本人。但是在基因研究中，权利主体则存在一定的争议。基因作为染色体上控制生物性状的 DNA 片段，它不仅记录着生物个体的遗传信息，而且与生物个体相关的家庭、种族等多种群体的遗传信息息息相关。因而，在实际研究中，当我们仅仅取得受试者本人的知情同意的情况下，其家庭成员或是拥有相同或相似基因的其他人员提出异议时，研究往往会面临许多的困难。所以与传统医学研究中的受试者本人同意即可进行试验相比，在基因研究中，群体知情同意的引入尤为重要。

第四章

科技发展下新兴基因权利难题

如果以前人们关注的主要是（来自神灵或自然的）外源性危险，那么当今社会的主要风险则具有一种历史上全新的属性：它们来自人类自己的内部决策，取决于一种同时具有科学性和社会性的人为建构。科学既是这种风险的原因和定义媒介，也是其解决方案的来源，基于这一事实，科学为自己带来了进一步科学化的新市场。

—— ［德］乌尔里希·贝克

第一节　未成年人基因知情权保护

在实施医疗行为中，根据医师法律相关规定，医疗机构必须取得患者本人同意，应当取得家属或关系人的同意，家属或关系人的意见并不能凌驾于患者本人意见之上左右医师的医疗决定。因为无法知晓和判定家属的意见是不是出于为病患最大利益所做的决定，或是仅仅为家属的利益做考虑，何况在医疗知识不对等的情况下，家属的意见还可能是错误的。如果是无同意能力的未成年人涉及其基因治疗、临床医学实验等无同意能力的情形下，其家属所做出的决定则是凌驾病患之上的自主决定，这一情形涉及医疗伦理的范畴。

未成年人的生理、心理、药理以及认知等方面都与成人有异，而且不同年龄阶段的未成年人会呈现不同特点。因此未成年人医学试验的首要难题就是：不具备成人行事能力的未成年人如何完成知情同意。以纯粹科学为目的且对于受试对象没有治疗价值的未成年人非治疗性医学试验面临的困难更为突出，类似的问题还包括对未成年人的基因筛查和检测。关于未成年受试者，不少国家和地区已爆发过临床试验事故，例如 2012 年 8 月，美国塔夫茨大学以汤光文等人为首的课题组对中国湖南省衡南县江口镇小学的 72 名 6—8 岁的健康儿童的试验，在试验前曾召开学生家长和监护人知情通报会，但是并未明确告知黄金大米实际为转基因大米，父母和老师都表示对于试验实情并不知情，这是一起典型知情同意不完全的案例。试验者将儿童完全被动地置于转基因食品对于人类危害的不确定中：父母或监护人未获得试验的真实信息，知情权完全被剥夺。在印度，曾经有 HPV 疫苗的大规模"观察研究"也是在没有得到父母同意的情况下，招募女孩参与研究，最终导致 7 名接种疫苗的女孩死亡。

一、同意能力的境外立法体例

对未成年人展开的有关基因的诊疗和实验，可以放在医疗活动这个大的宏观范畴下考察，因此在讨论未成年人基因知情权之前，需要了解法律对于医疗活动中未成年人的知情同意的规定和理论基础。

日本法中相关法律认可的同意，需在一定的前提下才能成立，以确保未成年人及精神障碍者生命及身体不受违法的专断治疗。所谓一定的前提，例如在生命不能不手术的紧急状况下，未成年人有同意能力，如未危及生命的器官摘除手术。未成年人无同意能力，医师应告知其法定代理人，由其法定代理人代为判断。又如轻微的打针、吃药等侵袭患者行为，即使未成年人的年龄很低，也可有主张自己的同意能力。因此，日本医院门口不会出现"未满 18 岁需由家长陪同，请勿自行看诊"的医院标志和"禁止本院医师为未成年人手术"之守则。概括而言，日本在考虑未成年人及精神障碍者的同意能力时是依照治疗行为的适应性和侵袭患者的重大事件为考虑，如果客观的优越利益性高，以同意能力为前提的相对性就低。①

在英国，依据《英国医疗法》授权成立的医疗管委会以及医师公会，都要求医师应严格维护病患的"隐私权"。基于对个人隐私的尊重与保护，英国法律规定，18 岁以上为成年人（18th birthday draws the line between childhood and adulthood, Children Act 1989），16 岁以上未满 18 岁者对"部分"医疗有"知情同意的能力"，故对享有隐私权的"部分"医疗即无须告知其父母（To a more limited extent 16 and 17 years old can also take medical decisions independently of

---

① 町野朔. 患者の自己决定権と法［M］. 东京：东京大学出版会，1986：182.

their parents），① 例如捐血、健康检查。因此，英国医疗管委会（General Medi-
cal Council，GMC）对于医师如何处理未满 16 岁之未成年人"隐私权"与"告
知后同意"的争议时，发布"零到十八岁的医疗准则"供医师遵循。对于 16 岁
以下的青少年，是否能够独立做出医疗决策，而无须得到父母的同意，有所谓
"Gillick 能力"（Gillick Competence）原则。Gillick 能力原则，即胜任能力原则，
源自 1985 年吉里克诉维斯特·诺福尔特与维斯博克（Gillick v. West Norfolk&
Wisbech AHA/DHSS）一案。此案的焦点在于未经父母同意，医师是否有权利提
供避孕药给未满 16 岁的少女。根据"零到十八岁的医疗准则"，在正常情况下
医师只能在父母同意下才可给 16 岁以下少女开避孕药，并且应该劝说少女告知
父母（That a doctor should normally only give contraception to a girl under 16 with the
consent of the parents and that he should try to persuade the girl to involve her par-
ents）。医师如无法说服 16 岁以下少女同意告知其父母，则在青少年最佳利益的
考虑下，为了保护 16 岁以下少女免受性交的有害影响而给予避孕药时无须告知
其父母，也无须父母同意（That a doctor would not be acting unlawfully if he pre-
scribed contraceptives for a girl under 16 years old, provided that he was acting in good
faith to protect her against the harmful effects of sexual intercourse）。吉里克（Gil-
lick）太太认为"零到十八岁的医疗准则"的规定侵害了父母的同意权因而提起
诉讼。

　　法庭庭审中反对意见认为，医师不得提供避孕药给 16 岁以下少女，理由是
16 岁以下少女不能就性行为给出合理的判断，既然法律规定与未满 16 岁少女发
生性行为是犯罪行为，法律就必须确认这样的避孕保证是无效的。而且没有来
自父母的信息，医师永远不能正确地判断提供避孕药是否符合少女的最大利益。
再者，父母的职责之一，是通过劝导、利用家长的权威或者向相关男子施压来
保护其子女免于做出违法性行为。如果医师没有通知父母就提供避孕药，就等
于干扰父母实施职责。身为父母有权知道，有资格实施控制、监督、指导和建
议的家长权利，以便在可能的情况下，使少女在年龄更大之前避免性行为。总
而言之，对医师来说，为少女保密将会对父母做决定的权利及控制、监督、指
导和建议的家长权利构成违法干涉。但多数法官认为父母控制孩子的权利的合
法基础在于为了孩子的利益，并且这些权利只在它们使父母尽到了对孩子的责

---

① 　Family Law Reform Act 1969. S. 8.

任时才是正当的。实际上父母对孩子的控制程度因为孩子的理解力和智力而存在相当大的差异，法庭不承认这些事实是不现实的。父母的告知同意权，用意为维护子女的最佳利益，因此本案重点应是"同意权"，而非"双亲权利或权力"。13 岁以上未满 16 岁的青少年对于避孕教育与医疗已有胜任能力，其"意思表示或受意思表示，或辨识其意思表示效果的能力"应受尊重。因此父母的"双亲权利"或"双亲权力"对具胜任能力的未成年人都不存在。

德国通说认为纯粹的同意并不足以成为排除构成要件的同意，也不能满足实务上所称有关阻却违法的事由。诸如在进行手术这种对于患者造成强度较大的侵害情况下，单纯的同意不足以阻却违法，还必须有病患对于被侵害的程度和意义的认识。① 有关病患的同意能力之认定，固然与一定年龄及精神状态有关，但刑法学说上认为有无同意能力并不一定要以成年为限，或是以具有民法上之行为能力为限，而是从实际状况去判断同意权人是否具有成熟的智力辨别能力，对于所放弃的法益保护是否有能力了解，以及能否判断法益侵害（医疗行为）的本质、效果与影响。因此未成年人如能完全理解医疗行为的意义、风险、效果，以及利弊得失时，应尊重其本人之意见，而非必须由法定代理人代为同意。德国实务上，未满 14 岁之人均被认为不具同意能力，因其心智与认识能力、判断能力均未成熟，因此必须得到法定代理人之同意。14 岁以上未满 16 岁者，则视未成年人个别情况而定，所谓个别情况，乃指该未成年人对于医疗行为有无足够的成熟度与理解认识判断能力。实例上曾有否定 16 岁未成年人对于施行盲肠手术同意无效的判决。已满 16 岁之未成年人原则上被认为已有同意能力，本人有心智特别不成熟的除外。但如医疗行为风险高的手术，仍须法定代理人同意，除非情况紧急且有延迟危险时，因医疗行为在医学上属必要的行为，未成年人之同意仍属有效。

奥地利曾于 1956 年 12 月 18 日施行了《医院法》（Krankenanstaltengesetz），其中第 8 条第 3 项规定，实施包含手术在内的特殊治疗行为，应当征得病患之同意。未满 18 岁的病患，由其法定代理人代理决定。德国则认为，应该分为法定代理人代为同意和监护权（Recht der Personensorge）人代为同意两种情形。主张后一种观点者认为，对病患享有监护权的人，一般而言对病患负有一定的

---

① 冈特·施特拉腾韦特（GÜnter Stratenwerth），洛塔尔·库伦（Lothar Kuhlen）. 刑法总论 I——犯罪论（Strafrecht Allgemeiner Teil I—Die Straftat））［M］. 杨萌，译. 北京：法律出版社，2006：146.

责任，较之法定代理人更知晓病患实际情况，由其代为同意较为合适。德国因设有非婚生子女保护机构——少年保护所（Jugendant），作为非婚生子女的官方监护人。

二、未成年人非治疗性医学试验中的知情同意

未成年人非治疗性医学试验中的知情同意具有特殊性：首先，未成年人的"知情"是指理解在同意会议期间提供的信息和对于处理自身状况的情绪准备的能力，"同意"是指未成年人认知试验的内涵，分析其利弊并做出决定的能力。该知情同意能力不确定使未成年人参与非治疗性医学试验具有挑战性。

有实验曾通过对 1281 名 6—16 岁参与非治疗性医学试验的健康儿童做调查研究，发现能够理解部分或全部信息的儿童仅有 42%，能了解部分口头资料的只有 7%。未成年人非治疗性医学试验的知情同意不完全，通常体现在知情同意过程和知情同意文件两个重要环节上。在执行知情同意过程中，研究人员和受试者的知情同意意识模糊，把其过程仅仅看成一项技术性的问题，而非作为保护受试者权益和维护医学伦理道德的必要路径，忽略了未成年人的角色。研究者将知情同意的过程看成是获取受试者签字的过程，把告知受试者试验看成是知情同意书的宣读，从而达到规避自身责任和风险的目的。而知情同意书模式统一，并没有根据未成年人参与非治疗性医学试验的特殊性来设计符合未成年人思维与知识结构的完善的版本。同时，由于受试者缺乏专业知识，故而受试者迷信研究者或者代理人权威，因此，通常在不理解试验中的重要信息和不明白知情同意书意义的情况下，不提问或很少提问而任由代理人或者研究人员做出决定，以满足研究者幻想达到的某种试验结果。由此可见，在试验过程中，告知与知情在某种意义上是流于形式的。

其次，在未成年人非治疗性医学试验中，未成年人将知情同意权利一部分让渡给其父母或监护人，或者一些机构，让他们行使代理同意（Proxy Consent）的权利，引发父母的代理同意权与未成年人知情同意权的冲突。代理同意人作为未成年人的代表，虽然是具备理解、分析、行事能力的理性的成年人，但并不是直接的受试者，在代理同意过程中难免做出一些不客观的决定。例如，代理人秉持不同的立场和动机，做出的决定常常容易出现差异：一些父母或监护人仅仅为了一些利益而同意自己的被监护人接受医学试验等；代理人的认知误

导；缺乏专业知识和素养，难以区分医疗和试验的区别，幻想能从与其病情无关的试验中得到治疗；受文化、教育和经济干扰而错过或误解儿童试验的同意信息等。

我国当前在未成年人的知情同意问题上，采用的是代理人决定模式。代理人决定模式，即代理人依自身考量进行决定。换言之，即在研究过程中，不论父母或监护人是出于什么原因做出的决定，研究方都将无条件采纳父母或监护人的决定。尽管在 GCP 中有未成年人具有同意能力时应同时取得未成年人的同意的规定。但是，在我国传统亲权的影响下，拥有同意能力的未成年人在父母同意的情况下很难做出不同意的决定。因而，在现实生活中，看似合乎规范的未成年人基因研究却极大地损害了未成年人的知情同意权。

父母代理同意制度的建立是为了未成年人在没有自主同意能力的情况下，能安全有效地接受基因治疗或合理地参与基因研究。但是，父母的道德素质、文化素养、专业知识水平参差不齐。父母可能在经济利益的诱惑下，同意让未成年人参与某些安全性未知的试验。这种情况虽然稀少，但是不能否认其确实存在。在这种情况下，代理同意所应当遵循的最佳利益原则便遭到了破坏。此外，父母也可能出于对基因研究的不了解而拒绝让未成年人参与一切基因研究，即便未成年人可能身患重病而该项研究的安全性较高且可能治愈该未成年人。此时，父母代理同意制度便无法真正保证未成年人的利益最大化，甚至有可能会出现未成年人的利益的损伤。

三、未成年人基因筛查中的知情同意

新生儿筛查技术在 20 世纪 60 年代引入时严格被局限在可以治疗的疾病范围内，然而，伴随着新技术的发展，比如采用质谱分析（Tandem‑Massen‑Spektrometrie），可以一次性检测多达三十余种的疾病，而当代医学对其中的很多疾病都束手无策。如果说产前的检查还给能父母一定的选择空间的话，那么产后检查出的不可治愈的疾病只会把婴儿、父母乃至整个家庭置于手足无措的境地。如果医学丝毫不能治疗、防止或者减缓这些潜在的疾病，那么这样的筛查就不能给婴儿带来任何益处。父母是否有权利对不可治愈的疾病的检测予以同意？如果说某种疾病已经发作，作为诊断手段检测疾病无可厚非，因为至少可以确诊，哪怕确诊后发现无法治疗，至少也可以避免不必要的错误治疗。而

筛查却不具有这种治疗诊断特性，对于可以治疗、预防甚或减缓症状将发作的疾病的筛查，显然都具有积极的医疗价值，但对于那种医学完全束手无策的未来发作的疾病，检查出来唯一的价值就在于提前做了"宣判"，这对一个依然可以享受几十年生命的主体来说是不可接受的。此外，一项针对儿童隐性基因携带者（Genetic Carrier Testing）检测指南和建议的系统性研究表明，所有指南均认为，针对儿童的隐性基因携带者的检测不应当进行，相应的检测应当在儿童能够做出恰当的知情同意之时才可进行，同时有一些指南建议，在检测中偶然发现的基因携带信息不应当被披露，而应当留待被测儿童达到生育年龄之后再披露。这种建议背后的逻辑和上述逻辑是一样的，因为隐性基因携带者本身并不会发病，也就是说，对于隐性基因受检测者本身，这样的检测没有任何积极的医学意义，其具有的唯一意义就在于，该隐性基因携带者在进行婚育之时可能将这种基因遗传给后代，从而使其后代患病的概率大大提高。反之，将这种信息公开通常都会导致各种形式的歧视，尽管携带者本人事实上是健康的。因此，应当禁止针对儿童进行相关的基因检测。

第二节　基因不知悉权与医师保密义务的冲突

一、冲突产生的缘由

第十届德国联邦议会 Enquete 委员会的报告认为："基因信息分析可能损害雇员的一般人格权。个人基因信息揭示着第三人无法知晓的涉及个体基本存在基础与未来的信息。这些信息因为其所涉及的不可变更的特征，易于被用来对人做出永久性的分级和划分。因此，独自保留这些信息，甚或根本就不去知晓这些信息的权利，属于个人人格权的核心内容。"

基因信息的特殊性在于它并不只是单纯包含某个个体的信息，同时还包含了与该个体有血缘关系的亲属的基因信息，基于基因信息做出的预测仅具有可能性，其发病依然取决于多重因素，当相关信息主体不愿意告知其血亲相关信息时，医生是否要遵守保密义务？因此，个体对其基因信息的不知悉权就可能与家庭成员就其可能罹患某种疾病而享有的信息自决权发生冲突。一方面，医生有保守患者隐私的义务；另一方面，医生又承担着说明病况的义务。对于患者而言，医生的保密义务构成医患信赖关系不可或缺的组成部分，如果违背了该义务，向没有权利获得相关信息的主体披露了信息，则构成侵犯一般人格权。

二、法律的困境和可能的解决途径

各国法律均规定了患者的知情权，并在医疗机构管理法律中设定了告知的义务，医疗机构在实践中均有相应的知情同意书，然而不知情同意书并没有规定，这种情况下，当事人在实践中基本不可能实现其不知悉权。而且，更为关键的是，法律规定了不知悉权之后，医疗机构就有义务明确告知患者或者受测者享有不知悉权，并应当对此进行详细的说明，且应当准备相应的表格。行使不知悉权的一个基本前提在于，权利人与医生或者检查机构已经处在一个特定的关系之中，在接受足够多的信息说明之后权利人方可能行使其选择权。而在其他情况下，这种选择的可能性从实质上说是不存在的。解决这种两难处境的出发点不在于相关人是否享有不知悉权，而是相关的知情人是否有权利或者义务做出信息披露，即使相关人与知情人不具有丝毫关联。显然，医生的披露义务与第三人的不知悉权构成冲突。但是，医生在这种情况下做出披露应具有充分的理由，原则上应当尊重第三人的不知悉权。

基于道德和团结的考虑，世界卫生组织也建议可以向特定主体披露相关信息，按照世界卫生组织草拟的《医学遗传和遗传服务中伦理问题的国际准则》，基因咨询者应当鼓励接受咨询者请求其亲属寻求基因咨询，如果患者拒绝向其血亲告知其存在患病的高风险时（特别是存在有效的、可以负担得起的治疗手段或者预防手段时），咨询者可以不考虑沉默义务，而直接与其亲属接触，向其亲属予以披露，但不应当披露拒绝通知亲属的受咨询者的信息，而仅应当告知其亲属本人的信息。同时，《医学遗传和遗传服务中伦理问题的国际准则》还明确指出，个体或者家庭不愿意知晓检测结果的意愿应当得到尊重；德国《人类基因检查法》也没有规定医生的通知义务。德国医生协会则建议，此时，咨询者应当明确向患者提示在特定情况下，其亲属也存在着患病的高风险，并明确提示基于道德考虑，他应当向其亲属告知相关信息，同时明确提示其检测的可能性、预防以及治疗的可能性，但是否告知则应由其自主决定。原则上医生自己不应当主动向患者亲属提示相关信息，除非该医生自己同时也是治疗患者的亲属，此时如果患者没有向其亲属披露，医生应当在沉默义务与披露之间进行权衡再做出披露与否的决定。① 在特定情况下为了保护第三人的安全，存在知情的义务（比如艾滋病患者，在医生查出其患有艾滋病时，医生即有义务告知其配偶相关信息，其配偶亦存在知情的义务）。但在基因信息的情况下，原则上并不存在这样的知情的义务。②

第三节　基因资源分享法律难题

在大科学、大工程、大数据的研究模式下，为促进人类遗传资源这种战略性资源的流动和配置及其可能产生的创新能量的释放、满足研究活动对人类遗传资源的需求、抢占未来生物医药产业的战略制高点，世界各国越来越重视人类遗传资源的战略地位，纷纷在人类基因组计划的开展下，建成基因库、设立生物银行（Biobank）收集和储存人类遗传资源材料和信息。1990—1999 年，生物银行数量的增幅为42%。2000—2009 年，生物银行数量的增幅为36%。在此背景下，各国纷纷把平衡不同主体的权益保护作为人类遗传资源相关立法的方向，希望通过法律制度的创新来推动人类遗传资源在科学研究开发活动中的利用。

一、基因资源利用与利益分享

（一）基因资源的发展与利用

人类基因组计划的开展实施大大推动了各个领域的研究工作，加快了在分子水平上对各种生理功能的认识。我国在 1999 年 9 月 1 日获准加入国际人类基因组计划。从 2000 年开始，中国积极参与"中国与世界交换基因"行动。中国与国际人类基因组多样性委员会签订了一份协议，中科院遗传所在向国际提供15 个人群的 150 个具有代表性的细胞的同时，将会得到 1000 个来自世界各人群

---

① Schroeder, Ariane, Das Recht auf Nichtwissen im Kontext prdiktiver Gendiagnostik, 2015, S. 162 - 164.
② WHO, "Proposed International Guidelines on Ethical Issues in Medical Genetics and Genetic Services".

的细胞。

许多国家和地区为了了解基因、疾病与生活方式、环境和生活形态之间等外部因素之间的关联性及其作用机制，建立由人类组织样本（如血液）、基因材料和分析数据、医疗记录、家族病史等相关信息构成的"人群基因资料库"（Genetic Data）或"生物银行"的研究项目。就各国或者地区的人群基因资料库的建置情况而言，冰岛、英国和日本的国家级计划较为引人注目。西方国家如英国政府继千人基因组计划、万人基因组计划之后，又于2014年推出"十万基因组计划"，该计划将对癌症患者进行"全基因组测序"，确定导致癌症和其他疑难疾病的基因。冰岛是全世界仅有的拥有单一家族人口的国家，几乎所有冰岛人，都是9世纪维京人的后代。每个冰岛人之间或多或少都有点血缘关系，有血缘关系的人群之间相互吸引的事情发生得不少，为了预防这种尴尬情况，冰岛大学生设计了一种App。只要一对有血缘关系的恋人碰到装有此App的手机，该手机就会发出警讯。而这种预防乱伦的App之所以能在冰岛被设计出以及运行，是因为冰岛建有全民基因库，在网上几乎能查到所有冰岛人的族谱。

我国云南大学2006年建成中国少数民族基因库。除台湾地区高山族外，54个少数民族的DNA样本均被采集在内，这是目前国内样品量最大、收集民族最齐全的基因库。① 中国人口近世界人口的1/4，中国基因库的建立与研究，对世界人类基因组的研究起着重要作用。近年来，我国除了继续进行生物基因组的研究，也开启了新生儿干细胞保存应用技术研发，建立了"国家基因库全国出生缺陷样本联盟"。截至2013年11月，该联盟已收集12731份出生缺陷样本和5000份基因数据，这将进一步推动出生缺陷类疾病的研究。②

基因资源近10年来广泛地运用在疾病治疗、诊断、就业、婚恋中，基因技术的快速发展，带来巨大的商业利益。但基因资源获取的同时，如何合理分配基因资源研究带来的利益，基因研究的资源材料来自无数的个体，基因提供者是否有权分享这一巨大利益？如何调节好基因资源方面的个人利益与社会利益的关系？构建基因资源获取与利益分配的法律制度是有效利用基因技术的

① 熊燕.保护民族特有遗传资源［N］.云南日报，2006－09－01.
② 刘传书.国家基因库出生缺陷样本库与出生缺陷数据库初具规模［N］.科技日报，2014－02－27.

保障。①

（二）基因利益的分享

1990 年美国加州高等法院审理的 John Moore 案件是基因利益分享问题的典型代表。Moore 在加利福尼亚大学接受治疗时，主治医生发现其切除的脾脏组织对抗肿瘤药物的研究有重要价值，便利用 Moore 的脾脏建立一个细胞系，并取得了细胞系的专利权。法院的最终判决更倾向于保护基因研究者的利益，虽然确认了被告未尽到告知义务，却否定了原告对自身组织的所有权。

同样引起公众巨大反响的是 1987 年美国的格林伯格案，有两个患有脑白质海绵状变性病孩子的格林伯格在迈阿密儿童医院医生兼分子遗传学家马塔隆的劝说下，参与该疾病的研究。两个患儿死亡后，夫妇俩仍提供死者的脑组织切片供马塔隆团队研究，马塔隆却没有提供给家属更多的信息。1993 年，马塔隆研究团队成功地从大量提供者的组织中发现和脑白质海绵状变性病有关的基因，并在 1997 年获得该基因的专利权。2002 年格林伯格及其他组织提供者，认为迈阿密儿童医院没有权利处置他人基因，擅自利用孩子的基因病获得专利是不合法的，便将迈阿密医院及马塔隆团队告上伊利诺伊州地区法院。法院最终认为该案件的人体组织是捐献性的，不具有经济利益，而被告研究消耗了大量经费，理应获得回报。

公民公开自身基因信息，因基因带来收益时，并没有获得应有的回报，前两个案例中美国法院的判决均忽略了对基因提供者的补偿，参与者在非医患关系的研究中处于弱势地位。1995 年哈佛大学在我国安徽省大别山区岳西县这一农村地区，采集了有关高血压、哮喘、精神分裂等疾病的基因，这些基因样本意味着巨额的商业利益，然而村民们对此一无所知，除了被提供必要的食宿费用之外，并未从这一项研究中获得任何利益，甚至不知道血样会被送往何处，有何用途。②

目前的国际、国内法律法规更偏向于基因技术专利权人。中国作为一个遗传资源大国，不仅人类遗传资源丰富，其他物种资源也同样丰富，并且中国是唯一加入"人类基因组计划"的发展中国家，掌握了处于世界前列的基因技术。

---

① 温雅琼. 冰岛大学生开发手机 App 可预防"不经意乱伦"[EB/OL]. 中国新闻网, 2013-04-19.

② 金庆微. 基因专利的利益分享机制探析——以人体基因资源为视角 [J]. 西南石油大学学报, 2014 (5).

但我国《人类遗传资源管理暂行办法》中没有可以用来处理人体基因专利的利益分享问题的具体规定。这对于基因提供者的利益保护来说是不公平的。我国主要通过在专利法中设定了遗传资源专利保护制度，规定相关惠益分享制度来保护资源提供方、获取方在研发遗传资源所获专利上共同享益。针对基因提供者基于基因技术成果是否享有专利权的问题，有学者从两方面给予了回答。一方面从专利权主体的角度，认为基因提供者可以在允许他人提取基因之时就与之约定基因专利之归属以及其他经济利益之分享；另一方面基于职务发明专利权归属理论指出，对基因技术专利来说，基因就是一种蕴含了某种信息的"原材料"，而且是一种起决定性作用的条件，因此，基因提供者和单位一样，在基因技术成果的产生过程中起到了举足轻重的作用，为研究者提供了必不可少的、起决定性作用的物质条件。①有鉴于此，基因提供者可基于专利权归属理论享有因其提供的基因而产生的基因技术成果之利益。

二、个人基因隐私与社会群体利益

英国生物行业媒体 BioNews 对十万基因组计划进行了民意调查，主要调查对象是购买了英国医疗保险服务（NHS）的癌症患者，问卷包含两个问题：一是是否愿意参与十万基因组计划；二是如果参与了该计划，希望从临床医生处获取哪些信息。调查收回了 775 份有效问卷，74% 的接受调查者愿意参加，16% 不愿意，10% 不确定。而不确定或不愿意参加计划的人，除去不愿冒险的，一部分人是担忧数据的安全性，另一部分则是反对基因组信息被商业化。②

人类基因组计划最终能得到某个个体或家族患某种疾病的概率，并运用于疾病的诊断治疗，而人们在希望通过基因技术得到更好的医疗服务与疾病治疗的同时，又担心数据的安全性，不想将基因信息公之于众，基因治疗带来的社会群体利益与个人隐私权益相冲突。

一方面，一旦自己有缺陷的基因被泄露，那么拥有基因缺陷的人在就业、投保、择偶等方面都会遇到挫折；另一方面，企业和保险公司不愿冒风险接受基因缺陷者，以免产生损失，配偶则会担心下一代是否也会遗传到缺陷基因，

---

① 黄玉烨. 人类基因提供者利益分享的法律思考 [J]. 法商研究, 2002 (6).
② 生物探索, 英国的 10 万人基因组计划, 最近进展如何？[EB/OL]. http: //www. bio-discover. com/news/politics/119198. html, 2015 – 05 – 29.

甚至可能出现恶意扩散他人基因信息的状况。但如果可以在保护个人基因隐私和合理分配基因资源带来的利益上取得平衡，那么公民的参与性将会大大提高。

美国的《健康保险携带和责任法》（HIPAA）的隐私条款方面规定了：如果公共利益高于隐私权，那么可能会牺牲个人对其自身信息的完全控制权，即使敏感的健康信息也不例外。为什么在更需要严格保护的基本人权方面可以妥协？目前学界的隐私理论很难在这方面提供充分解释。如果将信息隐私理解为个人对其信息的完全控制权，涉及收集、处理和使用个人信息的活动就不能在没有经过数据主体知情同意的情况下进行。但这种方式高估了隐私保护的必要性和风险，必须获得知情同意的普遍规则不仅将阻碍医学研究的发展，而且也难以成为保护健康信息隐私的有效途径。一方面，数据主体的自主控制并不能达到隐私的完善保护。许多个人并不能完全了解同意的后果和医学研究等领域的专业知识。同时保护个人控制个人信息的权利并不保证个人的信息隐私得到保护，例如医院的数据安全系统可能存在漏洞，黑客也可能破坏或窃取个人信息。另一方面，医学研究的成本也会不成比例地增加。详细的同意形式限制了信息资料的使用必须基于特定范围和目的，然而医学研究课题往往会改变或受到其他研究的启发，再次征求同意将不可避免地消耗大量成本，降低研究效率。

然而人类基因技术的研究必须要在公开个人基因隐私的条件下进行。传统的隐私权益理论中，信息隐私权意味着每个人都应当能完全控制他的个人信息，并且这种利益应该在任何情况下都受到保护。但是，即使个人不能完全控制自身信息，也不能断定个人的隐私权受到了侵害。因此传统的隐私理论已经难以调和信息隐私和新技术之间的隐私冲突。而如果不设立相关规定限制隐私的泄露，并且忽略提供基因信息的个人利益，那么将无人愿意参与这一利大于弊的研究。传统隐私理论该如何应对和解决新的隐私争议？

"隐私"的概念是动态和多方面的。在实践中，比起追求普遍适用的定义，更应当将隐私分类到不同的环境中分别探讨。美国侵权法中判定隐私权侵权赔偿的重要因素是隐私损害，设计隐私保护时，最佳的方式并不是对所有信息类型一概给予充分和平等的保护。信息与某个人相关联的可能性越高，个人身份暴露的风险越大，则应该授予更严密的保护，确保个人对自身信息的控制。对应地，在对隐私争议进行裁决时，美国最高法院认为隐私是一个多层面的概念，可以将之分为三类：决策隐私、空间（或物理）隐私和信息隐私。考察隐私损害，我们可以发现，可识别的健康信息和已识别的健康信息遭受隐私损害的可能性是不同的。可识别信息不能直接与某个人联系，与可识别信息相关的隐私危害风险自然低于已识别信息。因此对于不同情况，应适用不同程度的隐私保护规则。尽管已识别信息应当严格保护，但为了个人信息自由流动的利益，这种严格保护不应当应用于可识别信息。

为了制定隐私政策，应当在最初就明确隐私利益的保护。相比之下，隐私损害是平衡利益冲突的一个重要因素。保护个人隐私，既要考虑隐私权益的主观期望是否得到满足，也要结合隐私伤害是否存在的客观标准。换言之，隐私权益的方法有助于明确个人信息隐私与信息自由流动的冲突情况，隐私损害的方法则能够精确评估各自利益的合理保护程度。①

三、知情同意的实践冲突与选择

知情权又称事先知情同意（Prior Informed Consent, PIC），事先知情同意一开始适用于医患关系中，运用于医学试验或治疗，后来发展于人类遗传资源领域。我国是多民族融合国家，幅员辽阔，部分民族因地域原因，仍封闭在一个地方，保持着不和外族人通婚的习惯，因此遗传基因被世代保留了下来，并且显示了很显著的地域性特点。这也引起了国外研究者的强大兴趣并对我国遗传基因展开争夺。他们往往利用科研项目的名义，通过采集血液、唾液等，在民众不知情的情况下，给予极低的报酬，来提取他们的基因，造成我国的人类遗传资源严重流失，如发生过的美国哈佛大学在我国曾展开的基因计划事件。

在哈瓦素帕部落（Havasupai Tribe）诉亚利桑那州立大学案中，由于哈瓦素帕部落的许多成员患有糖尿病，自 20 世纪 90 年代起，该部落就该疾病的致病原因寻求帮助。经部落委员会同意，亚利桑那州立大学的研究者从部落成员采集了逾 200 份血液样本用于糖尿病研究。研究者同时将该部落成员的血液样本用于糖尿病研究和精神分裂症、抑郁症等疾病的研究，研究结果显示，该特定的族群对某种特定疾病具有高发生率或具有某种行为的遗传倾向。不可否认，这会对整个部落产生负面影响，导致该群体的成员可能会遭遇污名化和歧视。

人类遗传材料包含的特定基因的遗传信息中除了有正常信息，也包含某种

---

① Chen - Hung Chang, Controversy Over Information Privacy Arising From The Taiwan National Health Insurance Database Examiningthe Taiwan Taipei High Administrative Court Judgment No. 102 - Su - 36 (Tsai V. Nhia), *Pace International Law Review*, 2016.

疾病信息等异常信息。研究人员对这些异常信息进行研究分析，可以得出相对应的治疗方法。这些异常信息是各国争夺的重点和保护对象。以群体为基础收集人体遗传材料和相关信息并开展研究时，必须要考虑到对某一族群或群体成员造成损害。如何确定同意主体？如何协调个人同意和群体同意的关系？其中涉及的问题主要可以分为：个人同意、家庭同意与群体同意，概括同意与具体同意，本人同意与代理同意的冲突。

（一）知情同意主体的确定

以科学研究为目的使用人类遗传资源时，尤其对特定的群体，如冰岛或某些地域内的原住民这类基因比较单一的群体进行基因研究时，人类遗传资源的长效性和遗传性使得某些基因信息在遗传属性上具有非个人专属的特殊性，可能会关涉到家庭、族群甚至范围更大的群体的利益，可能会引起他人或社会对人类遗传资源提供者，甚至其所在群体的偏见或歧视。目前，世界范围内的大多数国家或地区并未在立法层面做出回应。中国台湾地区则采取了在立法中明确规定路径，台湾地区人体研究相关规定：研究机构和研究人员在从事取得、调查、分析、运用人体体检或个人之生物行为、生理、心理、遗传、医学等有关信息的研究时，除属于主管机关公告、可免取得同意的研究案件范围之外，研究计划应依伦理审查委员会通过的同意方式和内容，取得研究对象的同意。若以研究原住民族为目的，除按规定取得研究对象的同意外，还应咨询、取得该原住民族的同意。这表明法律界已经开始关注个人同意和群体同意的关系。①

（二）知情同意的事项效力：概括同意还是具体同意

知情同意要求充分告知参与者研究的性质和风险等信息。在大数据时代，由于在收集人类遗传资源、使用生物样本等时，采集对象较多，甚至以人口群为基础，加之利用数据平台对数据进行二次挖掘，对于样本也可能进行重复的、长期的和未来的使用，这些未来的研究项目在收集时往往无法明确。前述具体同意的路径遇到了挑战。那么，在使用生物样本、收集人类基因资源环节获取提供者的同意时，这种同意是应限定为某一现在的、具体的研究，还是可以宽泛到涵盖未来的不特定的研究，抑或可由人类基因资源提供者进行多种形式的选择？

① 伍春艳，焦洪涛，范建得.论人类遗传资源立法中的知情同意：现实困惑与变革路径［J］.自然辩证法通讯，2016（2）.

　　知情同意根据同意的事项内容可以分为具体同意和概括同意。通过概括同意框架，生物样本库、人类基因资源的收集等的使用可被合理地解释为已遵守知情同意标准。两者的争论是一个解释性的问题：概括同意是否可以作为一种知情同意？不同于生物样本使用、人类遗传资源的收集和保藏，医学研究中的研究计划较具体，可以相对明确地告知受试者同意的内容，需要征得具体同意。但人类基因资源的收集和保藏很难被明确地告知具体计划和同意内容，因此，常要求提供者做出的是概括同意，即同意将其遗传材料和相关信息用于现在和未来所有可能开展的与搜集者、使用者设立目标相符的研究。知情同意的事项效力之争议焦点就是是否允许概括同意。根据目的不同，形成了两种不同的观点。赞成允许概括同意的学者认为，如果研究者的项目研究在促进人类福利等方面具有重要意义，只要信息被编码并安全运用，实验资源的提供者及其家庭并不会因此被侵害权益，就没有必要再对自主性进行限制。至于样本在未来研究中的使用，只要满足三个方面的条件，即：对个人资料进行保密、保证提供者有权撤回同意、新的研究经伦理委员会批准，概括同意就能够实现对提供者自主性的保护。针对未来的研究做出概括同意并不意味着对知情同意的放弃，也不意味着签署的是无保留同意书，在研究项目批准制度和伦理审查机制等保障下，概括同意也是同意的一种形式。①

　　反对允许概括同意的学者则认为，实验资源提供者应该在知晓自己所参加的研究项目，并在对参与行为的益处和风险进行评估的基础上做出知情同意，只有具体同意方能真正体现对资源提供者的尊重。而且提供者因为同意承担自己因参加这些研究项目可能产生的风险，不需要实验方承担责任。而且基因资源提供者能够全面地预见未来的研究会给自己带来的风险，可能会提高对隐私权保护的预期和信任，从而影响其提供基因资源的意愿。

　　知情同意的实践难题在于是否允许人类遗传资源材料和相关信息在不可预见的未来研究中使用。实践层面上，国内学者研究发现英国生物银行、加拿大CARTa GENE 生物银行、爱沙尼亚生物银行等生物银行在人类遗传资源的收集、保藏和研究开发活动中获得的是提供者的概括同意。根据《英国生物银行伦理及治理框架》，英国生物银行寻求参与者同意将其人体组织样本和信息用于符合英国生物银行既定目的的研究，而不是某一具体研究。根据爱沙尼亚生物银行

---

① 伍春艳，焦洪涛，范建得. 论人类遗传资源立法中的知情同意：现实困惑与变革路径
　　[J]. 自然辩证法通讯，2016（2）.

供捐赠者签署的知情同意书，捐赠者同意将其样本用于遗传研究、公共健康研究、统计目的和其他符合法律规定的目的的研究。对于具体同意的相关实践，安·玛丽·塔瑟（Anne Marie Tassé）等学者在欧洲基因组学和遗传流行病学网络所开展的队列研究表明，被考察的 52 个研究项目中，52%（27 项）的研究项目取得概括同意，而 48%（25 项）的研究取得具体同意。①

　　由于具体的研究计划并不能在提供者提供基因资源的当时做出，若采用了概括同意，只是就收集遗传材料和相关信息的目标、研究计划的大致框架以及可能的风险等内容进行了告知，那么提供者在知晓概括同意性质的前提下应自主决定是否提供遗传材料和相关信息。对于风险，应通过基因资源收集和保藏单位设置管理规范、具体研究计划的审批和伦理审查制度等途径来提供防范和救济，从而最大化地实现对提供者的保护。②

　　（三）本人同意欠缺时的代理同意适用

　　生物银行招募未成年人捐献人体遗传材料和提供相关信息，这些资源和信息在生物银行中往往会进行长时间存储，当未成年人父母或其他法定代理人代为同意向生物银行提供样本，提供者在自己的遗传材料样本存储期间达到规定年龄，具有同意能力时，是否要求生物银行必须向其本人获得再同意？还是只是承认该提供者在具备同意能力后有权撤回之前的代理同意？问题核心在于代理的适用和时间效力的确定。

　　《赫尔辛基宣言》第 27 条中将知情同意从本人同意扩展至代理同意。民事法律制度规定了通过法定代理、委托代理和指定代理等不同代理类型，实现对意思自治的补充。由于基因材料的收集会涉及提供者的个人信息，关系身体健康信息和隐私权、所有权等权利，因此有学者建议就代理同意的适用类型而言，宜限定为法定代理同意。

　　相对于某些国家如爱沙尼亚，在人类遗传资源相关研究开发活动中尽管允许代理同意，但限定代理同意只适用于限制民事行为能力人，英国等国家或地区则规定，代理同意既可适用于无民事行为能力人，也可适用于限制民事行为

---

① Tassé, A. M., Budin‐Ljøsne, I., Knoppers, B. M., Harris, J. R. ' Retrospective Access to Data: the ENGAGE Consent Experience&apos. *European Journal of Human Genetics*, 2010（18）.

② 伍春艳，焦洪涛，范建得. 论人类遗传资源立法中的知情同意：现实困惑与变革路径 [J]. 自然辩证法通讯，2016（2）.

能力人。我国在确立代理同意相关的规范时，可以参考台湾地区的规范：根据生物银行或特定研究计划的类型和性质来确定是否可以收集民事行为能力欠缺者的人体遗传材料和相关信息，从基因资源提供者的民事行为能力、真实意愿、生物银行或特定研究计划的类型和性质等方面来设定代理同意的适用类型和适用条件。

对于代理同意的时间效力，考虑到生物银行保存基因信息往往会进行编码或去链接处理，如果不停地关注提供人是否已具备相应的民事行为能力，在实践中较难以实施，因此可以设置提供者在自己的基因材料样本存储期间达到规定年龄，具有同意能力时，可以承认该提供者在具备同意能力后有权撤回之前的代理同意。

第四节 基因大数据信息保护的挑战

2018年5月，欧盟的《通用数据保护条例》（GDPR）在整个欧盟生效。由于基因信息的敏感性和难以实现匿名化的特点，研究人员在遵循数据处理原则、进行数据保护影响评估和保护数据主体权利方面遇到了较多困难。

与早期对部分基因组的有限研究不同，在大基因信息时代，计算设备的计算速度与算法的革新快速提高了数据分析的能力。研究人员在世界各地共享和访问数据的能力大大提高，全基因组样本（GWS）的使用正变得越来越普遍。研究人员可能会结合疾病状况、年龄、地理来源等各种形式的相关数据，辅助其分析。因此，人类能够越来越容易地将基因信息与特定个体联系起来，甚至识别那些曾经认为已经匿名化的样本。基因组研究需要的数据量已经大幅增长，在"基因大数据"（Big Genetic Data）的背景下，现有数据保护框架与基因大数据研究之间存在冲突，如何调整数据处理原则、进行数据保护影响评估以更好地遵守隐私保护、明确数据主体权利成为当前关注的重点。

一、数据保护立法与基因组研究的冲突

首先，在计算遗传学的背景下，有三条原则难以令研究人员遵守。在数据保护的立法框架中，数据处理的原则十分重要。

第一，"目的限制"原则，即必须为收集数据的预期目的而处理数据。但实际上研究人员很难辨别数据处理的确切目的和边界，因为在研究中，数据挖掘的目标可能是模糊的。例如寻找各种基因序列和物理现象之间的相关性时，研究人员是在寻找未知数，因此数据挖掘本身就带有机会主义色彩。同时，随着研究的深入，研究目标可能因获得的新信息而不断变化，很难在一开始就精确概括研究目标。

第二，"数据最小化"原则。该原则要求收集者确保只收集必要的个人数据，从而降低数据主体受到隐私侵害的风险。然而，计算遗传学与绝大多数的大数据研究都依赖于数据的最大化。尽管有意义的发现可能仅有一小部分基因，但研究仍然需要使用整个 GWS 来进行。

其三，"存储限制"也是数据保护的核心原则，它要求数据的存储期限不要超过必要时限，超过则应删除数据。但在计算遗传学等领域，研究项目在收集数据时通常无法明确规定持续时间，因为在分析初步结果后，研究项目可能会有进一步的发现，并获得额外资金，扩大其范围和持续时间。并且计算遗传学中许多形式的研究项目通常需要对原始数据集进行不间断的持续处理，在此基础上进行改进，因此也无法在扩大研究后删除那些看似无关的数据。

其次，GDPR 的新要求之一是在许多情形下需要进行"数据保护影响评估"（DPIA）。但这种影响评估应该采取何种形式、评估哪些内容，目前仍存在很多不确定性。Paul Quinn 在文章中指出这个问题需要进一步关注，评估内容的"权利和自由"中包括个人伤害，也包括社会影响，需要从道德、法律、遗传学和社会学等学科中进行多学科视角的分析。评估形式上，鉴于研究项目的资源有限，可能无法聘请咨询公司或外部顾问专门从事 DPIA。需要在研究机构内建立一个特殊单位，使各研究组之间共享资源。①

最后，数据主体权利包括信息知情权、访问权和被遗忘权的保护和研究者的研究权之间的冲突。因为数据主体需要了解所有数据控制者的身份、预期处理的目的、处理的法律基础，等等，但这些信息时常变动。此外，研究中通常会对数据进行假名化，或直接生成汇总数据，如果数据主体要求访问或删除其基因信息，研究人员可能很难识别数据主体的明确身份，这些都给研究造成了许多阻碍。

---

① Paul Quinn, Liam Quinn. Big genetic data and its big data protection challenges, *Computer Law& Security Review*, October, 2018.

二、数据处理的法律依据

在立法上，需要通过某些潜在的法律依据证明数据处理的合理性，在 GDPR 的规定中明确了数据处理的两种合法性基础：已获得数据主体的"明确同意"和根据成员国法律因"科学或历史研究目的或统计目的"进行数据处理。Paul Quinn 将后者称为"科研例外"。

根据 GDPR 的规定，只有在不适用明确同意的"必要"情形下才允许适用科研例外。因此明确同意通常被认为是科研人员的"默认选择"。但 Paul Quinn 认为，同意的要求并不适用于所有情形，特别是存在大量 GWS 或相关数据的情形。因为同意的三个核心要求，即明确、具体和知情，都会给研究带来许多问题。例如，为了同意的明确和具体，必须向数据主体通知充足信息，但正如前文所述，许多信息很难在最初确定。研究人员仍然需要在具体科研背景和同意的要求之间做出平衡。

"科研例外"的法律基础本质上则源于"公共利益"。适用科研例外的最重要的优势是不必获得同意，这为许多难以向所有数据主体征求同意的研究减轻了负担。例如，数据主体已经死亡、数据主体是未成年人或无法给予同意的情形，还有从旧有的实验或健康记录获取数据，从而难以定位数据主体的情形。

由于大数据分析以及研究数据的重复使用和共享已经越来越普及，GDPR 似乎也意识到"科研例外"的重要性，并要求对科学研究概念做广义解释，使其不仅适用于大学等公共机构的研究，也适用于私人和商业实体。尽管如此，根据 GDPR 的规定，适用科研例外还需要符合成员国法律中明确规定的情况，并满足必要性、比例性，实现与公共利益相关的目标。因此整个欧盟的此类规定都难以达成统一。

此外，GDPR 规定了科研例外，监管机构和伦理机构更倾向于坚持让研究人员获得同意或使用匿名数据，甚至会提出比欧盟或各国法律更加苛刻的同意要求。监管机构和伦理机构的态度不容忽视，根据国家、地方或部门法规，监管机构和伦理机构等可能在批准相关提案方面拥有最终决定权。

目前，以 GDPR 为基础的欧盟数据保护框架已经适用于基因信息的处理，但在 GDPR 为研究人员提供的两种法律依据中，科研例外仍然没有得到应有的重视。在数据最小化和存储限制的原则方面仍有许多规定与计算遗传学的研究要求相冲突。

第五章

保守与超越：人类基因权利的保障制度

生物技术世纪正向我们走来，带着浮士德与魔鬼签订的契约，用伟大的跨越和进步以及一个充满希望的光明未来诱惑我们。但是，当我们向这个"美丽新世界"每迈进一步，这个恼人的问题就会一次次烦扰我们："我们要付出什么代价？"

——［美］杰里米·里夫金[①]

如果没有法律对权利的确认与保障，权利就只能停留在应有权利状态或者面临受侵害的危险而无法救济。权利并不天然地具有内在的自足性，其并不具有自我调节、自我实现的实施机制。抽象的权利要想变为人们的现实生活，必须借助法律机制才能实现，[②] 将应有权利上升为法律权利有利于依靠国家权威来实现。为了预防对基因科技的滥用、误用造成对人类基因权利的侵犯，人们必须有相应的法律来规范，同时对权利遭侵害者予以救济。

现有文献中关于人类基因权利的保障制度的探讨不多，主要从宪法权利和私法规范两方面来分别展开叙述。从宪法的角度规定基因权利，为基因权利提供了一个合法的基础，而权利的真正实现还需要国家制定具体的法律并能加以实施，因此，同时完善部门法中的权利条款也是实现基因权利的不可缺少的方面。这样才能形成一个体系化的基因权利保障体系，以确保基因权利的真正实现。

从具体基因权利形态，如基因隐私权、基因专利权等角度来构建法律保障制度是大部分学者的惯常思路，下文将分别以保守、常规的法律保障思路和超

---

① Jeremy Rifkin, *The Biotech Century：Harnessing the Gene and Remaking the World.* NewYork：Jeremy P. Tarchcr/Putnam, 1998, Introduction, p. xiv.

② 李龙. 法理学［M］. 北京：人民法院出版社，中国社会科学文献出版社，2003：172.

越常规、跨学科的视角，主要以伦理学和经济学为工具探讨人类基因权利保障和损害救济制度。

第一节 常规思路——制定、完善相关法律

一、宪法层面之完善

法律对科技风险的回应，在现有的宪法层面的讨论主要有两种模式。一种模式是哈佛大学的希拉·杰森诺芙教授主编的《重构权利：基因时代的生命宪制》中表述的：在生命科技及其临床应用的语境中重新解释宪法基本权利（如人的尊严、平等权、隐私权等）来应对科技风险。权利有待个人去主张，即使不是作为直接的请求权基础，也要能够以其他方式（如立法）落实为对个人的保护。但在某些特殊的情境下，如基因编辑这个特定领域，当下签署知情同意书自愿让自己的种系细胞被编辑的人并不是权益可能受损方，而是被编辑的细胞最终变成的那个人。他们在被编辑的那一刻并不作为主体在场，因此这类基因"权利"尚无安置的地方。并且，由于基因编辑的效果或副作用可能在多年以后才会以无法预见的方式出现，这些"权利"是否受到侵害、受到何种侵害以及如何提供救济都不确定。因此不能简单用适合处理具体损害之救济问题的权利概念来描述风险和不确定性所带来的问题。

另一种是哈佛大学法学院艾德里安·弗缪尔教授的《风险宪法》以及桑斯坦教授的《风险与理性：安全、法律和环境》中所提出的模式。这种模式着眼的是权力，认为对风险的防控是一种基础性的公共利益，是政府代表公共利益干预科学研究及其技术应用的手段。这为政府行使公共权力提供了一种正当性基础。

我国宪法对于基因权利的规制可从以下两方面加以完善。

（一）明确宣示人性尊严为宪法基本权利的核心价值原则

我国现行宪法第 38 条规定："中华人民共和国公民的人格尊严不受侵犯。禁止用任何方法对公民进行侮辱、诽谤和诬告陷害。"这是目前我国宪法关于人格尊严相关的条款。2004 年修改宪法后，"尊重和保障人权"被列为重要的人

权保障原则。

对我国宪法的人性尊严条款，有学者认为存在以下几方面的缺陷：第一，该条前一句只规定了"中华人民共和国公民的人格尊严不受侵犯"，而没有体现外国宪法以及我国政府已经签署的《公民权利和政治权利国际公约》的相关规定，比如"对任何人均不得施以酷刑或残忍的、不人道的或侮辱性的待遇或惩罚""未经本人自愿同意，不得对任何人作医学或科学试验""所有被剥夺自由的人应受到人道及尊重其固有尊严的待遇"等最基本的尊严权内容；第二，我国宪法人格尊严条款的主体仅是基于一国国民属性的"公民"身份而享有，并非是基于个体身份享有；第三，此"人格尊严"仅对抗的是民众之间的"民事"和"刑事"关系，而不具有对抗国家的性质；① 第四，"禁止用任何方式对公民进行侮辱、诽谤和诬告陷害"所对应的应受保障的人格利益，主要限定于姓名权、肖像权等名誉权与荣誉权，尽管后来 2001 年《最高人民法院关于确定民事侵权精神损害赔偿责任若干问题的解释》新增了身体权、人格尊严权、人身自由权、隐私权或者其他人格利益，但调整范围还是较窄；② 第五，无论把宪法人格尊严理解成狭义或者广义的人格权，其落脚点仍在于它是公民的一项基本权利，或法律上的权利，这就把人格尊严实际限制在某个范围之内。

很多学者提出了解决办法，归纳起来共有三种。一是对宪法进行解释。如林来梵教授提出的"人性尊严条款双重规范意义说"③，他认为我国现行宪法第38 条前段有关"人格尊严"的规定，可相对独立地理解为一项体现了人权保障之价值基础的一般性准则，同时还可理解为是确认了作为一项个别性权利的人格尊严条款，而后段则是以禁止性规定的形式，对这一权利进行补充性的展开。而这项个别性的基本权利，则相当于宪法上的人格权。二是将人性尊严规定为一项宪法基本权利。这样，人性尊严不仅是个人拥有的一项宪法基本权利，同时也是一个能够直接在法院适用的宪法规范，成为实现人权的一项制度性保障。它能让公民在自己的宪法权利受到侵犯而没有明确法律适用依据时，向法院主张保护自己的权利，同时约束政府的公权力。三是将人性尊严宣示为宪法权利

① 秦前红，韩永红. 宪法"基本权利核心概念"研究——基于中日比较的视角［J］. 广东社会科学，2008（1）.

② 有学者做宽泛含义解释，把隐私权也包含在此处人格权内，如莫纪宏、韩大元等。

③ 林来梵. 人的尊严与人格尊严：兼论中国宪法第 38 条的解释方案［J］. 浙江社会科学，2008（3）.

的核心价值。宪法中除将人性尊严作为基本人权进行概括性宣告之外，还应明确宣示其为宪法基本权利的核心价值。① 即在宪法中具体规定各项基本权利之外，把人性尊严作为基本权利的核心价值以一般概括性条款的形式确立下来，作为保障人权的一种承接规范。当宪法基本权利规范有缺漏导致救济难以实现时，可以发挥宪法人性尊严价值功能，最终实现对基本权利的维护。当然，只规定人性尊严的保护条款是不够的，还要对宪法的基本权利进行细化、完整化规范。其中第三种思路得到了比较多的支持：认为在宪法中应明确宣示人性尊严是宪法的核心价值，并作为基本权利的基础。

（二）宪法中增加与人体基因科技研究相关基本权利保护的规定

我国宪法中列举的一些基本权利面临着人体基因科技迅速发展的冲击，因科技发展而衍生出的新型权利还未被列入宪法，因此需要完善宪法对基本权利体系的规定，应明确列出人体基因科技发展所需保护的新型权利，如基因信息权、基因隐私权、身体完整权等，并给予一定解释空间，包括权利主体、保护范围、功能、限制等，并以此为研究重点，扩大法学在基因科技发展下的研究视野，及时调整相关法律来回应人体基因科技发展的需求。为确保人性尊严和基本权利的实现，同时建立宪法诉讼机制，完善违宪审查制度和相关程序，使人性尊严和基本权利在被侵犯时能得到有效的司法救济。

二、制定"基因技术法"

在基因立法方面，我国目前还没有真正意义上的法律，这既不利于对基因技术发展的规范，也不利于执法机关执法，更不利于基因权利的保障。我国应当制定一部"基因技术法"，作为该领域的基本法，对其他有关基因立法起到指引作用。该法可由全国人大常委会依照相关的国际条约，借鉴国外基因技术立法的经验，结合我国基因技术发展的实际制定。在该法中确立基因技术管理的基本原则与基因基本法，该法律应该包括基因检测、基因治疗、基因专利保护、基因信息保护、基因财产保护、禁止基因数据滥用、基因资源保护等方面的内容。

---

① 杜承铭．人性尊严：作为民生之本的宪法权利［J］．江汉大学学报，2008（3）．

三、其他部门法的相应调整

人类基因科技的发展带来了诸如基因隐私权等民事法律问题，需要民事法律的规范与调整。我国对隐私权的保护主要体现在以下几个法律规定中。我国《宪法》第 38 条规定："中华人民共和国公民的人格尊严不受侵犯，禁止用任何方法对公民进行侮辱、诽谤和诬告陷害。"《民法通则》第 100 条规定："公民享有肖像权，未经本人同意，不得以获利为目的使用公民的肖像。"该法第 101 条规定："公民、法人享有名誉权，公民的人格尊严受法律保护，禁止用侮辱、诽谤等方式损害公民、法人的名誉。"《最高人民法院关于贯彻执行〈中华人民共和国民法通则〉若干问题的意见》（试行）第 140 条中将隐私权纳入名誉权予以保护。最高人民法院曾于 1993 年公布的《最高人民法院关于审理名誉权案件若干问题的解答》第 7 条第 3 款指出：对未经他人同意，擅自公布他人的隐私致使他人名誉受到侵害，应认定为侵害他人名誉权。我国于 2010 年 7 月 1 日起施行的《侵权责任法》第 2 条将隐私权明确规定为一项独立的民事权益，这是我国法律首次明确提出隐私权。

至此，我国司法实践逐渐接受隐私权制度，法学界也逐渐形成共识。在这种状况下，民法隐私权制度应该将个人基因隐私权纳入保护范围。具体而言，民法可从以下几个方面保护个人基因隐私权。第一，将基因信息明确列入民法保护隐私范畴。第二，明确基因隐私侵权责任的构成要件及其侵权的法律责任。尤其是在基因隐私权范围内，侵犯基因隐私权侵犯的不仅仅是个人的利益，还侵犯了个人所在家族甚至种族的利益。对侵犯基因隐私权的行为有一个相对准确的评估机制，从而较为有效地解决侵犯基因隐私权行为的纠纷。基因隐私权属于民法范畴，可在民法中增加关于基因隐私权的规定。基因隐私权这一独立人格权应该在民法典中明确提出。在刑法中增加基因犯罪的规定，基因犯罪的主体主要是单位，因为单位更具物质技术和人员方面的优势，因此我们在立法上要注意这一点。例如，在刑法中打击各种破坏基因技术合法研究、开发与应用阻碍我国基因技术发展的行为；禁止利用基因技术制造怪物或怪兽；明确禁止研究和制造基因武器；限制人类遗传资源和基因技术的不当转让和非法获取等。由此来发挥刑法关于保护基因隐私权的作用：防范和打击严重危害基因技术健康发展和侵犯人权具有严重社会危害的行为；防范和打击基因犯罪，维护基因技术的健康发展，保障人类的基因权利。在环境法中强化环境权的同时将基因问题加入其中。

以上关于人类基因权利保障制度的探讨，学界已有研究，也不是本文论述的重点，故不赘述。

第二节 人类基因权利保护的新思路
——现有法律思维与制度调整

一、"柔刚并济"的人类基因权利保护规范

（一）柔性规范：伦理道德规范的介入

伦理道德规范对于调节基因科技有着不可替代的指引意义和必要性。

首先，现代人体基因科技一方面促进伦理的变革，使伦理更好地适应科学和时代的需要；另一方面，人体基因科技由于直接以人自身为研究对象，操控人的能力增强，更有必要由伦理规范和原则进行引导。人体基因科技的伦理规范赋予了科学家们冷静和理智，与法律规范一起，保障科学家们的科技研究活动始终沿着造福全人类的正确方向前进。这二者相辅相成，携手合作，缺一不可。

其次，随着人体基因科技成果的不断应用，大量用于治疗疑难杂症的基因药物从实验室走向市场，其中潜藏着巨大的商业利益。基于基因信息之上的专利权大战也已经拉开了帷幕，科学家、商人、企业、消费者之间各自有着不同的利益需求，而目前的相关法律还不完善，所以更需要用伦理来规范和制约人体基因科技成果的运用，以防基因科技成果的滥用。

最后，基因科技的发展带来的种种负面影响已经成为现实的存在，如引发基因歧视、基因不平等、基因隐私等很多伦理问题，甚至于基因科技一旦被滥用，如利用基因科技制造基因武器等，将使人类面临毁灭的危险。当这些负面效应开始出现，伦理的作用是不可替代的。以伦理为基因科技发展的指导思想也已为国际科学界所接受，并成为人们进行基因组研究的共识和规范。为此，国际人类基因组成立了专门委员会。

广义的人类基因权利保护的伦理道德规范包括：基因研究有关的职业道德规范，技术人员研究时遵循的重要伦理准则、技术指导准则、伦理监督机构的运作章程等，伦理道德规范作为保护基因权利的手段的应用表现在以下几方面。

第一，在机制上，倡导行业自律。

在现代科技领域中，科技的高度发展要求专业人员担负更多的社会责任。由于非专业领域人员对科技事务的理解存在较大的进入障碍，不易站在充足的认识基础上进行判断，更难以在早期阶段意识到科技发展中潜伏的问题。倡导科技领域内的行业自律机制，实际上是倡导"科学家的伦理责任"[1] "科技社会中的科学家责任"，要求专业社群在科技社会中担负起更多的公共责任。[2]

科学领域中的行业自律依赖于专业伦理规范的"同侪审查"（Peer Review）机制。该机制在科学研究领域中发挥重要的作用。例如，对医疗专业人员的医学研究活动，英国在传统上采取行业自律模式，由研究人员及专业团体预先针对其研究活动制订出计划纲领及研究守则，较少通过立法的方式加以规制。[3]从英国生物银行计划 2003 年 9 月公布的《英国生物银行伦理与管理框架》的内容来看，仍然是沿袭传统上的行业自律的规制模式，并不主张国会制定特别法来加以规范。[4] 近年来，针对人类基因研究中的"生物海盗"现象，西方国家形成了一种发表研究成果必须公布基因样本来源的"期刊伦理"。[5]

第二，机构上，设置伦理委员会。

科技领域中的行业自律机制，落实在机构上具体的表现为组织性的伦理审查委员会制度。就一般性的涉及人体的医学研究而言，国际间已经形成应当设

---

① Sherwin Chen, Negotiating a Policy of Prudent Science and Proactive Law in the Brave New World of Genetic Information, *Hastings Law Journal*, Vol. 53（2001），p. 243.

② A. Dan Tarlock, Who Owns Science?, Penn St. *Environmental Iaw Review*, Vol. 10（2002）.

③ Jane Kaye&Paul Marin, Safeguards for Rescarch Using Large Scale DNA Collections, *British Medicine JournaL*, Vol. 321（2000），p. 1146.

④ U. K. Biobank：*U. K. Biobank Ethics and Governance Framework*, at http：//www. ukbiobank. ac. uk/ethics. Htm, last visited：Dec. 24, 2013.

⑤ 国外具有公信力的知名医学期刊，都已要求投稿者的研究，必须遵守伦理规范，违背研究伦理的人，甚至会被禁止投稿。例如在美国，凡涉及以人为试验客体的医学研究计划，必须遵循严格的告知后同意程序。一个没有践行告知后同意的研究计划，一般被视为违背学术伦理，不会被学术期刊接受和刊登发表。《赫尔辛基宣言》第 8 条也规定："在发表研究结果时，医师有责任保证结果的准确性。研究报告与本宣言之原则不符时，不应同意发表。"

置伦理审查委员会的共识。例如《赫尔辛基宣言》①和《涉及人体生物医学研究国际伦理指令》②均提出特别设置独立性质的伦理审查委员会。在当前对基因隐私予以立法的国家中，如美国、加拿大、以色列、澳大利亚等均设立了主管人类基因医疗研究的伦理委员会。例如在美国，自 1992 年起，美国"医疗机构资格鉴定联合委员会"（The Joint Commission on Accreditation of Health Care Organization）即要求医院及医疗研究机构，对医疗领域内伦理冲突的处理和伦理政策的形成，建立组织性的机制。日本政府也于 1997 年 9 月在科学技术会议下设置"生命伦理委员会"为常设审议机构，会集伦理、社会、法律、人文、宗教等领域的专家学者，对涉及高度伦理性议题的基因科技研究提供咨询、审查和管理活动。

在组织形态上，有关人类基因研究的伦理委员会，主要可以分为两种："伦理评审委员会"（Ethical Review Committee，ERC）和"机构评审委员会"（Institutional Review Board，IRB）。伦理委员会制度在欧美自实施以来，积极参与基因医疗与基因研究管理活动，不仅为政府立法提供咨询功能，而且有的还直接扮演着决策的角色，或者担负着行政管理职能。目前，在欧美举凡涉及以人类为对象的研究，不论是自然科学还是人文科学，都必须经过伦理委员会的审查。

在许多情形下伦理道德规范能够发挥法律规范所不具有的功能，伦理道德规范的制度效益是现实存在的，比法律规范更具制度的优势。其优势主要表现在以下两个方面：伦理道德规范的制度效益可能大于法律规范；伦理道德规范的制度成本可以小于法律规范。

第一，伦理道德规范的制度效益可能大于法律规范。

一般而言，制度效益的外在表征为制度的"合法性"为规制对象所普遍接受，制度在规制事项上获得良好的遵守。③因此，我们可以此为指标，"量化"地衡量并比较伦理道德规范与法律规范的制度效益。

对于一个经过社会化的普通人而言，拘束其行为的重要力量通常是各种社会规范，包括法律，也包括各种伦理道德规范。而法律规范与伦理道德规范二

---

① 《赫尔辛基宣言》（World Medical Association Declaration of Helsinki：Ethical Principles for Medical Research Involving Human Subjects）第 13 条。

② 《涉及人体生物医学研究国际伦理指令》（International Ethical Guidelines for Biomedical Research Involving Human Subjects）第 1 条、第 2 条、第 3 条。

③ ［日］平野仁彦，棉本洋，服部高弘．法哲学．有斐阁，2002：57 – 58.

者主要的差异在于，伦理道德规范通常比法律规范更内在化、更具有弹性。一方面，就社会规范的遵守而言，内在化的规范更能获得社会成员的遵守。相对于外部强制性的法律，个人可能倾向于自发地依照伦理规范行事。即使是在违反规范时，依靠社群自律机制的伦理评判，相对于法律上的裁决，其"合法性"也更能为成员所接受。另一方面，伦理规则比法律更有弹性，更能精确地调整社会生活。在许多欠缺社会共识的模糊地带，当法律力量的介入存在困难的时候，弹性化的伦理规范可能更加具有"外科手术式"解决社会纠纷的可能性，为当事人所接受和采用。在这一方面，我们也可以说，伦理规范比法律规范更有制度效率。

第二，伦理道德规范的制度成本可以小于法律规范。

首先，就制度的运行成本而言，作为制度的法律规范的运行，需要巨大的社会成本。而伦理道德规范，主要依赖当事人的"内心自觉"和社会舆论的"外部压力"来维系。二者相比，伦理道德规范的运行成本通常更小。其次，就制度的创制成本而言，法律规范的创制，通常需要凝聚社会的普遍共识，需要相当的社会成本。基因科技产生许多新兴"模糊地带"，缺乏社会共识。小团体的伦理规范的创制，相对于立法，社会成本也较低。制度变迁理论也揭示，在制度演变过程中，伦理比法律更加适宜"操作"，可以扮演"制度先行者"的角色。而当前西方国家围绕着基因科技问题制定了众多的细密的伦理规范的事实，也证明伦理机制已经走在法律的前面。

（二）刚性规范：通过法律的社会控制

各国对基因技术的社会控制中，刚性规范的法律路径正逐步得以现实化。欧洲各国，以及美国、日本等均制定了相应的法律，如：德国曾经在1990年制定《基因技术法》，瑞士在联邦宪法中对人类基因技术领域的问题进行了规定，美国国家卫生研究院于1976年6月23日制定了世界上第一个实验室基因工程规则——《重组DNA分子实验准则》，英国在1978年制定《重组DNA分子实验准则》后又颁布《遗传操作规则》（1989）等。而我国大陆地区在这方面则有所欠缺，只存在层级较低的行政色彩浓厚的法律文件，在法律（狭义）层次尚不存在对基因技术规制的立法，只有一些层次较低的与基因医学研究和技术应用直接或间接相关的行政规章，如科技部和卫计委联合颁布的《人类遗传资源管理暂行办法》、卫计委颁布的《人类辅助生殖技术管理办法》等。在这些管理办法中，几乎找不到任何对基因权提供直接和有效保护的细节。

（三）互动规范：柔性与刚性相结合的人类基因权利保护

伦理准则固然能够发挥重要的指引作用，并可以提供相应的行为约束（如伦理委员会的审查等机制）。然而，传统的伦理规范在基因时代尚不能涵盖可能发生的社会问题，且不具有执行力。而法律规范确实能够保证较好的效力，但其缺陷是其存在僵化性，而技术的快速发展可能会因此而受到潜在的损害。因此单一的伦理准则的柔性规范路径和纯粹的法律的刚性规范路径都正在渐行渐远，伦理准则与法律规范互动的路径正在成为对基因权进行保护的制度趋势。

在这种路径下，需要在伦理框架下来构建法律规范，达到法律与伦理规范的良性互动。法律与伦理规范的良性互动方式有以下两种。

第一，法律将伦理规范引入基因权利的保护架构内，让伦理道德规范发挥保护个人基因权利的"软"的调整手段。

一方面是将伦理规则转换纳入法律规范的范畴，使伦理道德力量直接发挥管制作用；另一方面是注意法律与伦理的分工结合，以伦理道德力量间接发挥法律的管制效果。具体而言，对于基因科技的新生问题，或技术性繁杂问题，在法律无法或不宜做出具体规定的场合下，可以在法律上只做准则性的规范，同时将伦理委员会等机制引入法律之中，通过伦理委员会对个案的讨论形成具体的伦理准则，由伦理准则补充具体法律规范的不足。即以伦理委员会制度作为管制的桥梁，借助伦理的压力发挥法律的管制效果，注意法律与伦理的分工结合问题，兼顾规制性与灵活性。至于伦理委员会的具体运作程序，国际规范《涉及人体生物医学研究的国际伦理指引》、《优良临床试验指引》（Guideline for Good Clinical Practice）、《审查生物医学研究的伦理委员会的操作指引》（Operational Guidelines for Ethics Committees that Review Biomedical Research）已经做了详细的规定，可以为我们所借鉴参考。

第二，制定法律规范，弥补伦理规范在基因隐私保护问题上的"量"和"质"的不足。

首先，促进专业伦理规范的形成，弥补伦理规范在基因隐私保护问题上的"量"的不足。规范的形成是一种互动博弈。伦理规范也是如此。基因科技的快速发展和基因隐私所涉及的利益的复杂性，使得伦理规范和法律一样落在科技发展之后。许多争议性的问题，恐怕尚未形成清楚的共识和规范。法律可以加快伦理共识的形成，促进基因科技领域研究人员、医疗人员、专业人员等的职业道德的养成，以及专业伦理规范的形成。

其次，法律检视行业自律的缺失，弥补伦理规范在基因隐私保护问题上的"质"的不足。专业人员自身对于基因信息存在着利益需求，在利益动机的驱使下可能会偏离他被要求的社会责任的位置。这种专业人员自身利益诉求所导致的负面效应，直接催生了国家法律介入行业自律机制，对科技领域伦理规范自律机制予以审查、监督和弥补的必要。

最后，对于科技领域中行业自律不足，可以从体制外和体制内两个方面予以检视和弥补。体制外方面，包括直接立法规制补充专业伦理规范和设立体制外的监督团体，如社群委员会。体制内方面，可以通过在法律上规范伦理委员会的建制，来尽可能地克服专业人员自律的不足。

目前，许多国家在规范基因医学技术时也把行政指导等伦理准则作为重要手段之一，这种新型的柔性的规范能够更好地适应技术的发展需求，也更易被基因医学研究机构、医疗机构以及研究者、医师接受和遵循。可以看出，柔性与刚性相结合的基因权利保护的规范路径能够在技术进步和安全性、伦理性、权利保护方面有效发挥作用，呈现出富有前景的制度优势。

二、制度视角下基因隐私权制度的再思考

隐私权是一种对于个人信息的控制权，在制度经济学上，我们可以将其看作人与人之间关于个人信息流通利用和个人隐私保护的制度性安排。"制度是一个社会中的一些游戏规则，或者更正式地说，制度是人类设计出来调节人类相互关系的一些约束条件。"① 制度的作用就是"提供人类在其中相互影响的框架，使协作和竞争的关系得以确定，从而构成一个社会特别是构成了一种经济秩序"②。在个人的隐私权范围之内，收集利用个人信息必须取得本人的同意；在个人的隐私权范围之外，他人可以不经本人同意而收集利用个人的信息。那么，我们可以将隐私权视为个人可以控制个人信息，与此相对的，对于他人可以不经个人许可，径行收集使用可以借用"知情权"的名称。这样，一定时点的隐私权制度，可以理解为个人的隐私权与他人对个人的信息利用权二者之间如何协调平衡的一种制度安排。我们保护隐私权，实际上是压缩了他人对于个

---

① 诺斯. 制度、制度变迁与经济绩效 [M]. 北京：人民出版社，1994：3.
② 诺斯. 经济史中的结构与变迁 [M]. 陈郁，等译. 北京：人民出版社，2002：195 - 196.

人信息的利用权或"知情权"。我们保护知情权，实际上也就是压缩了个人的隐私权。因而，隐私权制度可以理解为国家在权益冲突的当事人之间分配个人信息的"产权"。

人类理性有限，其所决定的意象世界与客观实际的不一致，以及制度安排本身所不可避免存在的制度成本，直接导致了"事实上的产权"与"法律上的产权"的不一致。而在信息之类的无体物上界定产权，更是存在数倍于有形物上界定产权的困难。而与此同时，天下没有免费的午餐，权利也是如此。对于个人而言，主张权利、行使权利都不可避免地需要支付相关的制度成本。这两种现实因素决定了，在给定的社会技术条件下，不论社会中既存的制度安排对于个人信息的产权，做出何种制度规范上的"清晰"产权界定，总会有部分的信息，或是由于客观上未被规范语词明确界定，或是由于权利人主观上怠于主张权利，而流失于公共领域，为社会成员所"共享"。

因而，一定的社会技术条件下的有关个人隐私的保护制度，与其说是国家法律对个人信息的产权的明确界定，毋宁说是社会成员之间围绕个人信息流通利用与个人隐私保护所达成的博弈均衡的反映。

科学技术进步，常常直接导致个人主张权利、行使权利的成本或收益的变动。这种成本或收益的变动，激励当事人向流入公共领域中的信息主张产权，以将科技进步的收益内在化。当事人双方都偏移原来的隐私权制度时，其直接结果导致早期的博弈均衡被打破。在博弈均衡被打破的场合下，原来的博弈双方围绕个人信息流通利用与个人隐私保护展开新的一轮博弈，直至达致又一次纳什均衡。

就基因隐私的保护而言，法律规范的角色界定是基因隐私保护立法的关键。在一般意义上，法律作为具有强制力的规范，是基因隐私权保护架构的核心。但是，对于基因隐私权的保护目标的达成，法律规范不是唯一的保护手段，在特定的场合特定的情形下，市场机制、伦理准则等其他的保护手段或许更能获得有效的结果。从基因隐私权保护的整体架构来看，法律、市场、伦理、科技等规制手段，并不是对立冲突或者相互取代的，而是相辅相成的，共同朝向基因隐私权的保护目标。在这个架构内，法律规范居于中心，扮演着促进其他保护手段参与基因隐私权保护的角色，目的是让所有的保护手段都能够在基因隐私权保护上发挥出自身的功效，对基因隐私权提供更全面、更具能量的保护。

三、知情同意原则的确立与补正

在基因隐私权保护问题上，首先应当在法律上确立个人基因信息收集、利用过程中的告知后同意原则，并进行适当的补全和修正。

（一）知情同意（告知后同意）原则的机理

"知情同意"，即告知后同意（Informed Consent），是指一个具有理解与决定能力的人，在接受告知的信息和特定的建议，并充分理解被告知的信息和建议之后，经自由地决定接受该建议，同意并授权他人依照该建议对自己进行干预。下文就知情同意原则在基因隐私保护上的运行机理展开分析。

1. 知情同意原则与"产权规则"

就基因隐私权的保护而言，法律上确立个人基因信息收集、利用过程中的告知后同意原则，如果用法律经济学的术语来表述，是"产权规则"在基因隐私权保护问题上的运用。当然，"产权规则"运用于基因隐私保护，并不是对基因信息设立财产权①，而是指法律承认个人的基因隐私权是一种对基因信息的完全控制权。任何涉及对其基因信息的控制权的变动，必须是基于当事人的自愿同意。

这里的"对基因信息的控制权的变动"并不是必然地涉及"所有权的转让"的情形，正如所有权理论中"产权的移转"也还包括设定占有权、使用权、受益权、担保权等多种形式一样，基因隐私权也是一组"权利束"②，基因信息控制权的变动实际也可以具体地分解为基因信息的知悉权、收集权、持有权、利用权等权能的个别设定或让与。具体而言，基因取样、基因分析等任何涉及个人基因隐私的行为，都必须经过基因隐私权人的同意，但获得同意的人并不必然取得对基因信息的一切权利。究竟取得什么样的权利，权利范围如何，也都需要依据权利人同意的具体内容来确定。在通过知情同意原则运用产权机制保护基因隐私权的过程中，我们应当注意到基因隐私权是个人对自身基因信息的全面控制权，基因隐私权的权能包括知悉自身基因信息的权利、不知悉自身

---

① "限制收集原则"是指，个人信息的收集原则上应当向当事人告知，使当事人知悉或者经其同意的理论基础。

② 张曙光. 个人权利和国家权力［M］//刘军宁，王焱，贺卫方. 市场逻辑与国家观念［M］. 北京：生活·读书·新知三联书店，1995：2.

基因信息的权利、基因信息收集的许可权、基因信息利用的许可权、基因信息持有的许可权。基因隐私权人依照知情同意原则做出的某一项"对基因信息的控制权的变动"并不必然地基于基因隐私权的各项权能，应当依照当事人之间的具体权利许可协议具体确定。实际上，基因隐私权各项权能可以个别独立、具体地发生权利变动的权利让与规则，正是产权规则运用于基因隐私保护中的真正内涵，也符合当前各国个人信息数据保护法制中的"限制收集原则"。

2. 知情同意原则与市场机制

对基因隐私权的保护而言，在法律上确定个人基因信息收集、利用过程中的知情同意原则，或者说采用法律经济学中的"产权规则"，实际上是市场机制作为一种基因隐私权保护手段的运用。

市场机制，依照经济学的基本原理，一个简洁的理解就是允许自由交换。"所谓市场逻辑，就是个人权利的自由交易。"市场机制之所以能够作为基因隐私权的一种保护手段，在于市场机制中蕴含的经济逻辑：希望取得某一特定资源的使用权的人，必须以自愿性的交易向权利人购买它，而其中权利转让的价格必须是由权利人所同意的。通俗地说，市场机制的要求希望取得资源的使用权的人，"要想取得某一特定资源的使用权，就必须开价"，同时让权利的"卖方"在"买方"出价不够高的时候否决权利的转让。①

如果从双方当事人的角度来观察，市场机制作为基因隐私权的一种保护手段，其效应表现得更为形象。对基因隐私权的权利人而言，如果公布基因隐私可以获得更多的价值，那么经过自愿选择，向他人披露基因隐私将是一个理性的选择；而当权利人认为保守个人基因隐私的价值超过公布基因隐私的价值，在他人出价不足的时候，原则上权利人可以保留基因隐私。而对"相对方"而言，希望获取个人基因信息、希望利用个人的基因信息，就必须以自愿性的交易向权利人购买它，并且"出价"必须为权利人所接受。如果"购买"基因信息的价格，未能达到权利人的要求，就不能利用基因信息。也就是说，市场机制让每一方当事人表明基因信息对他们的价值，让基因隐私的权利人在买方出价不高时否决交易的进行，保证了权利人对基因隐私的自主控制，发挥着保护基因隐私权的社会效用。

这种市场逻辑，实质上也是和隐私权的内在理念相吻合的。隐私权的内核

---

① Guido Calabresi & A. Douglas Melamed, Property Rules, Liability Rules, and Inalienability Rules: One View of the Cathedral, *Havard Law Review*, Vol. 85 (1972), p. 1092.

是个人自主决定，它要求任何涉及个人对其隐私的控制权的变动，都必须经过权利人的同意。而市场机制所昭示的基本逻辑，正是权利的移动必须建立于自愿性的交易之上。正是通过权利交易的自愿，市场机制充当着保障基因隐私权的策略方法。

由于基因信息的"隐私权市场"（Privacy Market）的存在，市场机制在基因隐私权保护问题上扮演着重要的角色，所以我们可以借用其作为一种我们不可忽视的保护基因隐私权的有效手段。

（二）知情同意原则的确立

1. 知情同意原则作为基因隐私权保护机制的优势

告知后同意原则对个人自主的尊重，以及知情同意原则与市场机制的内在联系，使得知情同意原则在基因隐私保护问题上具有相当的理论优势。

第一，知情同意原则符合隐私权的内在理念。隐私权的内核是个人自主决定，它要求任何涉及个人对其隐私的控制权的变动，都必须经过权利人的同意。而市场机制所昭示的基本逻辑，正是权利的移动必须建立于自愿性的交易之上。在这个意义上，知情同意原则肯认个人作为自身隐私的主人，拥有对自身信息上的完全控制权，也就是肯认了个人的自主决定。在法律上确认告知个人基因信息收集、利用过程的，可以在相当程度上实现对个人基因隐私利益及其他相关联利益的保护。

第二，知情同意原则引导基因信息资源的有效率利用。知情同意原则与市场机制的内在联系，使得知情同意原则的保障能够实现基因信息资源的有效率利用。依照知情同意原则，在各种可能潜在的基因信息市场上，对基因信息的权利的转让是通过市场机制下的自由交换进行的。凭借自愿交换的过程，对基因信息的权利将被"出价"最高的人获取，基因信息移动到价值最高的利用方式之上。这种要想取得权利就必须开价的市场机制，保证了权利的转让不会使得任何一方当事人的处境变得更差，也就是所谓的"帕累托最优"（Pareto Optimality）。当一项资源被利用在其价值最高的地方时，也就是说没有任何其他的再分配能够增加其价值额时，我们可以说资源得到了最有效率的利用。在这个意义上，个人基因隐私保护的告知后同意原则，借助于市场机制，引导着基因信息资源的有效率的利用。

第三，知情同意原则是最为"节省"的权利保护机制。就权利保护的制度成本来看，知情同意原则可以说是国家介入最少的权利保护方式，对于可能的

162

基因信息之上的权利的"交易"，依照告知后同意原则之下的市场机制，政府并不去决定权利的价值，而是由当事人之间协商确定。凭借"要想取得基因信息的使用权，就必须开价"的权利转让方式，知情同意原则同时保护了那些比其他人更为珍惜个人基因隐私的人和那些比其他人较为不珍惜个人基因隐私的人。对国家而言，这无疑是一种成本最小、效益最大的权利保护机制和社会治理方式。

2. 在法律上确立知情同意原则并予以具体落实

就基因隐私权的保护问题而言，当前最迫切的立法任务是在法律上确立个人基因信息收集、利用、流通过程中的知情同意原则，并在制度上予以具体的落实。应在涉及个人基因信息收集、流通、利用、存储等方面，建立法律制度上的具体要求，以便尽可能地达成告知后同意的基本要素，尽可能地保障个人的基因隐私权益。

依照科斯的交易成本理论，在法律上确立知情同意原则并在制度上确定，实际上是对权利的归属给予明确的界定，是促进市场机制作为一种基因隐私权的保护手段的发挥。交易成本理论向我们揭示，真实世界内存在种种的交易费用，而法律可以发挥降低交易费用的作用。同时，私人之间的合约或契约的结构依赖于法律体系、社会习惯和交易中的技术性因素。"法律框架越完备，社会管制和社会习俗联系越强，则订立的契约内容特定性越小。政府通过使用警察力量和法庭帮助私人所有者执行契约并降低交易成本，尤其是政府行使权利维护契约制度的行动具有系统性和可预测性时，情况更是如此。政府也降低了订立契约活动的成本，它提供了一个衡量和度量标准体系。"① 因此，在法律上确立告知后同意原则，建立法律制度上的具体要求，在涉及个人基因信息收集、利用、流通、存储的各个环节，尽可能地落实告知后同意的基本要素，以促进市场机制作为基因隐私权的保护手段的发挥。"国家确立隐私权权属并保护其交往的规则，从而使之成为一个有效益而安全的体系。"② 实际上，美国 Moore 案中医生利用患者的病变组织细胞研究的情形，原本就可以依照告知后同意原则，由医生事先和患者进行协商，以患者可以接受的条件来换取患者的同意。

---

① ［冰岛］思拉恩·埃格特森. 新制度经济学［M］. 吴经邦，等译. 北京：商务印书馆，1996：18.

② ［美］诺斯. 经济史上的结构和变革［M］. 厉以平，译. 北京：商务印书馆，1992：18.

在法律上确立知情同意原则，在当前的"医疗父权""家属父权"观念下，最需要具体落实的是".告知"。在具体制度操作上，法律可以对"同意书"（Consent Form）的内容进行示范性的规定，要求专业人员在"同意书"中向当事人传达尽可能多的信息，以尽可能地降低当事人的基因知识门槛，保障个人"同意"的真实、自愿做出，便于个人的基因隐私权益得以维护。例如，要求专业人员在同意书中说明有关遗传学、人类基因的基本知识，交代基因检测的利益和可能的风险，告知基因样本和基因信息将如何被利用、储存，具体说明当事人所享有的权益，给予当事人在特定事项上的更多细化的选择等具体的细致化的示例性规定。在这一方面，西方国家的伦理准则中的示范性规定，以及学者所精心设计的"同意书"范本，都能给我们提供相当多的理论启发和制度借鉴。

（三）知情同意原则的补正

1. 知情同意原则的不足与补正——以市场机制的视角

市场机制的不足，可以概括为市场的失败，对此学者们已经进行了相当多的论述，在此不再展开。具体就基因隐私权保护而言，市场机制的不足表现为两个方面。

第一，个人理性的局限使得市场机制不足以保护个人的基因隐私权。古典经济学的市场假设是基于完全信息，但是在分析社会现实的时候，我们还必须考虑无处不在的交易费用。交易费用的存在可以说根源于个人理性的不足。具体地就基因隐私权保护而言，个人理性的不足，其中一个重要的方面，是普通人对基因科技的认知瓶颈，它制约着个人对自身基因隐私权益的保护。

第二，个人理性与社会理性的不一致，使得市场机制保护个人基因隐私权会产生负面的社会效应。这主要是因为个人行为的外部性以及与此关联的权利侵害的相互性。经济学也称之为个人理性与社会理性的不一致。一个形象的例子是所谓的个人利益最大化但是个人合作利益最小化的"囚徒困境"。需要注意的是，不仅个人的自私会导致囚徒困境，纯粹的利他主义也会导致囚徒困境，例如，双方出于善意为对方牺牲导致整体合作利益最小化的"麦琪的礼物"博弈模型。作为知情同意原则运行机理的市场机制的不足，决定了法律上有必要对知情同意原则予以适当的修正，以弥补市场机制的不足。当然法律规范对市场机制的作用，也是一个老生常谈的话题，在此仅仅结合基因隐私权的保护，指出法律影响市场机制的两个方面：其一，法律可以降低交易费用；其二，法律可以协调社会行动，解决囚徒困境。

正是由于知情同意原则在基因隐私保护上的不足，法律上出于特殊因素或者其他利益的考量，需要对知情同意原则进行适当的放宽或改变。整体而言，对知情同意原则的这种修正表现在两个方面：第一，在某些情况下，放松财产原则，不要求严格的告知后同意，也就是说"即使无当事人的同意，也允许收集、利用基因信息"；第二，是相反的情况，在某些情况下，限制当事人同意的权限，使当事人不能自由地将个人基因信息交易出去，也就是"即使当事人同意，也不允许收集、利用基因信息"。

2. 知情同意原则中同意的补全

由于告知后同意原则在基因隐私保护上的不足，法律上需要对知情同意原则进行适当的放宽或改变。首先是在某些情况下，放松财产原则，不要求严格的告知后同意，也就是说"即使无当事人的同意，也允许收集、利用基因信息"。从法律经济学的权利规则的角度来看，即使无当事人的同意，也允许收集、利用基因信息是权利配置中的"产权规则"向"责任规则"的转换。这一规则的运用，主要是对知情同意原则中同意的补全，具体表现在对当事人的同意在两个方面进行补全。

第一，同意的代行。在当事人本人缺乏同意能力的场合下，法律规定由法定代理人代理当事人做出同意的意思表示。例如，对未成年人、精神病患者实施基因信息收集活动的，通常应当获得监护人的同意。

第二，同意的法律拟制。这是对于可能发生的基因隐私权益与其他相关权益的冲突，法律上认为相对于个人基因隐私利益，公共利益或其他社会利益更值得保护，允许不经当事人同意强制地收集和利用当事人的基因信息。例如，刑事司法活动中为了有效地侦查犯罪而强制收集基因信息，或是对于会影响公众生命安全的特殊职业，允许雇主获取使用员工的基因信息。

3. 知情同意原则中同意的限制

法律上对告知后同意原则进行适当的放宽或改变的另一种方式，是"即使当事人同意，也不允许收集、利用基因信息"。从法律经济学的权利规则的角度来看，这是基因信息权利配置中的"产权规则"向"不可转让规则"的转换运用。① 在法律上之所以需要限制当事人的同意权，一般是基于保护当事人本人利益或者保护他人基因隐私利益两方面的原因。

第一，鉴于基因隐私关涉重要的人格利益，基于保护当事人本人利益的思考。隐私权是个人对自我隐私向他人封闭或者开放程度的控制权。"同意"，在本意上当然应当包含"拒绝"的可能性在内。然而一方面，基因隐私的科技性，个人对自身基因隐私可能欠缺足够的认知理解能力，缺乏认知能力的同意，不免仅存形式的外设；另一方面，现实社会关系中存在着不可避免的"权力结构不对等"，在双方地位不均衡的情况下，当事人的同意，难以说是当事人的内心真正的意思。

考虑到上述现实因素，法律上为保护当事人的隐私利益，需要对当事人的同意权予以必要的限制。此时法律上限制同意的作用在于，在本人对自身基因隐私控制力较弱的情况下，在规范上补全、强化个人对基因隐私的控制权，以确保个人对个人基因隐私的真正自主权。

第二，鉴于基因隐私的关联性，保护他人基因隐私的思考。隐私权固然是个人化的权利，但是由于基因信息的关联性的特质，个人的基因隐私和他人的基因隐私存在交织。在这个意义上，我们可以说，当事人公开自己基因隐私的行为具有外部性。② 如果一概地将同意的权限交由当事人自主决定，允许当事人的无限制的公开，可能也会使其他人的基因隐私受到侵害，生活受到负面影响。因而，出于对他人隐私利益的考量，至少在特殊情形下对个人的同意权予以限制，或者在极端情况下排除当事人的同意权。

在法律上限制当事人的同意权的方法，主要有两种具体表现形式：

一是限制本人的同意权限。限制本人的同意权限，一个直白的规则表述是："即使当事人同意，也不允许收集、利用基因信息"。例如，未外显的有关遗传疾病的基因信息，如果具有高度敏感性，允许当事人的无限制的公开，可能也会使其他人的基因隐私受到侵害，生活受到负面影响的，可以对当事人的同意权限加以限制。

---

① 法律经济学上的不可转让规则（Inalienability Rule）是指权利禁止转让，即使当事人之间的自愿交换也是被禁止的。这是国家力量更强程度的介入。例如，禁止自卖为奴，禁止器官买卖等。

② 外部性指的是个人或厂商的行为直接影响到他人的福利，却没有为此承担成本或没有得到相应的报酬。根据对外界造成的不同影响分为正外部性和负外部性。

　　二是限制代理人的同意权限。法律上在限制本人的同意权限之外，在一定场合之下对法定代理人的代理同意权也有必要加以限制。代理同意毕竟不同于本人自身的同意，因此在极端情形下，即使不能限制本人的同意权限，但至少可以限制代理人的同意权限。对法定代理人的代理同意权的限制，涉及我们对"告知后同意"中的"能力"的性质的理解。作为告知后同意的门槛要素的"能力"，并不是显然等价于行为能力，在特定场合下，还包含有权利能力的意味，例如父母对未成年子女的知情同意的代行。法定代理人的代理同意权，可以说是基于这种权利能力。因此，对"知情同意原则"中"同意"的限制，也就包括了对法定代理人的代理同意权的限制。

四、优化基因知情同意保障机制

（一）社会基因研究保障机构建设

　　基因研究保障机构的建设不能仅仅依赖政府。在传统的政府、试验方、受试方三方关系上，应当引入第四方——较为专业的民间基因研究保障机构。机构主要由基因研究相关的专业人士（如从事基因法律法规研究的律师、学者，从事基因临床治疗的医生等）构成。其职能主要为宣传、监管、救济三项内容。该保障机构在基因研究的全过程中应当向受试者普及基因研究的基础概念并将基因知情同意权的权利向受试者进行着重宣传。在基因研究机构进行基因实验的过程中，保障机构应当依靠其专业团队，在政府的指导下，对试验进行监督，确保试验过程合乎规范。当受试者的知情同意权受损时，保障机构可以以其专业的团队代表受试者与研究机构进行协商或运用法律武器保护受试者的合法权利。

（二）建立基因研究者与基因受试者共同决策的机制

　　研究者作为基因研究的专业人士，在基因信息的利弊考量上较受试者本身更为全面，且由于基因研究者大多是医生，受试者对其有着一定的依赖。所以，在现实生活中，可以对研究者的这种告知权利与义务予以明确的规定。通过研究者对影响受试者做出知情同意或不知情决定的相关信息进行充分的告知，帮助受试者合理地做出决定，从而正确地行使其权利。

　　在受试者确认参与基因研究后，相关的研究机构应当指定研究人员与受试者进行绑定。在研究之初，研究者应当在陈述基因不利信息对个人的影响及其对亲属的潜在风险后，询问受试者对基因不利信息及是否愿意将不利信息告知其亲属的态度，依据知情意愿及不知情意愿进行分类。在整个研究过程中，研究者应当对受试者的态度进行确认与更新。当研究过程中，基因不利信息出现时，研究者应当依据分类情况采用不同的告知方式：

第一，对愿意知情且愿意告知亲属的受试者，研究者应当如实告知受试者及其亲属。

第二，针对愿意知情但不愿意告知亲属的受试者，研究者应当依据不利信息的可遗传程度的大小进行区分。遗传程度较小的信息可尊重受试者意愿，仅告知本人即可；遗传程度较大的信息则应向受试者充分说明危害性，如受试者依然坚持自身意愿，研究者可在取得研究机构同意的前提下向受试者亲属说明相关风险。

第三，针对不愿意知情的受试者，研究者应当确认受试者对基因不利信息的总体态度后，将研究中发现的不利信息依据上述第三种情形，做出是否告知的决定。

同时，在整个基因研究过程中，当受试者主动询问自身基因信息的相关问题或存在疑惑时，研究者应当以正常人可理解的方式及时与受试者进行交流以帮助受试者解决疑惑或更好地做出决定。

在研究者与受试者共同决策机制的构建中，政府及社会的参与也非常重要。政府应当联合社会的相关专业机构，出台相应的文件保证研究者告知权利以及义务的合理性并定期开展对研究人员的培训活动以加强其对自身权利与义务的理解，从而使其更有效地参与到共同决策之中。此外，政府应当组织专业人员成立专门的部门，对共同决策中可能出现的纠纷予以裁量，保证受试者及研究者之间的权利与义务的平衡，从而实现共同决策机制的良性运行。

（三）加强未成年人基因知情同意保护

1. 明确未成年人可参与的基因研究的范围

《赫尔辛基宣言》曾提到过，不能自主进行同意的受试者不能参与任何非治疗性的试验。在这一规定下，未成年人属于不能自主同意的人群，因而，未成年人仅可参与治疗性的试验。从未成年人保护的角度出发，未成年人参与基因研究的理由也应当是出于治疗，而不是获取经济利益。因而，在实际研究中，应当明确未成年人仅可参与治疗性基因研究的规定，从而限制父母的代理同意权，更好地保证代理同意制度是为了保障不具备完全同意能力人群合法权益的设立初衷。

2. 构建第三方保障机构，保障未成年人应有权利

未成年人基因研究范围的限制可以有效避免从未成年人的基因上获得不合理的利益，但无法保证未成年人从基因研究中获得应有的利益。因而，在基因研究中构建专业的未成年人知情同意保障机构十分重要。在未成年人基因研究的流程中，专业的未成年人知情同意保障机构可以对研究内容进行科学的评估并将评估结果以易懂的方式告知未成年人及其父母。同时，在未成年人知情同意书的签署上，采取三方同意的形式，在未成年人原意的基础上，父母签字，未成年人知情同意保障机构盖章确认。在未成年人知情同意保障机构的运行中，政府应加强检查，杜绝利益交换的产生。

五、引入基因信息自决权

基因信息具有特殊性，与之相关的基因信息权利也同样具有特殊性。与基因知情同意权不同，基因信息自决权是融合了基因信息的知情权、控制权、决定权及请求权的一项权利，其决定权充分体现了同意权的自主性；其控制权则为同意权规定了时限性，可有效保障同意内容不被滥用；其请求权则为同意权受到侵害提供了救济基础。因而，引入基因信息自决权对基因知情同意权的保障有着重要的作用。

（一）基因信息自决权的特殊主体

在前文基因信息自决权的讨论中对基因信息自决权的一般主体做了探讨，但基因信息并不是个人所享有，因其带有遗传密码，涉及家庭、群体、种族、国家甚至是全人类。因此基因信息自决权的主体也应该相应地予以扩大。在《关于遗传研究正当行为的声明》（HUGO）中有着明确的规定："同意参加基因科学研究的决定权不仅可以由个人做出，也可扩展到家庭的或者社区和人类层次。"我国《人类遗传资源管理暂行办法》第 12 条规定了办理涉及我国人类遗传资源的国际合作项目的报批手续，把人类遗传资源材料提供者及其亲属的知情同意证明材料作为一项条件，即为间接实行了家庭同意作为一个基因共同体，隐含着基因族群的整体利益也必须得到正面的考虑，基因信息自决权的主体应扩大到家庭、社区、国家甚至是全人类层面上。

1. 家庭组织

如果对人类基因信息进行的是商业开发的活动，其所附带的科学、社会与经济效益就会越来越多。在这种情形下，可以按照私法理论上的契约精神，在有效达成提供者与研究者之间合法的、有效的意思表示，形成有效的合同的条件下，可以按照合同来处理个人基因信息的流通。对家庭组织的基因信息决定权归属而言，并不要求在完全的整个家庭内部，绝对以家长的同意为核心，其要求所有能够理性表达自己意愿的家庭成员，在平等协商一致通过的情况下与基因信息的采集者建立契约关系都可以视为有效的同意。

2. 群体性组织

在以种族或者说社区群体等为单位做基因信息采集、流转、处理和保存时，决定权的主体该如何确认呢？各国法律对此并无统一规定。在实践中，有些欠发达国家完全忽视个体的意思表达自由，运用群体的行政领导签字统一来代替个体的同意。也有一部分国家对此有着法律上的明确规定，为了避免出现群众盲目地遵从于领导的权威，也为了防止其在不完全知情的情况下签字同意，法律明文规定禁止动员群体性提供基因的科学实验。而目前我国并无此类规定的相关法律法规或其他的规范性文件出台，也并不存在族群代表机制，而我国又是一个基因资源大国，所以原则上应只需要个人的同意，只在特别的情况下，才需要对共同利益做出一致。即使在基因共同体之内，多数决定民主制也应当慎行，以免多数人的暴政，即需要来自基因共同体和个人的两个同意。

3. 法律上的集体所有者——国家

对于个人的身体进行基因组织取样会关系到个人的人格权保障问题，所以在此种情况下必须要求每个主体的单独同意；但是对于群体性更为广泛的基因决定权该如何取决呢？对更为广泛的群体（某些国家或者是全人类）是否可以要求群体分子必须统一表达同意？在此种情况下，必然会涉及政府组织。首先我们必须保证在此种情况下的基因取样目的是为了公共利益，其次这种情况下的基因取样可以采取概括同意，因为许多基因数据库设置之后，研究过程大多以长期研究为目的，其后随着时期不同而有不同的生物医学需求，故而往往在一开始邀请参与者时，无法将所有信息均告知参与者，包括将来的用途、利益、所存在之风险等。但这确实是基因医学研究试验与常规医疗的区别，常规医疗的风险性，探索性较低，因而医师负有的告知义务及其责任要严格一些。由于这种事实，告知内容上的不充分，将是一种常态，这与医师在获取同意前因未充分完整之告知的要求相违，但在人群基因资料库的研究中，告知的内容只能是可以预期的信息，因而可能是不完全的。根据冰岛《保存及利用生物银行组织样本准则》的规定，其在第4条列出了采集样本时应告知的事项、样本的性质、收集及存储组织样本的安全保密措施，以及个人可识别身份及组织样本之间的性质；样本将会交于何处，个人有权自由选择是否提供组织样本给生物银行保存，而且拒绝同意不影响其权益；可随时撤回同意和不再同意搜集、保存其组织样本，或者针对某个特定研究拒绝参与。即使做出这些规定，信息仍然是不完全的，但这并不意味着在此基础上所获得的"同意"就是不合适的。问题仅仅在于如何确定已经做出的同意范围及否是达到那些在做出同意时所"确定不能预期的研究用途和目的"。"概括同意"意味着选择"是"，即同意将检验体提供给未来不特定之研究使用，如果选择"否"，那么就需要再次的同意，即必须就新的研究使用而再次取得参与者的同意。两种模式所体现的规范理念是不同的，往往不是简单的选择，这需要根据资料是否能够识别个人身份来具体判断，如果具有可识别性，那么应该获得再次的同意，反之就可以认为是一种概括的同意。基于人群基因资料库的公益性的一般目标，以及前瞻性的研究本质，概括的同意应优先获得支持，但必须遵循严格的告知后同意和匿名化规则。值得借鉴的是冰岛模式。冰岛的《生物银行法》规定在采集组织验体时必须遵守严格的告知后同意要求，而非此前《卫生部门资料库法》所采取的推定同意。第7条规定：在从民众取得其组织样本以保存于生物银行之前，必须取得样本提供者"在自由状态下经充分告知后的同意"。样本提供者必须被充分告知该样本的采集目的、用途、采集的法定要求，而且样本提供者日后可随时撤回其同意。生物银行必须在样本提供者撤回其同意之后销毁其组织样本，但是因已执行的研究而产生之物质和资料可不予销毁，但必须完全删除可识别个人身份的资料，并不得再任意用于进一步研究。《保存及利用生物银行组织样本准则》也明文规定，当利用组织样本做研究已属于基因研究的层次，而非仅是细胞和生理层次的研究时，应取得样本提供者明白的告知后同意，尤其是其可能追溯到个人身份时，不得以推定同意而代替。无论如何，告知后同意是一项基因医学研究的基本伦理和法律原则，必须确保样本捐献者充分知情后的完全自愿性。

最后，为了公共利益而涉及政府组织在内的基因取样，其契约内容会涉及公法上的权利义务关系约束，同时应有行政法上的救济措施予以保障产生的纠纷。

4. 象征性的集体所有者——全人类

迄今还没有相关国际文件和宣言之类的正式文件对全人类的基因权利归属做出规定，但是许多国际文件都明确了人类基因是全人类的"共同财富"。人类基因的权利主体从理论意义上讲包括全人类，人类共同财富原则同时也是国际法上的一个重要原则，世界各国据此必须遵守以下五点：任何国家皆不能占有或者拥有这些领域、所有国家都负有共同经营管理这些领域的责任、所有国家共同分享来自该领域的效益或者资源、所有国家都只能和平使用这些领域、所有国家都应该共同保护该领域的独特性与不可替代性。由此可见，作为人类基因的象征性主体——全人类，缺乏存在的现实可能性，在具体基因信息的运作上具有抽象性，基因资源只是象征性的人类遗产。

（二）准人格主体

1. 胎儿及死者

胎儿，是一个法律主体地位具有很大争议性的法律术语，截至目前，世界上各个国家关于胎儿的法律主体定位不同，所以就造成了一些有关胎儿在法律层面上的混乱。由于我国现有法律不认为胎儿是民事权利主体，所以胎儿肯定不会享有相应的民事权利，当然也就不会存在相应的基因信息权利。尽管胎儿不算作民事权利主体，但其自身的基因与出生后的个体在基因上存在同一性，所以，我们为了保护胎儿的利益，需要法律对胎儿的基因检测、研究等活动进行必要的限制。法律必须严格限定只有在符合某项标准时才能对胎儿的基因进行检测、研究或者予以披露，例如：在胎儿健康有可能出现重大健康隐患时等条件。而检测的范围也必须被限制在必要的、符合维系胎儿健康、挽救胎儿生命的范围内，胎儿基因检测的知情同意权必须由其监护人严格行使，只有在符合以上全部条件时，才能对胎儿基因进行相应的检测。至于出生但并未存活的胎儿，由于其基因可能涉及父母等人的人格利益，所以非经法律程序和其他利益相关人的同意，其基因信息不得被检测披露。死者不是民法上的权利主体，与死胎相同，死者的基因也会涉及相关人的人格利益，对死者的基因信息的检测、研究、披露、使用会影响妨碍死者亲属或其他人的权利行使。所以，死者的基因信息，非经其他权利人同意，也不得检测和予以披露或者予以使用。

2. 重症患者

重症患者，如植物人、脑死亡人等，其由于自身身患重症，其意思表达不够完整与自由。关于这类人是否仍旧属于民法上的主体还有不少争议，世界上各个国家关于民法上民事主体资格的终止的标准不同，如：有的国家是以公民脑死亡为标准，有的国家是以心脏停止跳动为标准，根据我国的标准，重症患者既然还并未死亡，就仍然是民法上的权利主体，只是无法完整、明确表达自己的意思。重症患者的基因信息自决权可以委托其监护人在不损害本人权益的大前提下予以行使。

3. 脱离人体的器官

关于脱离了人体的器官，如与身体分离的器官、组织、体液、毛发等在法律上的定位，各国亦有不同的规定。传统的大陆法系的观点认为只要是与人身体分离的部分，比如在某些医疗活动中切除的人体脏器，都是完全可以作为独立的物来处理的，在不违背法律与社会公序良俗的前提条件下，所有权人是完全有权做抛弃、捐赠等处分的。试举一例，在医疗活动中，医院在经过患者的同意后将患者的某些病变器官或者病变部分予以切除，不管是从法律角度层面，还是从社会公序良俗层面来讲，这些被切除的器官在切除之后都成了独立的物，是归患者所有的，假若该患者抛弃了被切除的病体，那么我们是不是就可以理解为患者同时也抛弃了病体中所包含的基因及基因信息呢？实际上在前文述及的美国著名的个案中我们已经有所交代，案中患者声称其主治医生在切除其病体之时并未告知自己被切除的病体具有巨大的商业利益，且在自己不知情的情况下利用自己的基因牟利，因此应构成侵权行为，最终，法院的判例承认了此案中患者对其脱离人体的器官享有经告知同意的自主决定权，我们也可以明确地说，就算某些器官脱离了人，但是其中的基因仍然是具有人格利益的。因此，虽然人体的某些器官或者组织在经过医疗等行为后脱离了人体，但是并不能就采取物权法上的抛弃物规则，因为，这些组织及其器官中的基因与该主体的基因信息具有同一性，擅自利用这些基因信息会对患者造成严重侵害，会造成患者的知情权受到损害，并且会严重侵犯患者对其自身的基因信息的决定权，严重侵犯其人格利益。

六、人类基因权利的损害救济——责任伦理理念及其展开

（一）基因权利损害的形态与特征

基因权利损害主要包括对基因平等权、基因自主权、基因隐私权、基因公

开权等的损害。在这些基因权利损害中，不仅主要包括了以精神损害为主的非财产损害，还包括了直接或间接的财产性损害。①基因平等权损害主要来自基因歧视侵权行为，直接表现为自由发展或获得社会福利等的机会的丧失，以及人格贬损、精神痛苦等的事实状态。②基因自主权损害主要来自对基因人格自主决定（特别是告知后同意）权利的侵害行为，直接表现为私领域中的自由意志受挫（如被隐瞒、欺诈、诱使而做出非出于本意的决定或无从做出决定）以及精神痛苦等的事实状态，在基因检测、基因诊断、基因治疗等过程中，对基因自主权的侵害甚至还可能导致健康、身体和生命损害。如果医师（研究者）对手术或试验情况未做充分的告知，而此种告知将对患者做出是否参与基因治疗试验的决定具有决定性影响，那么就不光侵害了其基因自主权从而产生精神损害，还可能产生健康损害（出现并发症甚至细胞癌化等）、身体损害（采集检体中侵入性的身体伤害）以及生命损害（死亡）。基因隐私权损害主要来自基因隐私侵权行为，直接表现为基因信息隐私被擅自揭示、告知或披露而不能保有基因信息充分完整的私密性，并产生精神痛苦等的事实状态。

在基因医学研究和技术应用过程中，还可能发生一些其他的人格权损害，如生命权、身体权和健康权损害。在基因筛查、基因检测的情形之下，更多地涉及基因权损害，而在基因诊断或基因治疗的具体情形之下，伴随着基因权损害，患者还可能遭受死亡或伤害等的损害后果。

基因权损害和其他人格权受到侵害相似，具有不利性、确定性和实质性等法律上的特征，表现为生命丧失、身体残疾、健康受损、自由丧失、人格受损、精神痛苦以及财产毁损或减少等。此外还更多地体现了抽象性特征，指那些权利本身一旦被侵害即可成立的损害，并不要求具有可感知性的外观，如，医师未获告知后同意而擅自利用他人的血样进行医疗目的之外的基因检测，即使没有产生基因隐私泄露、基因歧视、精神痛苦等实际的损害后果，也足以认定基因自主权损害在法律上的成立。

（二）人类基因科技的责任伦理纬度解读①

科技的破坏力如同科技的生产力一样强大，技术力量的未来风险已超出了我们的想象，生物科技使人类活动无论在规模、对象和后果等方面都发生了巨

---

① 杜珍媛.责任伦理视角下人类胚胎干细胞研究的法律规制［J］.医学与哲学，2010（7）.

大变化，引起的一系列社会和人类的伦理问题，不仅关系当代人类的生存处境，而且关涉人类将来的生存困境和发展，而传统的伦理学已无法适应。传统伦理视野中的责任是一种事后责任或过失责任，视野狭窄，无法适应风险重重的高科技社会的要求，它专注于已经发生的事情，以追究过失者的责任为导向，是一种消极的事后责任追究。

20世纪60年代，德裔美籍学者汉斯·约纳斯（Hans Jonas），看到了现代高科技的强大破坏力，为解救人类面临的生存困境以及大自然的生态困境，提出了新的"责任原则"，为解决科技发展带来的伦理争议开辟了一个新的维度。约纳斯的责任伦理思想认为，人类行为的伦理意义与技术活动的性质紧密相关：在传统社会，技术的影响范围极其有限，因而人的伦理行为遵循此时此地的原则；而在现代社会，由于科学技术的影响超越时空，因此人类应实行远距离的责任伦理。

责任伦理作为科技时代的伦理，为人类基因科技研究提供了新的伦理指导。

首先，对于人类基因科技的研究及在医学上的应用，存在着不同的责任观的冲突。

赞同者认为，符合"救死扶伤""治病救人"的原则，体现了为病患解除疾病痛苦的责任意识；反对者出于为保护患者的生命和健康负责，认为存在着技术的高风险，反对使用该技术治疗疾病。例如，赞同生殖细胞基因增强技术，希望为后代先天地获得一种好的外形，如强壮的体魄、挺拔的身材等，是为了后代能更美好地生活而承担的一种先在的责任；但这种先在的责任将人视为一堆基因任意拼接、组装，亵渎了人的人格和尊严，慎于使用该技术也是基于人有责任在技术面前保护人性和人格不受侵犯。如何调整这些冲突的责任观，平衡各方主体利益，从而更好地开展并应用该技术，这就要求将责任的对象扩展到人类将来，乃至除人类以外的大自然，既要考虑患者的利益，也要考虑医学进步对整个人类社会的利益，既要考虑到当代人的需求，也要考虑到子孙后代乃至整个人类的保存，使科学和研究的自由与人类尊严、人种的完整性和社会全面进步之间保持平衡。

其次，责任伦理中的责任，不仅凸显了"责任"的地位，而且拓展了"责任"的含义，赋予了"责任"新的内涵。其强调的是一种以未来行为为导向，积极地对行为进行指导的事先责任。对以生命为研究对象的人类基因科技的发展，事先责任意识显得尤为重要。人类基因科技作为一项前沿的生物科技，在技术上还不成熟，存在着较大的风险，且在干预生物的过程中，涉及未知的、不确定的因素太多，不仅危及当代人的生命健康和社会稳定，而且可能危及整个人类将来的维持和生存；同时此项技术的运用对人的本质、价值、尊严、人的生命质量等伦理规范提出了挑战。因此，应将一种预防责任意识纳入人类基因科技研究者的视野，赋予研究者更多的义务和责任，从而切实保障人的生命健康权不受侵犯、保障人体的完整性和人种的完整性以及人类遗传特性不受侵犯。

（三）责任伦理维度下人类基因权利损害赔偿机制探讨

基因技术是一项非常复杂的高科技技术，在医学上的研究及应用具有公益性，给他人带来的危害具有社会性，存在司法救济不足和国家赔偿范围有限的弊端。为使受害人得到及时、充分和有效的救济，对私法救济和国家救济不足的部分，规定由侵权人之外的社会特定组织承担填补性赔偿责任，既可填补受害者所受的损害，也不会影响生物技术的开展和发展。

在责任伦理视角下构建相关损害赔偿机制，应将损害的责任赔偿社会化，将损害赔偿关系的法律调整由过去单一机制及侵权责任转变为复合机制；在侵权责任规范外，不仅有责任保险制度，还可设置相应的社会保险等。在我国，对基因技术的研究、应用导致的损害赔偿建议采用医疗责任保险和设置相关公共赔偿基金两种方式。

责任保险制度是基因技术损害赔偿社会化的重要组成部分，通过该机制可以将巨额赔偿责任分散到众多投保人身上。因此，可设置相关医疗责任保险，即要求参与基因研究的医疗机构和医务人员强行参加并购买医疗责任险，依据相应的保险条款，规定医疗机构作为投保人和被保险人，从而将其因医疗事故应承担的民事赔偿责任转由保险公司承担。医疗责任保险既能有效转移医疗机构风险又能保证患者利益，是我国卫生事业发展的需要。当责任主体不能确定，或无力或不愿承担损害赔偿费用时，可以通过设置生物科技损害赔偿基金来支付相关费用。

赔偿基金制度是在一般民事救济手段对受害人救济乏力，或启动国家赔偿救济又无法律依据，或因果推定不能的情况下，通过预设的公共赔偿救济中心，以一定条件为前提，以一定的程序机制作为保障，对受害人因基因技术造成的损害予以及时、有效、直接支付与补偿的责任填补制度。公共赔偿基金的资金来源可由政府一定比例的拨款、科研机构的预留基金、医药公司的税款、捐赠等构成。通过这样几种筹资方式建立起公共赔偿基金，并设定相应的赔偿条件，与此同时，调动政府、社会团体、公司企业以及公众参与到公共基金的管理、使用和监督等各个环节之中，以确保基金对基因技术受害人进行及时有力的救济。这样不仅解决了受害人求偿难的问题，切实加强了对受害人所受损害的补偿功能，确立了赔偿的物质基础，更缓解了基因科技工作者的潜在风险责任。

在赔偿支付的顺序上，受害人应优先选择侵权的普通民事救济，在普通民事救济求偿不能时适用赔偿基金，赔偿基金在赔偿次序上具有后位性。在赔偿申请的时效方面，鉴于损害的后果发生的缓慢性和潜伏性，建议延长，甚至不做限制。生物科技损害赔偿基金制度无疑是对一般的侵权救济制度和理念的一种超越和突破。

基因科技的健康持续发展，不仅离不开国家、政府的法律和道德规范，也离不开社会公众的强大监督。只有集中全社会的力量，不断健全主体的责任机制，增强主体的道德意识和责任意识，充分发挥伦理和法律的双重规范作用，才能使生物技术始终沿着有利于人类健康和美好生活的方向发展。

结　语

无论我们身处哪个时代，在承载前人留下的法律文明时，总是不得不面对由于社会变迁、技术革新带来的新的挑战。基因科技的迅速发展，将人类对生命的研究推入了一个新纪元的同时，为人类带来了巨大的伦理、法律和社会冲击。基因科技涉及的法律规范内容纷繁复杂，牵涉医学、法学、伦理学等诸多学科，由于对基因权利进行系统、专门的研究的资料较少，相关外文文献的搜集存在一定的难度。

基因科技发展衍生的伦理、法律与社会问题最终归结为对基因权利的侵犯。基因权利问题引起了国内外的普遍关注。但相关研究如人类是否享有基因权利、基因权利的性质等一直在学术界存有争议。

我国现有对于基因权利的研究并不多见，且大多集中于民法领域，仅将其作为一项民事权利来研究；部分学者从宪法及行政法的角度作了初步探讨，较少从法理学角度，结合哲学、伦理学视角对基因权利进行研究。

本书以法学、医学、制度经济学、生命伦理学等多学科为研究视角，首先从法理学的角度对基因权利进行论述，接着分别对基因科技发展所涵盖的伦理、法律、社会问题进行了梳理；对人类基因的法律属性争议，对基因复杂的性质进行评述，提出了基因的人格财产属性观点；以宪法和私法两条不同道路，分别论证基因权利的本质属性和权利保障制度，避免前人仅从宪法角度或私法规范角度单一探讨的局限性。在具体制度上，对基因信息自决权、未成年人基因知情同意权等做了尝试性的制度构想；对基因不知悉权与医师保密义务的冲突、基因资源利用与分享、大数据基因信息保护做了较深入的中外对比研究；对基因隐私权制度和基因权益损害赔偿制度，尝试以伦理学和经济学为分析工具进行完善和构建。认为在责任伦理视角下构建相关损害赔偿机制，应将损害的责任赔偿社会化，将损害赔偿关系的法律调整由过去单一机制及侵权责任转变为复合机制。建议对基因技术的研究、应用导致的损害赔偿可采用医疗责任保险和设置相关公共赔偿基金两种方式。生物科技损害赔偿基金制度无疑是对一般的侵权救济制度和理念的一种超越和突破。

驾驭需具有多学科背景的文章写作并非易事，但法学理论的创新是方法论的创新。以法经济学、法社会学等多学科为新的分析工具分析法律问题虽难度颇高，但在这样的文章写作中方能领悟到法学之大美，各种理论、流派在同一问题的交织和辉映。

诚挚感谢本书写作过程中河海大学杨春福教授、台湾政治大学刘宏恩教授、德国慕尼黑大学乌尔里希·施罗特教授的指导以及写作方向的启迪；东南大学生命伦理学孙慕义教授给予笔者的鼓励和伦理学理论研讨。

限于学力之有限，基因权利议题之深广，笔者的学术理论尝试还有待加强，对于基因基本权利的法律规范、后代人的基因权利等问题待后期展开和深入研究。

感谢光明日报出版社对本书入选光明社科文库的支持和资助，希望借由本书的出版能有更多的法学、社会学、伦理学、医学界的同人、朋友对基因科技带来的问题做更深、更进一步的交流和探讨。

参考文献

一、著作

（一）中文著作

1. 陈爱华. 科学与人文的契合——科学伦理精神的历史生成 [M]. 长春：吉林人民出版社，2003.

2. 陈新民. 德国公法学基础理论：上册 [M]. 济南：山东人民出版社，2001.

3. 法治斌，董保城. 宪法新论 [M]. 台北：元照出版社，2006.

4. 法治斌. 人权保障与释宪法制——宪法专论（一）[M]. 台北：月旦出版社股份有限公司，2012.

5. 复旦人权研究中心. 复旦人权研究 [M]. 上海：复旦大学出版社，2004.

6. 高宣扬. 德国哲学的发展 [M]. 香港：天地图书出版公司，1985.

7. 郭自力. 生物医学的法律和伦理问题 [M]. 北京：北京大学出版社，2002.

8. 洪德钦. 欧洲联盟人权保障 [M]. 台北："中央研究院"欧美研究所，2006.

9. 黄丁全. 医疗法律与生命伦理 [M]. 北京：法律出版社，2007.

10. 黄丁全. 医事法新论 [M]. 北京：法律出版社，2012.

11. 何建志. 基因歧视与法律对策之研究 [M]. 台北：元照出版公司，2012.

12. 梁慧星. 中国民法典草案建议稿附理由（总则编）[M]. 北京：法律出版社，2004.

13. 梁慧星. 民法总论 [M]. 北京：法律出版社，2007.

14. 刘士国. 科学的自然法观与民法解释 [M]. 上海：复旦大学出版社，2011.

15. 刘长秋，刘迎霜. 基因技术法研究 [M]. 北京：法律出版社，2005.

16. 刘士国. 民法总论 [M]. 上海：上海人民出版社，2001.

17. 刘士国. 医事法前沿问题研究 [M]. 北京：中国法制出版社，2011.

18. 刘银良. 生物技术的法律问题研究 [M]. 北京：科学出版社，2007.

19. 李燕. 医疗权利研究 [M]. 北京：中国人民公安大学出版社，2009.

20. 李震山. 多元、宽容与人权保障——以宪法未列举权之保障为中心 [M]. 台北：元照出版社，2012.

21. 李震山. 人性尊严与人权保障 [M]. 台北：元照出版公司，2000.

22. 刘宏恩. 基因科技伦理与法律——生物医学研究的自律、他律与国家规范 [M]. 台北：五南图书出版有限公司，2009.

23. 林喆. 权利的法哲学 [M]. 济南：山东人民出版社，1999.

24. 倪正茂，陆庆胜，等. 生命法学引论 [M]. 武汉：武汉大学出版社，2005.

25. 邱格屏. 人类基因的权利研究 [M]. 北京：法律出版社，2009.

26. 邱仁宗. 生死之间——道德难题与生命伦理 [M]. 香港：中华书局香港分局，1988.

27. 邱仁宗，瞿晓梅. 生命伦理学概论 [M]. 北京：中国协和医科大学出版社，2003.

28. 萨斯赛. 生态哲学 [M]. 北京：东方出版社，1991.

29. 沈铭贤. 科学哲学与生命伦理 [M]. 上海：上海科学出版社，2008.

30. 史尚宽. 民法总论 [M]. 北京：中国政法大学出版社，2000.

31. 孙勇如. 遗传学手册 [M]. 长沙：湖南科学技术出版社，1989.

32. 苏永钦. 部门宪法 [M]. 台北：元照出版公司，2011.

33. 谈大正. 生命法学导论 [M]. 上海：上海人民出版社，2005.

34. 王家福，刘海年，李林. 人权与21世纪 [M]. 北京：中国法制出版社，2000.

35. 王利明. 人格权法研究 [M]. 北京：中国人民大学出版社，2005.

36. 王泽鉴. 民法总则（增订版）[M]. 北京：中国政法大学出版

社，2001.

37. 王泽鉴．侵权行为法：第 1 册 ［M］．北京：中国政法大学出版社，2001.

38. 夏勇．人权概念起源 ［M］．北京：中国政法大学出版社，1992.

39. 夏勇．走向权利的时代——中国公民权利发展研究 ［M］．北京：社会科学文献出版社，2007.

40. 萧淑芬．基本权基础理论之继受与展望 ［M］．台北：元照出版公司，2005.

41. 徐亚文．程序正义论 ［M］．济南：山东人民出版社，2004.

42. 许志雄，陈铭祥，蔡茂寅，周志宏，蔡宗珍．现代宪论 ［M］．台北：元照出版公司，2002.

43. 颜阙安．鼠肝与虫臂的管制——法理学与生命伦理论文集 ［M］．台北：元照出版社，2012.

44. 杨春福．权利法哲学研究导论 ［M］．南京：南京大学出版社，2000.

45. 杨奕华．法律人本主义——法理学研究论 ［M］．台北：汉兴书局有限公司，1997.

46. 叶俊荣，等．天平上的基因——民为贵、gene 为轻 ［M］．台北：元照出版社，2012.

47. 易继明．技术理性、社会发展与自由——科技法学导论 ［M］．北京：北京大学出版社，2009.

48. 张爱燕，李燕．生命科技的法律问题研究 ［M］．济南：山东大学出版社，2007.

49. 张宝珠，刘鑫．医疗告知与维权指南——知情同意权理论与实践 ［M］．北京：人民军医出版社，2004.

50. 章波，等．人类基因研究报告 ［M］．重庆：重庆出版集团，重庆出版社，2006.

51. 张春美．DNA 的伦理地位 ［M］．上海：上海书店出版社，2006.

52. 张军．宪法隐私权研究 ［M］．北京：中国社会科学文献出版社，2007.

53. 张乃根，等．克隆人：法律与社会：第三卷 ［M］．上海：复旦大学出版社，2006.

54. 张田勘．基因时代与基因经济 ［M］．北京：民主与建设出版社，2001.

55. 张文显. 法理学 [M]. 3版. 北京：高等教育出版社，北京大学出版社，2007.

56. 张文显. 二十世纪西方法哲学思潮研究 [M]. 北京：法律出版社，2006.

57. 张翔. 基本权利的规范结构 [M]. 北京：高等教育出版社，2008.

58. 曾淑瑜. 生命科学与法规范之调和 [M]. 台北：翰芦图书出版有限公司，2003.

59. 郑贤君. 基本权利研究 [M]. 北京：中国民主法制出版社，2007.

60. 周枏. 罗马法原论：上册 [M]. 北京：商务印书馆，1994.

61. 饶明辉. 基因上的权利群论纲 [D]. 武汉：中南财经政法大学硕士学位论文，2003.

（二）中文译著

1. [奥] 凯尔森. 法与国家的一般理论 [M]. 沈宗灵，译. 北京：中国大百科全书出版社，1996.

2. [德] 奥特弗利德·赫费. 政治的正义性——法和国家的批判哲学之维 [M]. 庞学铨，等译. 上海：上海译文出版社，1998.

3. [德] 迪特尔·梅迪库斯. 德国民法总论 [M]. 邵建东，译. 北京：法律出版社，2000.

4. [德] 黑格尔. 法哲学原理 [M]. 北京：商务印书馆，1982.

5. [德] 康德. 法的形而上原理——权利的科学 [M]. 沈叔平，译. 北京：商务印书馆，2008.

6. [德] 魏德士. 法理学 [M]. 丁晓春，吴越，译. 北京：法律出版社，2005.

7. [德] 尤尔根·哈贝马斯. 作为“意识形态”的技术与科学 [M]. 李黎，等译. 北京：学林出版社，1999.

8. [加] 许志伟. 生命伦理：对当代生命科技的道德评估 [M]. 朱晓红，编. 北京：中国社会科学出版社，2006.

9. [美] 阿丽塔·L. 艾伦，理查德·C. 托克音顿. 美国隐私法：学说、判例与立法 [M]. 北京：中国民主法制出版社，2004.

10. [美] 戴维·林德怕格. 西方科学的起源 [M]. 王裙，等译. 北京：中国对外翻译出版公司，2001.

11. ［美］戴维·破普诺. 社会学［M］. 10 版. 李强, 等译. 北京：中国人民大学出版社, 1999.

12. ［美］E. 博登海默. 法理学：法律哲学与方法［M］. 邓正来, 译. 北京：中国政法大学出版社, 1999.

13. ［美］杰里米·里夫金. 生物技术世纪——用基因重塑世界［M］. 付立杰, 陈克勤, 等译. 上海：上海科技教育出版社, 2001.

14. ［美］罗伯特·考特, 托马斯·尤伦. 法和经济学［M］. 上海：上海三联书店, 1994.

15. ［美］罗科斯·庞德. 通过法律的社会控制·法律的任务［M］. 沈宗灵, 董世忠, 译. 北京：商务印书馆, 1984.

16. ［美］罗纳德·德沃金. 法律帝国［M］. 李常清, 译. 北京：中国大百科全书出版社, 1996.

17. ［美］罗纳德·德沃金. 认真对待权利［M］. 信春鹰, 吴玉章, 译. 北京：中国大百科全书出版社, 1998.

18. ［美］路易斯·亨金. 宪政与权利［M］. 郑戈, 译. 北京：生活·读书·新知三联书店, 1996.

19. ［美］瓦德霍兹. 基因圣战——摆脱遗传的宿命［M］. 杨玉龄, 译. 台北：天下远见出版股份有限公司, 2010.

20. ［美］威廉·赖特. 基因的力量：人是天生的还是造就的［M］. 郭本禹, 等译. 南京：江苏人民出版社, 2001.

21. ［美］维纳. 控制论［M］. 郝季仁, 译. 北京：科学出版社, 1963.

22. ［美］约翰·罗尔斯. 正义论［M］. 何怀宏, 何包钢, 廖申白, 译. 北京：中国社会科学出版社, 1998.

23. ［英］安东尼·吉登斯. 现代性的后果［M］. 田禾, 译. 南京：译林出版社, 2000.

24. ［英］F. A. 哈耶克. 致命的自负［M］. 冯克利, 等译. 北京：中国社会科学出版社, 2000.

25. ［英］米尔恩. 人的权利和人的多样性——人权哲学［M］. 夏勇, 张志铭, 译. 北京：中国大百科全书出版社, 1995.

26. ［日］平野仁彦, 棉本洋, 服部高弘. 法哲学［M］. 东京：有斐阁, 2002.

27. ［日］星野英一．私法中的人［M］．王闯，译．北京：中国法制出版社，2004.

二、论文

1. 蔡维音．德国基本法第一条"人性尊严"规定之探讨［J］．宪政时代，1992，18（1）．

2. 胡瓷红．法律与基因的对话——生命法学的现实问题研究［J］．公法研究，2002.

3. 高光义．论日本法上之隐私权［C］//现代国家与宪法：李鸿禧教授六秩华诞祝贺论文集．台北：月旦出版社，1997.

4. 姜萍，殷正坤．人体研究中的知情同意问题研究综述［J］．哲学动态，2002（12）．

5. 刘宏恩．评日本基因资料库之相关伦理规范与制度设计——以其组织运作及告知同意问题之处理文讨论核心［J］．月旦法学杂志，2007（2）．

6. 刘雪斌．权利分析——一种伦理学的视角［M］//徐显明．人权研究．济南：山东人民出版社，2010.

7. 李崇禧．基因隐私保护之法理规范［J］．台湾法学杂志，（91）．

8. 李崇禧．人体基因研究之伦理规范问题初探［J］．月旦法学杂志，2007（2）．

9. 林来梵．人的尊严与人格尊严：兼论中国宪法第38条的解释方案［J］．浙江社会科学，2008（3）．

10. 吕建斌．基因、伦理及法律问题［J］．科技与法律，2002（1）．

11. 齐爱民．论个人资料［J］．法学，2003（8）．

12. 邱格屏．人类基因财产权分析［J］．学术论坛，2008（6）．

13. 翁岳生．信息立法之研究［J］．"行政院"研究发展考核委员会，1994.

14. 王康．基因权的私法证成和价值分析［J］．法律科学，2011（5）．

15. 王迁．生物法律论基因歧视现象引发的法学课题——"基因歧视"法律问题专题研究之一［J］．科技与法律，2003（3）．

16. 王少杰．论基因权［J］．青岛科技大学学报（社会科学版），2008（3）．

17. 余信达．从人性尊严与伦理道德之定位探索基因相关技术之可专利性

[J]．月旦法学杂志，2005（123）．

18. 曾淑瑜．论基因歧视［J］．华网法粹，2007（39）．

19. 张小罗．基因权利初论［J］．法学评论，2010（3）．

20. 赵西巨．人体组织提供者法律保护模式之构建［J］．科技与法律，2008（2）．

21. ［日］松井茂记．论自己决定权［J］．莫纪红，译．外国法译评，1996（3）．

三、外文文献

[1] A. Clarke, et al. Genetic Counselling, Practice and Principles. London: Routledge, 1994.

[2] Alfred North Whitehead. Process and Reality. London & New York: Harper and Row, 1960.

[3] Andrews L. Legal Aspects of Genetic Information. Yale Journal of Biology and Medicine, Vol. 64, p. 29 (1990).

[4] Charles Fried, Privacy – A moral Analysis, 77 Yale L. J. 475 (1969).

[5] Francis S. Collins. The Language of Life: DNA and the Revolution in Personalized Medicine. New York: Harper Perennial, 2011.

[6] Graeme Laurie. Genetic Privacy: A Challenge to Medico – Legal Norms. Cambridge: Cambridge University Press, 2002.

[7] Genetic Service in Ontario: Mapping the Future, Report of Provincial Advisory Committee on New Predictive Genetic Technologies, p. 3 (2001).

[8] George J. Annas, S. Elias, et al. Gene Mapping: Using Law and Ethics as Guides. New York: Oxford University Press, 1992.

[9] Heather Widdows, Caroline Mullen, et al. The Governance of Genetic Information: Who Decides? Cambridge: Cambridge University Press, 2009.

[10] Jeremy Rifkin. The Biotech Century: Harnessing the Gene and Remaking the Worlds. New York: Jeremy P. Tarcher/Putnam, 1998.

[11] Joseph Fletcher. The Ethics of Genetic Control: Ending Reproductive Roulette. New York: Doubleday, 1974.

[12] Jurgen Habermas. The Future of Human Nature. Cambridge, UK: Polity

Press (in association with Blackwell Publishing Ltd.), 2003.

［13］ J. W. Harris. Property Problems: From Genes to Pension Funds. London: Kluwer Law International Ltd. , 1997.

［14］ Irving Fisher, Eugene Lyman Fisk. How to Live: Rules for Healthful Living Based on Modern Science. New York: Cosimo Classics, 2004.

［15］ LeRoyWalters, Julie Gage Palmer. The Ethics of Human Gene Therapy. New York: Oxford University Press, 1996.

［16］ Leanna J. Albertson, et al. Genetic Discrimination. New York: Nova Science Publishers, Inc. , 2008.

［17］ Leon R. Kass. Life, Liberty and the Defense of Dignity: The Challenge for Bioethics. San Francisco: Encounter Books, 2002.

［18］ Mark A. Rothstein, et al. Genetic secrets: protecting privacy and confidentiality in the geneticera. New Haven: Yale University Press, 1997.

［19］ Melvin v. Reid, 112 Cal. App. 285, 297 (1931) .

［20］ Michael J. Sandel. The Case against Perfection: Ethics in the Age of Genetic Engineering. Cambridge, Mass: Belknap Press of Harvard University Press, 2007.

［21］ Chamundeeswari Kuppuswamy. The International Legal Governance of the Human Genome. London and New York: Routledge, 2009.

［22］ Rex Martin. A System of Rights. New York: Oxford University Press, 1997.

［23］ Richard Dawkins. the Selfish Gene. New York: Oxford University Press, 30th Anniversary Edition, 2006.

［24］ Robert Nozick. Anarchy, State and Utopia. New York: Basic Books Inc. , 1974.

［25］ Robert L. Nussbaum, et al. Thompson & Thompson Genetics in Medicine. Elsevier (Singapore) Pte Ltd. , 2007.

［26］ Ronald Dworkin. Sovereign Virtue: The Theory and Practice of Equality. Cambridge, MA: Harvard University Press, 2000.

［27］ Ruth Chadwich, et al. The Right to Know and the Right Not to Know, Ashgate, 1997.

［28］ Samuel D. Warren, Louis D. Brandeis. The Right to Privacy, Harvard Law Rewiew, Vol. 4 (1890), p. 193.

附录一

基因工程安全管理办法

中华人民共和国国家科学技术委员会令　第 17 号

《基因工程安全管理办法》现予发布，自发布之日起施行。

主任宋健

一九九三年十二月二十四日

第一章　总　　则

第一条　为了促进我国生物技术的研究与开发，加强基因工程工作的安全管理，保障公众和基因工程工作人员的健康，防止环境污染，维护生态平衡，制定本办法。

第二条　本办法所称基因工程，包括利用载体系统的重组体 DNA 技术，以及利用物理或者化学方法把异源 DNA 直接导入有机体的技术。但不包括下列遗传操作：

（一）细胞融合技术，原生质体融合技术；

（二）传统杂交繁殖技术；

（三）诱变技术，体外受精技术，细胞培养或者胚胎培养技术。

第三条　本办法适用于在中华人民共和国境内进行的一切基因工程工作，包括实验研究、中间试验、工业化生产以及遗传工程体释放和遗传工程产品使用等。

从国外进口遗传工程体，在中国境内进行基因工程工作的，应当遵守本办法。

第四条　国家科学技术委员会主管全国基因工程安全工作，成立全国基因工程安全委员会，负责基因工程安全监督和协调。

国务院有关行政主管部门依照有关规定，在各自的职责范围内对基因工程工作进行安全管理。

第五条　基因工程工作安全管理实行安全等级控制、分类归口审批制度。

第二章　安全等级和安全性评价

第六条　按照潜在危险程度，将基因工程工作分为四个安全等级：

安全等级Ⅰ，该类基因工程工作对人类健康和生态环境尚不存在危险；

安全等级Ⅱ，该类基因工程工作对人类健康和生态环境具有低度危险；

安全等级Ⅲ，该类基因工程工作对人类健康和生态环境具有中度危险；

安全等级Ⅳ，该类基因工程工作对人类健康和生态环境具有高度危险。

第七条　各类基因工程工作的安全等级的技术标准和环境标准，由国务院有关行政主管部门制定，并报全国基因工程安全委员会备案。

第八条　从事基因工程工作的单位，应当进行安全性评价，评估潜在危险，确定安全等级，制定安全控制方法和措施。

第九条　从事基因工程实验研究，应当对 DNA 供体、载体、宿主及遗传工程体进行安全性评价。安全性评价重点是目的基因、载体、宿主和遗传工程体的致病性、致癌性、抗药性、转移性和生态环境效应，以及确定生物控制和物理控制等级。

第十条　从事基因工程中间试验或者工业化生产，应当根据所用遗传工程体的安全性评价，对培养、发酵、分离和纯化工艺过程的设备和设施的物理屏障进行安全性鉴定，确定中间试验或者工业化生产的安全等级。

第十一条　从事遗传工程体释放，应当对遗传工程体安全性、释放目的、释放地区的生态环境、释放方式、监测方法和控制措施进行评价，确定释放工作的安全等级。

第十二条　遗传工程产品的使用，应当经过生物学安全检验，进行安全性评价，确定遗传工程产品对公众健康和生态环境可能产生的影响。

第三章　申报和审批

第十三条　从事基因工程工作的单位，应当依据遗传工程产品适用性质和安全等级，分类分级进行申报，经审批同意后方能进行。

第十四条　基因工程实验研究，属于安全等级Ⅰ和Ⅱ的工作，由本单位行政负责人批准；属于安全等级Ⅲ的工作，由本单位行政负责人审查，报国务院有关行政主管部门批准；属于安全等级Ⅳ的工作，经国务院有关行政主管部门审查，报全国基因工程安全委员会批准。

第十五条　基因工程中间试验，属于安全等级Ⅰ的工作，由本单位行政负责人批准；属于安全等级Ⅲ的工作，报国务院有关行政主管部门批准；属于安全等级Ⅲ的工作，由国务院有关行政主管部门审批，并报全国基因工程安全委员会备案；属于安全等级Ⅳ的工作，由国务院有关行政主管部门审查，报全国基因工程安全委员会批准。

第十六条　基因工程工业化生产、遗传工程体释放和遗传工程产品使用，属于安全等级Ⅰ至Ⅱ的工作，由国务院有关行政主管部门审批，并报全国基因工程安全委员会备案；属于安全等级Ⅳ的工作，由国务院有关行政主管部门审查，报全国基因工程安全委员会批准。

第十七条　从事基因工程工作的单位应当履行下列申报手续：

（一）项目负责人对从事的基因工程工作进行安全性评价，并填报申请书；

（二）本单位学术委员会对申报资料进行技术审查；

（三）上报申请书及提交有关技术资料。

第十八条　凡符合下列各项条件的基因工程工作，应当予以批准，并签发证明文件：

（一）不存在对申报的基因工程工作安全性评价的可靠性产生怀疑的事实；

（二）保证所申报的基因工程工作按照安全等级的要求，采取与现有科学技术水平相适应的安全控制措施，判断不会对公众健康和生态环境造成严重危害；

（三）项目负责人和工作人员具备从事基因工程工作所必需的专业知识和安全操作知识，能承担本办法规定的义务；

（四）符合国家有关法律、法规规定。

第四章　安全控制措施

第十九条　从事基因工程工作的单位，应当根据安全等级，确定安全控制方法，制定安全操作规则。

第二十条 从事基因工程工作的单位，应当根据安全等级，制定相应治理废弃物的安全措施。排放之前应当采取措施使残留遗传工程体灭活，以防止扩散和污染环境。

第二十一条 从事基因工程工作的单位，应当制定预防事故的应急措施，并将其列入安全操作规则。

第二十二条 遗传工程体应当贮存在特定设备内。贮放场所的物理控制应当与安全等级相适应。

安全等级Ⅳ的遗传工程体贮放场所，应当指定专人管理。

从事基因工程工作的单位应当编制遗传工程体的贮存目录清单，以备核查。

第二十三条 转移或者运输的遗传工程体应当放置在与其安全等级相适应的容器内，严格遵守国家有关运输或者邮寄生物材料的规定。

第二十四条 从事基因工程工作的单位和个人必须认真做好安全监督记录。安全监督记录保存期不得少于十年，以备核查。

第二十五条 因基因工程工作发生损害公众健康或者环境污染事故的单位，必须及时采取措施，控制损害的扩大，并向有关主管部门报告。

第五章 法律责任

第二十六条 有下列情况之一的，由有关主管部门视情节轻重分别给予警告、责令停止工作、停止资助经费、没收非法所得的处罚：

（一）未经审批，擅自进行基因工程工作的；

（二）使用不符合规定的装置、仪器、试验室等设施的；

（三）违反基因工程工作安全操作规则的；

（四）违反本办法其他规定的。

第二十七条 审批机关工作人员玩忽职守、徇私舞弊，由所在单位或者其上级主管部门对直接责任人员给予行政处分。情节严重，构成犯罪的，依法追究刑事责任。

第二十八条 违反本办法的规定，造成下列情况之一的，负有责任的单位必须立即停止损害行为，并负责治理污染、赔偿有关损失；情节严重，构成犯罪的，依法追究直接责任人员的刑事责任：

（一）严重污染环境的；

（二）损害或者影响公众健康的；

（三）严重破坏生态资源、影响生态平衡的。

第二十九条 审批机构的工作人员和参与审查的专家负有为申报者保守技术秘密的责任。

第六章 附 则

第三十条 本办法所用术语的含义是：

（一）DNA，系脱氧核糖核酸的英文名词缩写，是贮存生物遗传信息的遗传物质。

（二）基因，系控制生物性状的遗传物质的功能和结构单位，是具有遗传信息的 DNA 片段。

（三）目的基因，系指以修饰宿主细胞遗传组成并表达其遗传效应为目的异源 DNA 片段。

（四）载体，系指具有运载异源 DNA 进入宿主细胞和自我复制能力的 DNA 分子。

（五）宿主细胞，系指被导入重组 DNA 分子的细胞。宿主细胞又称受体细胞。

（六）重组 DNA 分子，系指由异源 DNA 与载体 DNA 组成的杂种 DNA 分子。

（七）有机体，系指能够繁殖或者能够传递遗传物质的活细胞或者生物体。

（八）重组体，系指因自然因素或者用人工方法导入异源 DNA 改造其遗传组成的机体。

（九）变异体，系指因自然或者人工因素导致其遗传物质变化的有机体。

（十）重组体 DNA 技术，系指利用载体系统人工修饰有机体遗传组成的技术，即在体外通过酶的作用将异源 DNA 与载体 DNA 重组，并将该重组 DNA 分子导入宿主细胞内，以扩增异源 DNA 并实现其功能表达的技术。

（十一）遗传工程体，系指利用基因工程的遗传操作获得的有机体，包括遗传工程动物、遗传工程植物和遗传工程微生物。

下列变异体和重组体不属于本办法所称遗传工程体：用细胞融合或者原生质体融合技术获得的生物；传统杂交繁殖技术获得的动物和植物；物理化学因

素诱变技术其遗传组成的生物；以及染色体结构畸变和数目畸变的生物。

（十二）遗传工程产品，系指含有遗传工程体、遗传工程体成分或者遗传工程体目的基因表达产物的产品。

（十三）基因工程实验研究，系指在控制系统内进行的实验室规模的基因工程研究工作。

（十四）基因工程中间试验，系指把基因工程实验研究成果和遗传工程体应用于工业化生产（生产定型和鉴定）之前，旨在验证、补充相关数据，确定、完善技术规范（产品标准和工艺规程）或者解决扩大生产关键技术，在控制系统内进行的试验或者试生产。

（十五）基因工程工业化生产，系指利用遗传工程体，在控制系统内进行医药、农药、兽药、饲料、肥料、食品、添加剂、化工原料等商业化规模生产，亦包括利用遗传工程进行冶金、采油和处理废物的工艺过程。

（十六）遗传工程体释放，系指遗传工程体在开放系统内进行研究、生产和应用，包括将遗传工程体施用于田间、牧场、森林、矿床和水域等自然生态系统中。

（十七）遗传工程产品使用，系指遗传工程产品投放市场销售或者供人们应用。

（十八）控制系统，系指通过物理控制和生物控制建立的操作体系。

物理控制，系指利用设备的严密封闭、设施的特殊设计和安全操作，使有潜在危险的 DNA 供体、载体和宿主细胞或者遗传工程体向环境扩散减少到最低限度。

生物控制，系指利用遗传修饰，使有潜在危险的载体和宿主细胞在控制系统外的存活、繁殖和转移能力降低到最低限度。

不具备上述控制条件的操作体系，称为开放系统。

第三十一条　国务院有关行政主管部门按照本办法的规定，在各自的职责范围内制定实施细则。

第三十二条　本办法由国家科学技术委员会解释。

第三十三条　本办法自发布之日起施行。

人类遗传资源管理暂行办法

（一九九八年六月十日经国务院同意，国务院办公厅转发施行）

第一章　总　　则

第一条　为了有效保护和合理利用我国的人类遗传资源，加强人类基因的研究与开发，促进平等互利的国际合作和交流，制定本办法。

第二条　本办法所称人类遗传资源是指含有人体基因组、基因及其产物的器官、组织、细胞、血液、制备物、重组脱氧核糖核酸（DNA）构建体等遗传材料及相关的信息资料。

第三条　凡从事涉及我国人类遗传资源的采集、收集、研究、开发、买卖、出口、出境等活动，必须遵守本办法。

第四条　国家对重要遗传家系和特定地区遗传资源实行申报登记制度，发现和持有重要遗传家系和特定地区遗传资源的单位或个人，应及时向有关部门报告。未经许可，任何单位和个人不得擅自采集、收集、买卖、出口、出境或以其他形式对外提供。

第五条　人类遗传资源及有关信息、资料，属于国家科学技术秘密的，必须遵守《科学技术保密规定》。

第二章　管理机构

第六条　国家对人类遗传资源实行分级管理，统一审批制度。

第七条　国务院科学技术行政主管部门和卫生行政主管部门共同负责管理全国人类遗传资源，联合成立中国人类遗传资源管理办公室，负责日常工作。

第八条 中国人类遗传资源管理办公室暂设在国务院科学技术行政主管部门。在国务院科学技术和卫生行政主管部门领导下，中国人类遗传资源管理办公室行使以下职责：

（一）起草有关的实施细则和文件，经批准后发布施行，协调和监督本办法的实施；

（二）负责重要遗传家系和特定地区遗传资源的登记和管理；

（三）组织审核涉及人类遗传资源的国际合作项目；

（四）受理人类遗传资源出口、出境的申请，办理出口、出境证明；

（五）与人类遗传资源管理有关的其他工作。

第九条 中国人类遗传资源管理办公室聘请有关专家组成专家组，参与拟定研究规划，协助审核国际合作项目，进行有关的技术评估和提供技术咨询。

第十条 各省、自治区、直辖市科学技术行政主管部门和卫生行政主管部门（以下简称地方主管部门）负责本地区的人类遗传资源管理工作。

国务院有关部门负责本部门的人类遗传资源管理工作。

第三章 申报与审批

第十一条 凡涉及我国人类遗传资源的国际合作项目，须由中方合作单位办理报批手续。中央所属单位按隶属关系报国务院有关部门，地方所属单位及无上级主管部门或隶属关系的单位报该单位所在地的地方主管部门，审查同意后，向中国人类遗传资源管理办公室提出申请，经审核批准后方可正式签约。

国务院有关部门和地方主管部门在审查国际合作项目申请时，应当征询人类遗传资源采集地的地方主管部门的意见。

本办法施行前已进行但尚未完成的国际合作项目须按规定补办报批手续。

第十二条 办理涉及我国人类遗传资源的国际合作项目的报批手续，须填写申请书，并附以下材料：

（一）人类遗传资源材料提供者及其亲属的知情同意证明材料；

（二）合同文本草案；

（三）审批机关要求的其他材料。

第十三条 依本办法第十二条提出的申请，有下列情况之一的，不予批准：

（一）缺乏明确的工作目的和方向；

（二）外方合作单位无较强的研究开发实力和优势；

（三）中方合作单位不具备合作研究的基础和条件；

（四）知识产权归属和分享的安排不合理、不明确；

（五）工作范围过宽，合作期限过长；

（六）无人类遗传资源提供者及其亲属的知情同意证明材料；

（七）违反我国有关法律、法规的规定。

第十四条　重要人类遗传资源严格控制出口、出境和对外提供。

已审核批准的国际合作项目中，列出人类遗传资源材料出口、出境计划的，需填写申报表，直接由中国人类遗传资源管理办公室办理出口、出境证明。

因其他特殊情况，确需临时对外提供人类遗传资源材料的，须填写申报表，经地方主管部门或国务院有关部门审查同意后，报中国人类遗传资源管理办公室，经批准后核发出口、出境证明。

第十五条　中国人类遗传资源管理办公室对国际合作项目和人类遗传资源材料的出口、出境申请每季度审理一次。对于符合本办法要求的，核发批准文件，办理出口、出境证明，并注明《商品名称及编码协调制度》中相对应的编码；不符合本办法要求的，不予批准；对于申请文件不完备的，退回补正，补正后可重新申请。

第十六条　携带、邮寄、运输人类遗传资源出口、出境时，应如实向海关申报，海关凭中国人类遗传资源管理办公室核发的出口、出境证明予以放行。

第四章　知识产权

第十七条　我国境内的人类遗传资源信息，包括重要遗传家系和特定地区遗传资源及其数据、资料、样本等，我国研究开发机构享有专属持有权，未经许可，不得向其他单位转让。获得上述信息的外方合作单位和个人未经许可不得公开、发表、申请专利或以其他形式向他人披露。

第十八条　有关人类遗传资源的国际合作项目应当遵循平等互利、诚实信用、共同参与、共享成果的原则，明确各方应享有的权利和承担的义务，充分、有效地保护知识产权。

第十九条　中外机构就我国人类遗传资源进行合作研究开发，其知识产权按下列原则处理：

（一）合作研究开发成果属于专利保护范围的，应由双方共同申请专利，专利权归双方共有。双方可根据协议共同实施或分别在本国境内实施该项专利，但向第三方转让或者许可第三方实施，必须经过双方同意，所获利益按双方贡献大小分享。

（二）合作研究开发产生的其他科技成果，其使用权、转让权和利益分享办法由双方通过合作协议约定。协议没有约定的，双方都有使用的权利，但向第三方转让须经双方同意，所获利益按双方贡献大小分享。

第五章　奖励与处罚

第二十条　对于发现和报告重要遗传家系和资源信息的单位或个人，给予表彰和奖励；对于揭发违法行为的，给予奖励和保护。

第二十一条　我国单位和个人违反本办法的规定，未经批准，私自携带、邮寄、运输人类遗传资源材料出口、出境的，由海关没收其携带、邮寄、运输的人类遗传资源材料，视情节轻重，给予行政处罚直至移送司法机关处理；未经批准擅自向外方机构或者个人提供人类遗传资源材料的，没收所提供的人类遗传资源材料并处以罚款；情节严重的，给予行政处罚直至追究法律责任。

第二十二条　国（境）外单位和个人违反本办法的规定，未经批准，私自采集、收集、买卖我国人类遗传资源材料的，没收其所持有的人类遗传资源材料并处以罚款；情节严重的，依照我国有关法律追究其法律责任。私自携带、邮寄、运输我国人类遗传资源材料出口、出境的，由海关没收其携带、邮寄、运输的人类遗传资源材料，视情节轻重，给予处罚或移送司法机关处理。

第二十三条　管理部门的工作人员和参与审核的专家负有为申报者保守技术秘密的责任。玩忽职守、徇私舞弊，造成技术秘密泄漏或人类遗传资源流失的，视情节给予行政处罚直至追究法律责任。

第六章　附　　则

第二十四条　军队系统可根据本办法的规定，制定本系统的实施细则，报中国人类遗传资源管理办公室备案。武警部队按照本办法的规定执行。

第二十五条　本办法由国务院科学技术行政主管部门、卫生行政主管部门负责解释。

第二十六条　本办法自发布之日起施行。

附录三

德国干细胞法

译文①

2002 年 7 月 1 日生效

第一条　立法目的

尊重保护人性尊严、生命权与保障研究自由皆为国家义务，国家为兼顾上述义务，特制定本法，规定：

（一）原则上禁止进口使用胚胎干细胞。

（二）避免在德国获取胚胎干细胞或为获取胚胎干细胞而制造胚胎。

（三）基于研究目的允许例外进口使用胚胎干细胞。

第二条　适用范围

本法适用于进口及使用胚胎干细胞。

第三条　用语定义

本法所称：

（一）干细胞是所有具有潜在的在适当环境下自我分裂繁殖能力的人类细胞，其自身或其衍生的细胞在适当的条件下能分化为不同特定功能的细胞，但不能发育成为完整的人类个体。

（二）胚胎干细胞是取自体外受精且不用于怀孕的胚胎的多功能干细胞，或从着床前取出的胚胎获取的多功能干细胞，但这种胚胎必须来源于体外受精的妇女。

（三）胚胎干细胞株是培养中或培养后继续加以存放的胚胎干细胞。

（四）人类全功能细胞是在必要的其他条件存在的情况下，能发展成完整个体的人的细胞。

---

① 李国炜，陈碧渊．德国"干细胞法"及其述评［J］．医学与哲学，2004（7）．

（五）进口指将干细胞带入本法效力所及的领域。

第四条　进口使用干细胞

（一）禁止进口使用干细胞。

（二）但基于研究目的，符合本法第六条规定，并符合下列规定的，不受前款的限制：

1. 经许可机关认证：

（1）该干细胞在合乎胚胎培育国法律的前提下于二〇〇二年一月一日之前取得，并在持续培养中；

（2）获取干细胞的胚胎，指在医学技术的支持下，以怀孕为目的，进行人工受精产生的，并且没有证据表明是胚胎自身引起的最终不能受孕的（细胞）；

（3）为获取干细胞而出让的胚胎，应属无偿或未给予出让者其他金钱利益的承诺；

2. 进口使用胚胎，不得与其他法律规定抵触，尤其是《胚胎保护法》的规定；

3. 胚胎干细胞的获取，若明显与德国法制相抵触，应不予许可，且该不予许可不得以干细胞是从胚胎取得的为理由。

第五条　胚胎干细胞的研究

胚胎干细胞的研究必须符合下列条件才可以进行：

（一）在基础科学研究范围内获取科学知识或者用于发展预测、预防或诊治方法程序，而且有高度研究目的。

（二）依据现有科学技术认知水平：

1. 研究计划中所预见的问题，已经在动物细胞的试管模型或者动物试验中尽可能加以说明解释；

2. 研究计划中所预见的问题并为之努力的科学知识收益只能通过胚胎干细胞研究来完成，除此之外，别无他法。

第六条　许可

（一）任何胚胎干细胞的进口使用须经主管机关许可。

（二）胚胎干细胞的进口使用的申请应以书面方式进行，申请文件须包含以下资料：

1. 研究计划负责人的姓名、工作地址；

2. 研究计划说明书，包括该科学研究计划符合本法第五条规定的学术理由；

3. 能够证明即将进口使用的干细胞符合本法第四条第二款第一项规定的文件；申请人需证明：

（1）所申请的干细胞，已经被科学界所认知，必须是公开获得的，且与国家或国家授权机关登记的胚胎干细胞有一致性；

（2）经登记完成第四条第二款第一项所规定的要件。

（三）主管机关在收到申请人的申请及附属文件后，应立刻以书面形式通知申请材料已收受，并即刻咨询干细胞研究中央伦理委员会的意见。收到意见后，主管机关应将干细胞研究中央伦理委员会的意见及该意见的做成时间，通知申请人。

（四）符合下列条件时，应予核发许可：

1. 合乎本法第四条第二款的规定；

2. 合乎本法第五条的规定，且该研究计划在该意义下有伦理的可接受性；

3. 干细胞研究中央伦理委员会的意见已经主管机关的斟酌。

（五）主管机关应在申请提交完备的申请材料及中央伦理委员会意见送达后两个月内，以书面形式做出是否许可的决定。主管机关的决定应参酌干细胞研究中央伦理委员会的意见，主管机关的决定若与该意见有分歧，应以书面形式说明。

（六）在履行第四款规定的必要范围内，可以以附条件、负担及期限的形式预先核发许可。若核发许可后，出现违反许可的事实，该许可将来全部或部分撤销，或单独另设负担的履行或设期限；若有必要继续完成或维持第四款许可要件，针对许可的撤销或废止提起复议或诉讼时，预先核发的许可不生停止效力。

第七条　主管机关

（一）主管机关指由联邦健康和社会保障部以法规形式在其业务范围内所指定的机关。该机关履行本法所赋予的联邦行政事务，并受联邦健康和社会保障部的专门监督。

（二）主管机关依照本法规定的职务行为，收取费用。费用的收取标准参照《行政费用法》执行，但除行政费用法第八条所规定的法律主体外，被认可的公益研究机构亦不需交费。

（三）授权联邦健康和社会保障部，连同联邦教育与研究部，以法规的形式规定交费义务的要件，并厘定明确或弹性的收费标准，厘定收费标准应适当考虑该费用或其他经济价值对交费者的意义。在法规中亦可明文规定，若收费这一职务行为因当事人应负责任的原因而未完成，可以向引发该行为的人收取费用。

（四）在许可程序范围内，为答复申请人的咨询而产生的费用由申请人负担，且申请人不得请求返还该费用。

第八条　干细胞研究中央伦理委员会

（一）主管机关内设独立的跨专业的干细胞研究中央伦理委员会，干细胞研究中央伦理委员会由生物、伦理、医学及神学专业领域的专家共同组成，其中四位专家应来自伦理及神学专业领域，五位专家应来自生物及医学专业领域。委员会自行选出正副主席。

（二）干细胞研究中央伦理委员会的委员由联邦政府任命，每届任期为三年，可以连任。原则上为每位委员指定一名代理委员。

（三）委员及代理委员独立行使职权，不受指令拘束。委员及代理委员依行政程序法第二十条及二十一条负有保密义务。

（四）授权联邦政府以法律的形式，对干细胞研究中央伦理委员会的委员任命及任命程序、外部专家的引进、与主管机关的合作和工作期限做出详细规定。

第九条　干细胞研究中央伦理委员会的任务

干细胞研究中央伦理委员会审查并评估申请人提交的申请材料是否符合本法第五条的规定的要件及所申请的研究计划在伦理上是否可以被接受，并对此表示意见。

第十条　资料保密

（一）应给予本法第六条规定的提起申请的资料保密。

（二）根据第十一条规定，下列事项供登记使用，不受前款限制：

1. 属第四条第二款第一项至第三项规定的对胚胎干细胞的说明；

2. 研究计划负责人的姓名、工作地址；

3. 研究计划的基本资料，特别是预期研究工作，包括该高度研究，执行的研究机构，预计期限的决定性理由的说明。

（三）申请在许可决定做出之前撤回的，主管机关应将已经存储的申请数据删除，并交还相关申请资料。

第十一条　登记

有关胚胎干细胞的资料及经许可的研究计划的基本资料，由主管机关登录，一般大众可查询这些记录。

第十二条　报告义务

获取许可后，若发生与胚胎干细胞进口使用相关的重要事项，研究计划负责人应立即向主管机关报告，但本法第六条不受此限制。

第十三条　刑事责任

（一）未根据本法第六条第一款的规定取得许可而进口或使用胚胎干细胞的，处以三年以下有期徒刑或罚金。故意提供错误虚假数据而获得许可的，亦属未许可。

（二）违反第六条第一款或第一款所设立的负担，处一年以下有期徒刑或罚金。

第十四条　行政法律责任

（一）有下列行为的构成"秩序违反"，处以行政制裁：

1. 违反第三条第二款第二项的规定，做出不实或不完整说明的；

2. 违反第十二条，不报告，或报告不正确，不完整或不及时的。

（二）违反前款行为，可以处以五万欧元以下的处罚。

第十五条　报告

联邦政府每两年（第一次在 2003 年底）向德国联邦众议院报告本法实施情况及实施经验。该报告亦须报告其他形式的人类干细胞研究成果。

第十六条　生效

本法公布后隔月第一天生效。

附录四

一般数据保护条例

（General Data Protection Regulation，GDPR）

译文①

2018 年 5 月 25 日生效

第一章　一般条款

第 1 条　主要事项与目标

1. 本条例制定关于处理个人数据中对自然人进行保护的规则，以及个人数据自由流动的规则。

2. 本条例保护自然人的基本权利与自由，特别是自然人享有的个人数据保

---

① 瑞栢律师事务所．欧盟《一般数据保护条例》GDPR（汉英对照）［M］．北京：法律出版社，2018.

护的权利。

3. 不能以保护处理个人数据中的相关自然人为由，对欧盟内部个人数据的自由流动进行限制或禁止。

第2条 适用范围

1. 本条例适用于全自动个人数据处理、半自动个人数据处理，以及形成或旨在形成用户画像的非自动个人数据处理。

2. 本条例不适用以下情形：

（a）欧盟法管辖之外的活动中所进行的个人数据处理；

（b）欧盟成员国为履行《欧盟基本条约》（TEU）第2章第5款所规定的活动而进行的个人数据处理；

（c）自然人在纯粹个人或家庭活动中所进行的个人数据处理；

（d）有关主管部门为预防、调查、侦查、起诉刑事犯罪、执行刑事处罚、防范及预防公共安全威胁而进行的个人数据处理。

3. 欧盟机构、实体、办事处和规制机构所进行的个人数据处理，适用（EC）第45/2001条例。根据本条例第98条，（EC）第45/2001条例和其他适用于此类个人数据处理的欧盟法案应当进行调整，以符合本条例的原则和规则。

4. 本条例不影响2000/31/EC指令的适用，特别是2000/31/EC指令第12至15条所规定的中间服务商的责任规则的适用。

第3条 地域范围

1. 本例适用于在欧盟内部设立的数据控制者或处理者对个人数据的处理，不论其实际数据处理行为是否在欧盟内进行。

2. 本条例适用于如下相关活动中的个人数据处理，即使数据控制者或处理者不在欧盟设立：

（a）为欧盟内的数据主体提供商品或服务——不论此项商品或服务是否要求数据主体支付对价；或

（b）对发生在欧洲范围内的数据主体的活动进行监控。

3. 本条例适用于在欧盟之外设立，但基于国际公法成员国的法律对其有管辖权的数据控制者的个人数据处理。

第4条 定义

就本条例而言：

（1）"个人数据"指的是任何已识别或可识别的自然人（"数据主体"）相

关的信息；一个可识别的自然人是一个能够被直接或间接识别的个体，特别是通过诸如姓名、身份编号、地址数据、网上标识或者自然人所特有的一项或多项的身体性、生理性、遗传性、精神性、经济性、文化性或社会性身份而识别个体。

（2）"处理"是指任何一项或多项针对单一个人数据或系列个人数据所进行的操作行为，不论该操作行为是否采取收集、记录、组织、构造、存储、调整、更改、检索、咨询、使用、通过传输而公开、散布或其他方式对他人公开、排列或组合、限制、删除或销毁而公开等自动化方式。

（3）"限制处理"是指对存储的个人数据进行标记，以限制此后对该数据的处理行为。

（4）"用户画像"指的是为了评估自然人的某些条件而对个人数据进行的任何自动化处理，特别是为了评估自然人的工作表现、经济状况、健康、个人偏好、兴趣、可靠性、行为方式、位置或行踪而进行的处理。

（5）"匿名化"指的是在采取某种方式对个人数据进行处理后，如果没有额外的信息就不能识别数据主体的处理方式。此类额外信息应当单独保存，并且已有技术与组织方式确保个人数据不能关联到某个已识别或可识别的自然人。

（6）"档案系统"指的是根据某种特定标准——不论这种标准是去中心化的、分散的、功能性的或是基于地理而设置的——而可以访问的个人数据的结构化集合。

（7）"控制者"指的是那些决定——不论是单独决定还是共同决定——个人数据处理目的与方式的自然人或法人、公共机构、规制机构或其他实体；如果此类处理的方式是由欧盟或成员国的法律决定的，那么对控制者的定义或确定控制者的标准应当由欧盟或成员国的法律来规定。

（8）"处理者"指的是为数据控制者而处理个人数据的自然人或法人、公共机构、规制机构或其他实体。

（9）"接收者"指的是接收数据的自然人、法人、公共机构、规制机构或另一实体，不论其是否为第三方。然而，公共机构基于欧盟或成员国法律的某项特定调查框架而接收个人数据，则不应当被视为接收者；公共机构对此类数据的处理，应当根据处理目的遵循可适用的数据保护规则。

（10）"第三方"指的是除了数据主体、控制者、处理者、控制者或处理者直接授权其处理个人数据之外的自然人或法人、公共机构、规制机构或组织。

（11）数据主体的"同意"指的是数据主体通过一个声明，或者通过某项清晰的确信行动而自由做出的、充分知悉的、不含混的、表明同意对其相关个人数据进行处理的意愿。

（12）"个人数据泄露"是指由于违反安全政策而导致传输、储存、处理中的个人数据被意外或非法损毁、丢失、更改或未经同意而被公开或访问。

（13）"基因数据"指的是和自然人的遗传性或获得性基因特征相关的个人数据，这些数据可以提供自然人生理或健康的独特信息，尤其是通过对自然人生物性样本进行分析而可以得出的独特信息。

（14）"生物性识别数据"指的是基于特别技术处理自然人的相关身体、生理或行为特征而得出的个人数据，这种个人数据能够识别或确定自然人的独特标识，例如脸部形象或指纹数据。

（15）"和健康相关的数据"指的是那些和自然人的身体或精神健康相关的、显示其个人健康状况信息的个人数据，包括和卫生保健服务相关的服务。

（16）"主要营业机构"指的是：

（a）如果控制者在不止一个成员国内有多处营业机构，那么其在欧盟的管理中心所在地是主要营业机构，除非个人数据处理的目的与方式是由控制者的另一个机构决定的，并且这一机构有权实施此决定，在这种情况下，做出此类决定的机构应当被认为是主要营业机构；

（b）如果处理者在不止一个成员国内具有多处机构，那么其在欧盟的管理中心所在地是主要营业机构。如果处理者在欧盟没有管理中心，那么在处理者需要遵守本条例所规定的特殊责任的前提下，其在欧盟的主要处理活动发生地的机构应当被视为主要营业机构。

（17）"代表"指的是控制者或处理者根据第 27 条在欧盟书面委任，代表控制者或处理者承担本条例所规定的相应责任的自然人或法人。

（18）"经济主体"的含义是采用任意法律形式的进行经济活动的自然人或法人，包括经常进行经济活动的合伙企业或协会。

（19）"企业集团"的含义是控股企业和被控股企业。

（20）"有约束力的公司规则"指的是在某成员国内设立的控制者或处理者，为了在企业集团内部或进行联合经济活动的经济主体内部将个人数据转移或多次转移给位于第三国或多个第三国的控制者或处理者，所遵循的个人数据保护政策。

（21）"监管机构"指的是成员国根据第 51 条而设立的独立性公共机构。

（22）"相关监管机构"指的是基于如下原因而和个人数据处理相关的监管机构：

（a）控制者或处理者是在某监管机构所在的成员国的境内所设立的；

（b）数据处理对居住在某监管机构所在地成员国的数据主体具有实质性影响；或者

（c）该监管机构已经收到一项申诉。

（23）"跨境处理"指的是：

（a）个人数据处理发生在一个控制者或处理者在多个成员国所设立的多个营业机构内；或者

（b）个人数据处理是在欧盟内的控制者或处理者的单一营业机构内进行的，但其对不止一国的数据主体具有实质性影响。

（24）"相关和合理的异议"指的是对是否存在违反本条例的情形，或者某项和控制者或处理者相关的初步设想是否符合本条例的异议——已有证据表明，这种初步设想的决定会对数据主体的基本权利和自由，以及在某些情形下对欧盟的个人数据的自由流通会带来风险。

（25）"信息社会服务"指的是欧洲议会和欧盟理事会的（EU）2015/1535 指令在第 1（1）条（b）点所定义的服务。

（26）"国际组织"指的是依照国际公法、或根据两个或多个国家协议所设立的组织及其下属机构。

1. 本例适用于在欧盟内部设立的数据控制者或处理者对个人数据的处理，不论其实际数据处理行为是否在欧盟内进行。

2. 本条例适用于如下相关活动中的个人数据处理，即使数据控制者或处理者不在欧盟设立：

（a）为欧盟内的数据主体提供商品或服务——不论此项商品或服务是否要求数据主体支付对价；或

（b）对发生在欧洲范围内的数据主体的活动进行监控。

3. 本条例适用于在欧盟之外设立，但基于国际公法成员国的法律对其有管辖权的数据控制者的个人数据处理。

第二章 原 则

第5条 个人数据处理原则

1. 对于个人数据，应遵循下列规定：

（a）对涉及数据主体的个人数据，应当以合法的、合理的和透明的方式来进行处理（"合法性、合理性和透明性"）。

（b）个人数据的收集应当具有具体的、清晰的和正当的目的，对个人数据的处理不应当违反初始目的。根据第89（1）条，因为公共利益、科学或历史研究或统计目的而进一步处理数据，不视为违反初始目的（"目的限制"）。

（c）个人数据的处理应当是为了实现数据处理目的而适当的、相关的和必要的（"数据最小化"）。

（d）个人数据应当是准确的，如有必要，必须及时更新；必须采取合理措施确保不准确的个人数据，即违反初始目的的个人数据，及时得到擦除或更正（"准确性"）。

（e）对于能够识别数据主体的个人数据，其储存时间不得超过实现其处理目的所必需的时间；超过此期限的数据处理只有在如下情况下才能被允许：为了实现公共利益、科学或历史研究目的或统计目的，为了保障数据主体的权利和自由，并采取了本条例第89（1）条所规定的合理技术与组织措施（"限期储存"）。

（f）处理过程中应确保个人数据的安全，采取合理的技术手段、组织措施，避免数据未经授权即被处理或遭到非法处理，避免数据发生意外毁损或灭失（"数据的完整性与保密性"）。

2. 控制者有责任遵守以上第1段，并且有责任对此提供证明（"可问责性"）。

第6条 处理的合法性

1. 只有满足至少如下一项条件时，处理才是合法的，且处理的合法性只限于满足条件内的处理：

（a）数据主体已经同意基于一项或多项目的而对其个人数据进行处理；

（b）处理对于完成某项数据主体所参与的契约是必要的，或者在签订契约前基于数据主体的请求而进行的处理；

（c）处理是控制商履行其法定义务所必需的；

(d) 处理对于保护数据主体或另一个自然人的核心利益所必要的；

(e) 处理是数据控制者为了公共利益或基于官方权威而履行某项任务而进行的；

(f) 处理对于控制者或第三方所追求的正当利益是必要的，这不包括需要通过个人数据保护以实现数据主体的优先性利益或基本权利与自由，特别是儿童的优先性利益或基本权利与自由。

第 1 段（f）点不适用公共机构在履行其任务时的处理。

2. 对于第 1 段（c）和（e）所规定的处理，成员国可以维持或新制定更多具体条款，以适应本条例规则的适用，成员国为了确保合法与合理处理，可以制定更为明确的规定，包括第 9 章所规定的其他特定的处理情形。

3. 第 1 段（c）和（e）所规定的处理的基准应当通过如下法律进行规定：

(a) 欧盟法；或

(b) 控制者所属的成员国的法律。

处理的目的应当在此法律基准上进行确定，而对于第 1 段（e）所规定的处理，处理的目的应当是控制者为了公共利益或基于官方权威而履行某项任务。此法律基准可以包含如下特定条款，以适应对本条例规则的适用：对控制者处理的合法性进行监控的一般条件；可以被处理的数据类型；相关数据主体；个人数据公开的目的，以及其可能被公开给的对象；目的限定；储存期限；包括第 9 章所规定的其他特定的处理情形在内的处理操作和处理程序。欧盟或成员国的法律应当满足公共利益的目标，且应当与实现正当目的成比例。

4. 若处理是出于收集个人数据以外的其他目的，如果该目的未经数据主体同意或并非是基于联盟或成员国的法律 [在一个民主社会中，若要实现第 23（1）条中的目的，法律是必要且合适的]，那么为确保该目的与初始目相容，控制商应当考虑以下因素，但不限于以下因素：

(a) 个人数据收集时的目的与计划进一步处理的目的之间的所有关联性；

(b) 个人数据收集时的语境，特别是数据主体与控制者之间的关系；

(c) 个人数据的性质，特别是某些特定类型的个人数据是否符合第 9 条的规定，或者与刑事定罪和刑事违法相关的个人数据是否符合第 10 条的规定；

(d) 数据主体计划进一步处理可能造成的结果；

(e) 是否具有加密与匿名化措施等恰当保护措施。

第 7 条 同意的条件

1. 当处理是建立在同意基础上的，控制者需要能证明，数据主体已经同意对其个人数据进行处理。

2. 如果数据主体的同意是在涉及其他事项的书面声明的情形下做出的，请求获得同意应当完全区别于其他事项，并且应当以一种容易理解的形式，使用清晰和平白的语言。任何违反本条例的声明都不具有约束力。

3. 数据主体应当有权随时撤回其同意。在撤回之前，对于基于同意的处理，其合法性不受影响。在数据主体表达同意之前，数据主体应当被告知这点。撤回同意应当和表达同意一样简单。

4. 分析同意是否是自由做出的，应当最大限度地考虑的一点是：对契约的履行——包括履行条款所规定的服务——是否要求同意履行契约所不必要的个人数据处理。

第 8 条　信息社会服务中适用儿童同意的条件

1. 在第 6（1）条（a）适用的情形下，对于为儿童直接提供信息社会服务的请求，当儿童年满 16 周岁，对儿童个人数据的处理是合法的。当儿童不满 16 周岁，只有当对儿童具有父母监护责任的主体同意或授权时，此类处理才是合法的。

2. 对于年满 13 周岁的情形，成员国的法律可以降低年龄要求。

3. 控制者应当采取合理的努力，结合技术可行性，确保此类情形中对儿童具有父母监护责任的主体已经授权或同意。

第 1 段不应影响成员国的一般合同法，例如关于儿童的合同有效性、形成与效力的规则。

第 9 条　对特殊类型个人数据的处理

1. 对于那些显示种族或民族背景、政治观念、宗教或哲学信仰或工会成员的个人数据、基因数据、为了特定识别自然人的生物性识别数据，以及和自然人健康、个人性生活或性取向相关的数据，应当禁止处理。

2. 如果具有如下条件之一，第 1 段将不适用：

（a）数据主体明确同意基于一个或多个特定目的而授权处理其个人数据，但依照欧盟或成员国的法律规定，数据主体无权解除第 1 段中所规定的禁令的除外；

（b）处理对于控制者履行责任以及行使其特定权利是必要的，或者对于在雇佣、社会安全与社会保障法领域采取符合欧盟或成员国法律或集体协议的措施以保护数据主体的根本权利和利益是必要的；

（c）数据主体因为身体原因或法律原因而无法表达同意，但处理对于保护数据主体或另一自然人的核心利益却是必要的；

（d）基金、协会或其他具有政治、哲学、宗教或工会目的的非盈利机构的正当性活动中所进行的处理，并且已经采取了恰当的保护措施；或者处理目的仅仅和机构成员、之前成员或具有经常联系的人相关，并且个人数据在未经数据主体同意前不对实体外的人公开；

（e）对数据主体已经明显公开的相关个人数据的处理；

（f）当处理对于提起、行使或辩护法律性主张必要时，或者法院在其所有的司法活动中所进行的处理；

（g）处理对实现实质性的公共利益是必要的，建立在欧盟或成员国的法律基准之上、对实现目标是相称的，尊重数据保护权的核心要素，并且为数据主体的基本权利和利益提供合适和特定的保护措施；

（h）处理对于预防性医学或临床医学目的是必要的，或者对于评估雇员的工作能力、医疗诊断、提供——基于欧盟或成员国法律，或遵循和健康职业机构签订的契约并遵循第3段所规定的情形与保障措施——健康或社会保健或治疗或管理健康或社会保健体系是必要的；

（i）在公共健康领域，处理是为了实现公共利益所必要的，例如，在欧盟或成员国内已经为保障数据主体的权利与自由而采取合适与特定措施的法律基础上，处理对于预防严重的跨境健康威胁是必要的，或者为了保障医疗质量和安全、医疗产品或医疗设备的高质量和安全是必要的；或

（j）处理对于实现符合第89（1）条公共利益、科学或历史研究目的或统计目的是必要的，处理采取了与其期望目的所相称的处理，尊重数据保护权的核心要素，并且对数据主体的基本权利与利益采取了合适与特定的措施。

3. 根据欧盟或成员国的有权机构所制定的法律或规则而具有保守职业性秘密责任的职业主体，或者根据欧盟或成员国的有权机构所制定的法律或规则而具有保守秘密责任的自然人，可以为了第2段（h）点所规定的目的而处理第1段所规定的个人数据。

4. 对于基因数据、生物性识别数据或健康相关数据的处理，成员国可以维持原有规定，或者做出新的规定，包括对处理基因数据、生物性识别数据或健康相关数据进行限定。

第 10 条 处理涉及犯罪定罪与违法的个人数据

处理和犯罪定罪与违法相关的个人数据，或处理第 6（1）条规定的与安全措施相关的个人数据，只有如下情形才能被允许：当个人数据处理为官方机构控制，或者当欧盟或成员国的法律授权进行处理，并且采取了恰当的措施保障数据主体的权利与自由。任何犯罪定罪的全面性登记只能由官方机构进行。

第 11 条 不需要识别的处理

1. 如果控制者处理个人数据的目的不需要或不再需要控制者对数据主体进行识别，控制者就不再具有为了遵循本条例而维持、获取或处理额外信息以识别数据主体的责任。

2. 对于第 1 段所规定的情形，如果控制者能够证明其不适合识别数据主体，如有可能，数据控制者应当告知数据主体。在此类情形下，除非数据主体为了行使第 15 至 20 条所规定的权利，需要提供额外信息而使得对其识别变得可能，第 15 至 20 条将不应适用。

第三章 数据主体的权利

第一部分 透明性与模式

第 12 条 信息、交流与模式的透明性——保证数据主体权利的行使

1. 对于和个人信息处理相关的第 13 和 14 条规定的所有信息，或者第 15 条至 22 条以及 34 条所规定的所有交流，控制者应当以一种简洁、透明、易懂和容易获取的形式，以清晰和平白的语言来提供；对于针对儿童的所有信息，尤其应当如此。信息应当以书面形式或其他形式提供，包括在合适的情况下通过电子方式提供。若数据主体的身份可通过其他途径得到证实，那么控制者可依主体申请以口头方式提供相关信息。

2. 控制者应当对数据主体行使第 15 至 22 条的权利而提供帮助。对于第 11（2）条所规定的情形，当数据主体请求其行使第 15 至 22 条的权利，控制者不应拒绝，除非控制者能够证明其并不适宜识别数据主体。

3. 在数据主体根据第 15 至 22 条的规定提出请求后，控制者应当提供信息，不应无故拖延，在任何情形下应当在收到请求后一个月内提供信息。在必要的情形下，考虑到请求的复杂性和多样性，这个期限可以再延长两个月。如果有此类延长，控制者应当在收到请求的一个月内将此类延长以及延长原因告知数据主体。当数据主体以电子形式做出请求，在可行的情况下，对信息的提供也

应当以电子形式提供，除非数据主体有不同请求。

4. 如果控制者没有采取相应的行动对数据主体的请求做出回应，那么应当及时告知该数据主体其在收到请求后一个月内未能采取行动的具体原因，同时可向监管机构提出申诉，寻求司法救济。

5. 第13条和第14条所规定的信息以及第15至22条和第34条所规定的所有交流与行为都应当是免费的。当数据主体的请求明显不具备正当理由或超过必要限度，特别是当请求是重复性的时候，控制者可以：

（a）结合提供信息、交流或相应行动的行政花费，收取一定的合理费用；或者

（b）拒绝对请求做出行动。

控制者有责任证明数据主体的请求明显是毫无根据的或过分的。

6. 在不影响第11条的前提下，控制者可以对第15至21条中提出要求的自然人的身份有合理怀疑，要求数据主体提供必要的额外信息以确认数据主体的身份。

7. 根据第13条和第14条提供给数据主体的信息可以和标准化的图标一起提供，以便于数据主体以一种一目了然的、易懂的和清晰的方式对计划的数据处理有全盘理解。当图标以电子化的方式提供，它们必须是机器可读的。

8. 对于确定图标所提供的信息以及提供标准化图标的程序，欧盟理事会将有权根据第92条制定授权行动。

第二部分　信息与对个人数据的访问

第13条　收集数据主体个人数据时应当提供的信息

1. 当收集和数据主体相关的个人数据时，控制者应当为数据主体提供如下信息：

（a）控制者的身份与详细联系方式，以及如果适用的话，控制者的代表；

（b）数据保护官的详细联系方式，如果适用的话；

（c）处理将要涉及的个人数据的目的，以及处理的法律基础；

（d）当处理是基于（f）点或第6（1）条的时候，控制者或第三方的正当利益；

（e）个人数据的接收者或者接收者的类型，如果有的话；

（f）如果适用的话，控制者期望将数据转移到第三国或国际组织的事实、欧盟委员会做出或未做出充分决定的事实，或者，在第46条或第47条或者第

49（1）条的第二小段所规定的转移情形中，所采取的适当保障措施的参考资料、获取它们备份的方式，或者在哪里可以获取它们。

2. 除了第1段所规定的信息，控制者应当在获取个人数据时为数据主体提供确保合理与透明处理所必要的进一步信息：

（a）个人数据将被储存的期限，以及确定此期限的标准；

（b）数据主体所拥有的权利：可以要求控制者提供对个人数据的访问、更正或擦除，或者限制或反对相关处理的权利；数据携带权；

（c）当处理是根据第6（1）条或第9（2）条的（a）点而进行的，数据主体拥有可以随时撤回——这种撤回不会影响撤回之前根据同意而进行处理的合法性——同意的权利；

（d）向监管机构进行申诉的权利；

（e）提供个人数据是一项制定法还是合同法的要求，是否对于缔结一项契约是必要的，数据主体是否有责任提供个人数据，以及没有提供此类数据会造成的可能后果；

（f）存在自动化的决策，包括第22（1）和（4）条所规定的用户画像，以及在此类情形下，对于相关逻辑，包括此类处理对于数据主体的预期后果的有效信息。

3. 若控制者进一步处理个人信息的目的与收集个人信息的目的不一致，那么，控制者应当在进一步处理之前向数据主体提供此类目的的信息，以及提供第2段所规定的相关进一步信息。

4. 在数据主体已经拥有信息的情况下，第1、2、3段不应当适用。

第14条　未获得数据主体个人数据的情形下，应当提供的信息

1. 当个人数据还没有从数据主体那里收集，控制者应当向数据主体提供如下信息：

（a）控制者的身份与详细联系方式，以及如果适用的话，控制者的代表；

（b）如果适用的话，数据保护官的详细联系方式；

（c）处理将要涉及的个人数据的目的，以及处理的法律基础；

（d）相关个人数据的类型；

（e）个人数据的接收者或者接收者的类型，如果有的话；

（f）如果适用的话，控制者期望将数据转移到第三国或国际组织、欧盟委员会作出或未作出的充足保护的认定，或者，在第46或47条或者第49（1）条

的第二小段所规定的转移情形中，所采取的适当保障措施的参考资料、获取它们备份的方式，或者在哪里可以获取它们。

2. 除了第1段所规定的信息，控制者应当向数据主体提供如下确保涉及数据主体的处理是合理与透明的必要信息：

（a）个人数据将被储存的期限，或者如果不可能的话，用来确定此期限的标准；

（b）当处理是根据第6（1）条（f）点而进行的，控制者或第三方所追求的正当利益；

（c）数据主体存在如下权利，可以要求控制者提供对个人数据的访问、更正或擦除，或者限制或反对相关处理，数据携带权；

（d）当处理是根据第6（1）条或第9（2）条的（a）点而进行的，数据主体拥有可以随时撤回——这种撤回不会影响撤回之前根据同意而进行处理的合法性——同意的权利；

（e）向监管机构进行申诉的权利；

（f）个人数据的来源，以及如果适用的话，其来源是否可以是公开性的资源；

（g）存在自动化的决策，包括第22（1）和（4）条所规定的用户画像，以及在此类情形下，对于相关逻辑，包括此类处理对于数据主体的预期后果的有效信息。

3. 控制者应当按如下方式提供第1段和第2段所规定的信息：

（a）应当在获得个人数据后的一段合理期限内提供信息，如果考虑到个人数据处理的特定情形，应当至少在一个月以内；

（b）如果个人数据是被用来和数据主体进行沟通的，最晚应当在其和数据主体进行第一次沟通时提供信息；

（c）如果个人数据将被计划披露给另一个接收者，那么最晚应当在个人数据被第一次披露时提供信息。

4. 当控制者因为与收集个人信息时不一致的目的进一步处理个人信息，控制者应当在进一步处理之前向数据主体提供此类目的的信息，以及提供第2段所规定的相关进一步信息。

5. 在如下情形中，第1至4段不适用：

（a）数据主体已经拥有信息；

（b）此类信息的提供是不可能的，或者说需要付出某种不相称的工作，在如下情形中尤其不适用：为了实现公共利益、科学或历史研究目的或统计目的，为了保障数据主体的权利和自由，并采取了本条例第89（1）条所规定的合理技术与组织措施；或者本条第1段所规定的责任会严重妨碍实现处理的目标。在此类情形中，控制者应当采取恰当的措施保护数据主体的权利、自由与正当利益，包括使得信息可以公开获取；

（c）欧盟或成员国为控制者特别制定了获取或公开信息的法律，并且已经对保护数据主体的正当利益制定了恰当的措施；

（d）当个人数据必须保密，必须遵守欧盟或成员国法律所规定的职业秘密责任，包括制定法上的保守秘密责任。

第15条　数据主体的访问权

1. 数据主体应当有权从控制者那里得知，关于其个人数据是否正在被处理，如果正在被处理的话，其应当有权访问个人数据和获知如下信息：

（a）处理的目的；

（b）相关个人数据的类型；

（c）个人数据已经被或将被披露给接收者或接收者的类型，特别是当接收者属于第三国或国际组织时；

（d）在可能的情形下，个人数据将被储存的预期期限，或者如果不可能的话，确定此期限的标准；

（e）数据主体要求控制者纠正或擦除个人数据、限制或反对对数据主体相关的个人数据进行处理的权利；

（f）向监管机构进行申诉的权利；

（g）当个人数据不是从数据主体那里收集的，关于来源的任何信息；

（h）存在自动化的决策，包括第22（1）和（4）条所规定的数据分析，以及在此类情形下，对于相关逻辑、包括此类处理对于数据主体的预期后果的有效信息。

2. 当个人数据被转移到第三国或一个国际组织，数据主体应当有权获知和转移相关的符合第46条的恰当的保障措施。

3. 控制者应当对进行处理的个人数据提供一份备份。对于任何数据主体所要求的额外备份，控制者可以根据管理花费而收取合理的费用。当数据主体通过电子方式而请求，且除非数据主体有其他请求，信息应当以通常使用的电子形式提供。

4. 获取第三段中所规定的备份的权利不应当对他人的权利与自由产生负面影响。

第三部分　更正与擦除

第 16 条　更正权

数据主体应当有权从控制者那里及时得知对与其相关的不正确信息的更正。在考虑处理目的的前提下，数据主体应当有权完善不充分的个人数据，包括通过提供额外声明的方式来进行完善。

第 17 条　擦除权（"被遗忘权"）

1. 数据主体有权要求控制者擦除有关数据主体的个人数据，当具有如下情形之一时，控制者有责任及时擦除个人数据：

（a）个人数据对于实现其被收集或处理的相关目的不再必要；

（b）处理是根据第 6（1）条（a）点，或者第 9（2）条（a）点而进行的，并且没有处理的其他法律根据，数据主体撤回在此类处理中的同意；

（c）数据主体反对根据第 21（1）条进行的处理，并且没有压倒性的正当理由可以进行处理，或者数据主体反对根据第 21（2）条进行的处理；

（d）已经存在非法的个人数据处理；

（e）为了履行欧盟或成员国法律为控制者所设定的法律责任，个人数据需要被擦除；

（f）已经收集了第 8（1）条所规定的和提供信息社会服务相关的个人数据。

2. 当控制者已经公开个人数据，并且负有第 1 段所规定的擦除个人数据的责任，控制者应当考虑可行技术与执行成本，采取包括技术措施在内的合理措施告知正在处理个人数据的控制者们，数据主体已经要求他们擦除那些和个人数据相关的链接、备份或复制。

3. 当处理对于如下目的是必要的，第 1 和 2 段将不适用：

（a）为了行使表达自由和信息自由的权利；

（b）控制者执行或者为了执行基于公共利益的某项任务，或者基于被授予的官方权威而履行某项任务，欧盟或成员国的法律要求进行处理，以便履行其法律职责；

（c）为了实现公共健康领域符合第 9（2）条（h）和（i）点以及第 9（3）

条的公共利益而进行的处理；

（d）如果第 1 段所提到权利会受到严重影响，或者会彻底阻碍实现第 89（1）条的公共利益目的、科学或历史研究目的或统计目的；或

（e）为了提起、行使或辩护法律性主张。

第 18 条　限制处理权

1. 当存在如下情形之一时，数据主体有权要求控制者对处理进行限制：

（a）数据主体对个人数据的准确性有争议，并给予控制者以一定的期限以核实个人数据的准确性；

（b）处理是非法的，并且数据主体反对擦除个人数据，要求对使用其个人数据进行限制；

（c）控制者不再需要个人数据以实现其处理的目的，但数据主体为了提起、行使或辩护法律性主张而需要该个人数据；

（d）数据主体根据第 21（1）条的规定而反对处理，因其需要确定控制者的正当理由是否优先于数据主体的正当理由。

2. 当处理受第 1 段的规定所限制，除了储存的情形，此类个人数据只有在如下情形中才能进行处理：获取了数据主体的同意，或者为了提起、行使或辩护法律性主张，或者为了保护另一个自然人或法人的权利，或者为了欧盟或某个成员国的重要公共利益。

3. 那些根据第 1 段规定已经获取了对处理进行限制的数据主体，在限制被解除前，控制者应当告知数据主体。

第 19 条　关于更正或擦除或限制处理中的通知责任

对于所有根据第 16、17（1）、18 条而限制或擦除个人数据的主体，或限制处理个人数据的主体，控制者都应当将其告知个人数据已经被披露给的每个接收者——除非此类告知是不可能的，或者需要付出不相称的工作。如果数据主体提出要求，控制者应当将关于接收者的情形告知数据主体。

第 20 条　数据携带权

1. 当存在如下情形时，数据主体有权获得其提供给控制者的相关个人数据，且其获得个人数据应当是经过整理的、普遍使用的和机器可读的，数据主体有权无障碍地将此类数据从其提供给的控制者那里传输给另一个控制者：

（a）处理是建立在第 6（1）条（a）点或 9（2）条（a）点所规定的同意，或者 6（1）条所规定的合同的基础上的；

（b）处理是通过自动化方式的。

2. 在行使第 1 段所规定的携带权时，如果技术可行，数据主体应当有权将个人数据直接从一个控制者传输到另一个控制者。

3. 行使第 1 段所规定的权利，不能影响第 17 条的规定。对于控制者为了公共利益，或者为了行使其被授权的官方权威而进行的必要处理，这种权利不适用。

4. 第 1 段所规定的权利不能对他人的权利或自由产生负面影响。

第四部分　反对的权利和自动化的个人决策

第 21 条　反对权

1. 对于根据第 6（1）条（e）或（f）点而进行的关乎数据主体的数据处理，包括根据这些条款而进行的用户画像，数据主体应当有权随时反对。此时，控制者须立即停止针对这部分个人数据的处理行为，除非控制者证明，相比数据主体的利益、权利和自由，具有压倒性的正当理由需要进行处理，或者处理是为了提起、行使或辩护法律性主张。

2. 当因为直接营销目的而处理个人数据，数据主体有权随时反对为了此类营销而处理相关个人数据，包括反对和此类直接营销相关的用户画像。

3. 当数据主体反对为了直接营销目的而处理，将不能为了此类目的而处理个人数据。

4. 至晚在和数据主体所进行的第一次沟通中，第 1 段和第 2 段所规定的权利应当让数据主体明确知晓，且应当与其他信息区分开来，清晰地告知数据主体。

5. 在适用信息社会服务的语境中，尽管存在 2002/58/EC 指令的规定，数据主体仍可以使用技术性条件、通过自动化方式行使反对权。

6. 当个人数据是为了第 89（1）条所规定的科学目的或历史研究目的或统计目的，数据主体基于其特定情形应当有权反对关乎其个人数据进行处理，除非处理对于实现公共利益的某项任务是必要的。

第 22 条　自动化的个人决策，包括用户画像

1. 数据主体有权反对此类决策：完全依靠自动化处理——包括用户画像——对数据主体做出具有法律影响或类似严重影响的决策。

2. 当决策存在如下情形时，第 1 段不适用：

（a）当决策对于数据主体与数据控制者的合同签订或合同履行是必要的；

（b）当决策是欧盟或成员国的法律所授权的，控制者是决策的主体，并且已经制定了恰当的措施保证数据主体的权利、自由与正当利益；或者

（c）当决策建立在数据主体的明确同意基础之上。

3. 在第 2 段所规定的（a）和（c）点的情形中，数据控制者应当采取适当措施保障数据主体的权利、自由、正当利益，以及数据主体对控制者进行人工干涉，以便表达其观点和对决策进行异议的基本权利。

4. 第 2 段所规定的决策的基础不适用于第 9（1）条所规定的特定类型的个人数据，除非符合第 9（2）条（a）点或（g）点的规定，并且已经采取了保护数据主体权利、自由与正当利益的措施。

第五部分　限制

第 23 条　限制

1. 若控制者或处理者受欧盟法律或某成员国法律的调整，那么欧盟法律或该成员国法律可以通过立法手段限制第 12 至 22 条、34 条以及第 5 条所赋予的责任范围与权利范围，只要其法律条款和第 12 至 22 条所赋予的责任与权利相对应。如果此类限制尊重基本权利与自由的核心要素，并且此类限制是实现如下民主社会中的目的所必要和成比例的措施，那么此类限制应当被允许：

（a）国家安全；

（b）国防；

（c）公共安全；

（d）预防、调查、侦查、起诉刑事违法进行或者执行刑法，包括保障公共安全和预防对公共安全的威胁；

（e）其他欧盟或某个成员国的重要一般公共利益，特别是欧盟或某个成员国的经济或金融利益，包括财政、预算、税收事项、公共健康和社会安全；

（f）司法独立和司法诉讼的保护；

（g）为了规制性职业而预防、调查、保护和起诉违反伦理的行为；

（h）和行使（a）、（b）、（c）、（d）、（e）、（g）点中所规定的官方权威相联系的某项监控、调查或规制功能；

（i）保护数据主体或其他人的权利和自由；

（j）实施民事法律主张。

2. 需要特别注意的是，至少在涉及如下情形时，任何第 1 段所规定的立法措施都应当包含特定条款，规定：

（a）处理的目的或处理的类型；

（b）个人数据的类型；

（c）施加限制的范围；

（d）防止滥用或非法性访问或转移的措施；

（e）控制者的具体情况或控制者类型的具体情况；

（f）在考虑了处理的性质、范围和目的或处理类型之后所制定的储存期限和可适用的保障措施；

（g）数据主体的权利和自由所面临的风险；

（h）数据主体获知限制的权利，除非这种权利可能影响实现限制的目的。

第四章 控制者和处理者

第一部分 一般性责任

第24条 控制者的责任

1. 在考虑了处理的性质、范围、语境与目的，以及考虑了处理对自然人权利与自由所带来的不同概率和程度的风险后，控制者应当采取恰当的技术与组织措施，保证处理符合本条例规定的，并且能够证明处理符合本条例规定。必要时，这些措施应当被审查。

2. 第1段所规定的措施，当和处理活动成比例时，应当包括控制者所采用的合适的数据保护政策。

3. 遵守第40条所规定的已生效的行为准则，或遵守第42条规定的已生效的认证机制，这可以被用以证明控制者责任的合规性。

第25条 通过设计的数据保护和默认的数据保护

1. 在考虑了最新水平、实施成本、处理的性质、处理的范围、处理的语境与目的，以及处理给自然人权利与自由带来的伤害可能性与严重性之后，控制者应当在决定处理方式时和决定处理时，采取合适的技术与组织措施，并且在处理中整合必要的保障措施，以便符合本条例的要求和保护数据主体的权利。例如，控制者可以采取匿名化，一种设计用来实施数据保护原则——比如数据最小化原则——的措施。

2. 控制者有责任采取适当的技术与组织措施，以保障在默认情况下，只有某个特定处理目的所必要的个人数据被处理。这种责任适用于收集的个人数据的数量、处理的限度、储存的期限以及可访问性。尤其需要注意的是，此类措施必须确保，在默认情况下，如果没有个体介入，个人数据不能为不特定数量的自然人所访问。

3. 根据第 42 条的某种已生效的认证机制，可以被用来证明本条第 1 段和第 2 段所规定的合规要求。

第 26 条　共同控制者

1. 当两个或更多控制者联合确定处理的目的与方法，它们就是共同控制者。它们应当以一种透明的方式确定遵守本条例责任的相应责任，尤其当其涉及行使数据主体个人权利，以及涉及控制者为数据主体——根据他们的合约安排——提供第 13 条和第 14 条所规定的信息的相应责任，除非欧盟或成员国的法律已经对控制者施加了相应责任。

2. 第 1 段所规定的合约安排应当恰当地反映相对于数据主体的共同控制者的相应角色和相互关系。数据主体应当可以知晓安排的实质。

3. 不论第 1 段所规定的合约安排的条款如何，数据主体都可以向任一控制者主张其本条例所赋予的权利。

第 27 条　不在欧盟所设立的控制者或处理者的代表

1. 在第 3（2）条适用的情形下，控制者或处理者应当以书面形式在欧盟委任一名代表。

2. 此项责任不应当适用于：

（a）除了第 9（1）条所规定的特定类型数据的大规模处理，或者第 10 条所规定的和刑事定罪或违法相关的个人数据处理之外的偶尔性处理，以及考虑到处理的性质、语境、范围和目的，不太可能对自然人的权利与自由带来风险的处理；或者

（b）公共机构或实体。

3. 为数据主体提供相关商品或服务，或者监控数据主体的行为，数据主体的所在国之一应当设立代表。

4. 为了确保对本条例的遵守，对于所有涉及处理的事项，控制者或处理者应当做出强制性规定，确保其代表能在控制者或处理者之外收到信息，或者替代控制者或处理者收到信息，对于监管机构和数据主体所要求的事项尤其如此。

5. 控制者或处理者委任代表，不能影响控制者或处理者进行的法律行动。

第 28 条　处理者

1. 处理者代表控制者进行处理，控制者只能选用有充分保证的、可采取合

适技术与组织措施的、其处理方式符合本条例要求并且保障数据主体权利的处理者。

2. 如果没有控制者之前的特别授权或一般书面授权，处理者不应聘用另一个处理者。在具有一般书面授权的情形下，对于涉及补充或替换其他处理者的变动，处理者都应当告知控制者，以便使控制者有机会反对此类变化。

3. 处理者的处理应当受某类合同或其他欧盟法与成员国法的约束，这类合同或法律应当规定处理者相对于控制者的责任、主体事项、处理期限、处理性质与目的、个人数据的类型、数据主体的类型以及控制者的责任与权利。此类合同或法律尤其应当对如下情形做出规定：

（a）只有在收到控制者的书面指示时才可以处理个人数据，在涉及将个人数据转移到第三国或某个国际组织的事项中亦是如此，除非欧盟法或成员国法对处理者有要求；在这种情形下，处理者应当在处理之前将法律要求告知控制者，除非告知会影响重要的公共利益；

（b）对于被授权处理个人数据的人，确保其履行保密义务或法律上的适当保密责任；

（c）采取第 32 条所要求的所有措施；

（d）尊重第 2 段和第 4 段规定的聘用另一个处理者的条件；

（e）结合处理的性质，在可能的情形下，通过合适的技术与组织手段帮助控制者履行其责任，以便使得数据主体能够行使其第三章所规定的权利；

（f）结合处理的性质和处理者所能得到的信息，帮助控制者履行第 32 至 36 条所规定的责任；

（g）基于控制者的选择，在提供和处理相关的服务结束后，将个人数据删除或返还给控制者，并且删除已有备份，除非欧盟或成员国的法律要求储存个人数据；

（h）给控制者提供所有能够证明其已经遵循本条款规定责任的信息，以及有利于控制者或控制者委任的审计员进行审计和核查的信息。

关于第 1 段（h）点，如果处理者认为某项指示违反了本条例或其他欧盟或成员国的数据保护条款，其应当立即告知控制者。

4. 当处理者代表控制者为了进行特定的处理活动而应聘另一处理者，第 3 段所规定的控制者和处理者之间的合同或其他法律条款所规定的数据保护责任应当通过合同或欧盟或成员国的法律条款而同等适用于另一处理者，尤其是应当采取充分的保障措施、恰当的技术与组织手段以满足本条例的要求。当另一个处理者无法完成其数据保护职责时，对其责任，处理者应当完全负担。

5. 处理者遵守第 40 条所规定的已生效的行为准则，或者遵守第 42 条所规定的已生效的验证机制，这可以被作为证据之一，证明处理者已经采取了本条款第 1 段和第 4 段所规定的充分保障。

6. 在不影响控制者和处理者之间的单独合同的前提下，第 3 段和第 4 段所规定的合同或法律条款可以全部或部分运用本条第 7 段和第 8 段所规定的格式合同条款，包括它们何时属于根据第 42 条和第 43 条规定的赋予控制者或处理者的验证机制。

7. 欧盟委员会可以对本条第 3 段和第 4 段所规定的事项，根据第 93（2）条所规定的检查程序而制定格式合同条款。

8. 监管机构可以对本条第 3 段和第 4 段所规定的事项，根据第 63 条所规定的一致性机制而制定格式合同条款。

9. 第 3 段和第 4 段所规定的合同或法律条款必须是书面的，包括以电子形式做出的书面记录。

10. 在不影响第 82、83、84 条的情形下，如果某个处理者因为确定处理目的与方法而违反了本条例，处理者应当在此次处理中被视为控制者。

第 29 条　代表控制者或处理者进行的处理

对个人数据有访问权的处理者或控制者、处理者的代表人，未经控制者允许，不得处理该个人数据。欧盟法律或成员国法律另有规定的除外。

第 30 条　处理活动的记录

1. 每个控制者——以及如果有的话——每个控制者的代表，都应当保持其所负责的处理活动的记录。这种记录应当包含所有如下信息：

（a）控制者以及——如果有的话——共同控制者、控制者的代表、数据保护官的姓名、详细联系方式；

（b）处理的目的；

（c）对数据主体的类型以及个人数据的类型的描述；

（d）个人数据已经被披露或将被披露给的接收者——包括位于第三国或国际组织的接收者——的类型；

（e）如果适用的话，将个人数据转移到第三国或国际组织的记录，包括识别此第三国或国际组织的记录，以及在第 49（1）条第二分段所提到转移的情形中，对适当保障措施的记录；

（f）如果适用的话，擦除不同种数据类型的预计期限；

（g）如果适用的话，对第32（1）条所规定的技术性与组织性安全措施的一般性描述。

2. 每个处理者以及——如果适用的话——处理者的代表对于以控制者名义进行的处理都应当保存一份记录，包含如下信息：

（a）处理者或处理者们的名字和详细联系方式、处理者所代表的每个控制者以及——如果有的话——控制者或处理者的代表、数据保护官；

（b）代表每个控制者进行处理的类型；

（c）如果适用的话，将个人数据转移到第三国或国际组织的记录，包括识别此第三国或国际组织的记录，以及在第49（1）条第二分段所提到转移的情形中，对适当保障措施的记录；

（d）如果有的话，对第32（1）条所规定的技术性和组织性安全措施的一般性描述。

3. 第1段和第2段所规定的记录应当是书面的，包括以电子形式作出的书面记录。

4. 基于监管机构的要求，控制者或处理者以及——在有的情况下——控制者或处理者的代表，应当提供可获取的记录。

5. 第1和第2段所规定的责任不适用于雇员少于250人的经济主体或组织，除非其进行的处理不是偶尔性的，而且可能会对数据主体的权利与自由带来风险，或者其处理包含了第9（1）条规定的特定种类的数据或第10条规定的和刑事犯罪和违法相关的个人数据。

第31条　和监管机构的合作

在监管机构的要求下，控制者和处理者以及——在适用的情况下——它们的代表应当配合监管机构的工作。

第二部分　个人数据的安全

第32条　处理的安全

1. 在考虑了最新水平、实施成本、处理的性质、处理的范围、处理的语境与目的之后，以及处理给自然人权利与自由带来的伤害可能性与严重性之后，控制者和处理者应当采取包括但不限于如下的适当技术与组织措施，以便保证和风险相称的安全水平：

（a）个人数据的匿名化和加密；

（b）保持处理系统与服务的保密性、公正性、有效性以及重新恢复的能力；

（c）在遭受物理性或技术性事件的情形中，有能力恢复对个人数据的获取与访问；

（d）具有为保证处理安全而常规性地测试、评估与评价技术性与组织性手段有效性的流程。

2. 在评估合适的安全级别的时候，应当特别考虑处理所带来的风险，特别是在个人数据传输、储存或处理过程中的意外或非法销毁、丢失、篡改、未经授权的披露或访问。

3. 遵守第40条所规定的已生效的行为准则，或者遵守第42条所规定的已生效的验证机制，这可以被作为证据之一，证明已经遵守了本条款第1段的要求。

4. 控制者和处理者应当采取措施确保，除非接到控制者的指示，任何有权访问个人数据的处理者或任何代表控制者和处理者的自然人都不会进行处理，除非欧盟或成员国法律要求进行处理。

第33条　向监管机构报告对个人数据的泄露

1. 在个人数据泄露的情形中，如果可行，控制者在知悉后应当及时——至迟在72小时内——将个人数据泄露告知第55条所规定的有权监管机构，除非个人数据泄露对于自然人的权利与自由不太可能会带来风险。对于不能在72小时以内告知监管机构的情形，应当提供延迟告知的原因。

2. 处理者在获知个人数据泄露后，应当及时告知控制者。

3. 第1段所规定的告知应当至少包括：

（a）描述个人数据泄露的性质，在可能的情形下，描述包括相关数据主体的类型和大致数量，以及涉及个人数据的类型与大致数量；

（b）告知数据保护官的姓名与详细联系方式，或者可以获取更多信息的其他联系方式；

（c）描述个人数据泄露的可能后果；

（d）描述控制者应对个人数据泄露已经采用或计划采用的措施，包括——如果合适的话——减少负面影响的措施。

4. 在不可能同时提供信息的情形下，可以分阶段地及时提供信息。

5. 控制者应当记录所有对个人数据的泄露，包括泄露个人数据相关的事实、影响与已经采取的救济行动。参照该记录，监管机构得以核实控制者是否遵守本条例的有关规定。

第34条 向数据主体传达个人数据泄露

1. 当个人数据泄露很可能给自然人的权利与自由带来高风险时，控制者应当及时向数据主体传达对个人数据泄露。

2. 本条第1段所规定的向数据主体传达，应当以清晰和平白的语言传达个人数据泄露的性质，并且应当至少包括第33（3）条（b）、（c）、（d）点所提供的信息与建议。

3. 当满足如下情形之一时，不要求控制者告知数据主体其个人数据被泄露的信息：

（a）控制者已经采取合适的技术与组织保证措施，并且那些措施已经应用于那些被个人数据泄露所影响的个人数据，特别是已经应用那些使得未被授权访问的个人无法辨识个人数据的措施，例如加密；

（b）控制者已经采取后续措施，保证第1段所规定的给数据主体的权利与自由带来的高风险不再有实现的可能；

（c）告知将需要付出不相称的努力。此时，应存在公告机制或类似措施来承担控制者的告知义务，并且与控制者告知相比，这种措施的告知效果应当至少有相同效果。

4. 如果控制者仍然没有将个人数据泄露告知数据主体，监管机构在考虑了个人数据泄露所可能带来的高风险可能性后，可以要求其告知，或者可以认为符合第3段所规定的情形。

第三部分 数据保护影响评估与提前咨询

第35条 数据保护影响评估

1. 当某种类型的处理——特别是适用新技术进行的处理——很可能会对自然人的权利与自由带来高风险时，在考虑了处理的性质、范围、语境与目的后，控制者应当在处理之前评估计划的处理进程对个人数据保护的影响。若多项高风险处理活动属于同一种类，那么此时仅对其中某一项活动进行评估即可。

2. 如果控制者已经委任数据保护官，当其进行数据保护影响评估时，控制者应当向数据保护官进行咨询。

3. 在如下情形中，第1段所规定的数据保护影响评估是尤其必须的：

（a）对与自然人相关的个人因素进行系统性与全面性的评价，此类评价建立在自动化处理——包括用户画像——基础上的，并且其决策对自然人产生法律影响或类似重大影响；

（b）以大规模处理的方式处理第 9（1）条所规定的特定类型的数据，或者和第 10 条规定的定罪与违法相关的个人数据；或者

（c）以大规模的方式系统性地监控某个公众可以访问的空间。

4. 监管机构应当建立并公开一个列表，列明符合第 1 段所要求的数据保护影响评估的处理操作的类型。监管机构应当将此类列表告知第 68 条所提到的欧盟数据保护委员会。

5. 监管机构还可以建立一个公开性的列表，列明符合不需要进行数据保护影响评估的处理操作的类型。监管机构应当将此类列表告知欧盟数据保护委员会。

6. 在设置第 4 段与第 5 段所规定的列表之前，当此类列表涉及为数据主体提供商品或服务，或者涉及对多个成员国行为的监管，或者可能实质性地影响欧盟内部个人数据的自由流动，有职权的监管机构应当首先适用第 63 条所规定的一致性机制。

7. 评估应当至少包括：

（a）对计划的处理操作和处理目的的系统性描述，以及——如果适用的话——对控制者所追求的正当利益的描述；

（b）对和目的相关的处理操作的必要性与相称性进行分析；

（c）对第 1 段所规定的给数据主体的权利与自由带来的风险的评估；

（d）结合数据主体和其他相关个人的权利与正当利益，采取的计划性风险应对措施，包括保障个人数据保护和证明遵循本条例的安全保障、安全措施和机制。

8. 评估相关控制者或处理者的处理操作的影响时，特别是评估数据保护影响时，应当合理考虑其对第 40 条所规定的已生效的行为准则的遵守。

9. 在合适的情形下，如果其不影响保护商业或公共利益或处理操作的安全性，控制者应当咨询数据主体或数据主体代表对于其预期处理的观点。

10. 当基于第 6（1）条（c）或（e）点而进行的处理符合欧盟或成员国为控制者制定涉及处理操作的法律，并且在制定其法律基准时已经进行了作为一般性影响评估一部分的数据保护影响评估时，第 1 至 7 段不应当适用，除非成员国认为，有必要在处理活动前进行此类评估。

11. 必要时，控制者应当进行核查，评估处理是否是符合数据保护影响评估，至少当处理操作所带来的风险存在变化时，应进行核查。

第36条 提前咨询

1. 当第35条所规定的数据保护影响评估表明，如果控制者不采取措施，处理会带来高风险，那么控制者应当在处理之前咨询监管机构。

2. 当监管机构认为，第1段所规定的预期的处理将违反本条例，特别是当控制者无法识别或减小风险，监管机构应当在收到咨询请求的八个星期以内向控制者以及——在适用的情况下——处理者提供书面建议，并且可以使用第58条所规定的权力。考虑到预期处理的复杂性，这种期限可以延长六个星期。监管机构应当在收到咨询请求的一个月内向控制者以及——在适用的情况下——处理者告知延期以及延期的原因。监管机构可以延长期限，直到其获取了咨询所要求的信息。

3. 当咨询第1段所规定的监管机构时，控制者应当向监管机构提供如下信息：

（a）在适用的情形下，涉及处理——特别是当处理是在一群企业内部进行的——的控制者、共同控制者和处理者的相应责任；

（b）预期处理的目的与方法；

（c）为了保障数据主体权利与自由所采取的符合本条例的方法与措施；

（d）在适用的情形下，数据保护官的详细联系方式；

（e）第35条所规定的数据保护影响评估；

（f）监管机构要求的所有其他信息。

4. 成员国在起草相关立法草案以获得国会通过时，或者根据此类立法措施制定处理相关的规制措施时，应当咨询监管机构。

5. 虽然有第1段的规定，但在和控制者履行实现公共利益任务相关的处理中，包括和社会保障与公共健康相关的处理中，成员国法律可以要求控制者在其处理相关的事项中咨询监管机构并且提前获取监管机构的授权。

第四部分 数据保护官

第37条 数据保护官的委任

1. 在如下任一情形中，控制者和处理者应当委任数据保护官：

（a）处理是公共机构或公共实体进行操作的，法庭在履行其司法职能时除外；

（b）控制者或处理者的核心处理活动天然性地需要大规模性地对数据主体进行常规和系统性的监控；或者

（c）控制者或处理者的核心活动包含了第9条规定的对某种特殊类型数据的大规模处理和第10条规定的对定罪和违法相关的个人数据的处理。

2. 如果一组企业的每一个机构都能很容易联系数据保护官，这一组企业可以任命一个单独的数据保护官。

3. 当控制者或处理者是一个公共机构或公共实体，基于它们的组织结构和规模，多个此类公共机构或实体可以共同委任一个数据保护官。

4. 除了第1段所规定的情形，在欧盟或成员国法律要求的情形下，控制者或处理者，或代表某类控制者或处理者的协会和其他实体可以委任一名数据保护官。对于此类协会，或代表控制者或处理者的其他实体的活动，数据保护官有权代表它们进行活动。

5. 数据保护官的委任必须基于其专业性的素质，其需要具有数据保护法律与实践的专业知识，以及完成第39条所规定的任务的能力。

6. 数据保护官应当是控制者或处理者或基于服务合同而完成任务的一名职员。

7. 控制者或处理者应当发布数据保护官的详细联系方式，并向监管机构进行报告。

第38条　数据保护官的职位

1. 控制者和处理者应当确保，在所有与个人数据保护相关的事项中，数据保护官都应当以一种恰当和及时的方式介入。

2. 控制者和处理者应当支持数据保护官履行第39条所规定的责任，应当提供其履行此类责任、访问个人数据、进行处理操作，以及维持其专业性知识的必要资源。

3. 控制者和处理者应当确保个人数据保护官不会收到任何关于履行此类责任的指示。个人数据保护官不能因为完成其任务而被控制者或处理者解雇。其可以直接向控制者或处理者的最高管理层进行报告。

4. 数据主体可以在所有和处理其个人数据相关的事项中，以及和行使本条例所赋予的权利相关的事项中联系数据保护官。

5. 数据保护官在完成其任务时，应当遵守欧盟或成员国的法律，负有保密义务。

6. 数据保护官可以完成其他任务或责任。控制者或处理者应当保证任何此类任务和责任不会导致利益冲突。

第 39 条　数据保护官的任务

1. 数据保护官应当至少具有如下任务：

（a）对控制者或处理者，以及那些履行本条例和欧盟其他成员国数据保护条款所规定的处理责任的雇员进行告知，提供建议；

（b）确保遵守本条例、其他欧盟或成员国数据保护条款、和个人数据保护相关的控制者或处理者的政策，包括分配处理操作中以及相关审计中的责任、增强意识以及培训职员；

（c）根据要求，应当对数据保护影响评估以及根据第 35 条对其实施进行监管的事项提供建议；

（d）和监管机构进行合作；

（e）在与处理相关的事项中，包括第 36 条所规定的提前咨询中，以及——在适用的情况下——在其他所有相关事项的咨询中，充当监管机构的联系人。

2. 数据保护官在履行其任务时，应当结合处理的性质、范围、语境与目的，合理地考虑处理操作所伴随的风险。

第五部分　行为准则与认证

第 40 条　行为准则

1. 成员国、监管机构以及欧盟数据保护委员会与欧盟委员会鼓励在考虑不同处理部门的特征以及微型、小型以及中型经济主体的特定需求的基础上起草促进本条例合理适用的行为准则。

2. 协会以及其他代表某类控制者或处理者的实体为了对适用本规则进行细化，可以起草行为准则，或修正或延长此类准则，例如，它们可以起草涉及如下事项的准则：

（a）合理与透明的处理；

（b）在特定情境下控制者所追求的正当利益；

（c）对个人数据的收集；

（d）对个人数据进行匿名化处置；

（e）提供给公众与数据主体的信息；

（f）数据主体权利的行使；

（g）提供给儿童和保护儿童的信息，以及为了获取儿童监护人同意所采取的形式；

（h）第 24 条和第 25 条所规定的措施与程序，以及为了保障第 32 条所规定的处理安全所采取的措施；

（i）向监管机构通报个人数据泄露，以及将此类个人数据泄露告知数据主体；

（j）将个人数据转移到第三国或国际组织；或者

（k）不影响第 77 条和第 99 条所规定的数据主体权利的庭外诉讼性活动，以及为了解决控制者与数据主体在处理相关事项中争议的纠纷解决程序。

3. 控制者或处理者除了受本条例约束之外，对于根据第 3 条不受本条例约束的情形，为了保证在第 46（2）条（e）点所规定的将个人数据转移到第三国或国际组织的框架中提供合适的安全措施，也可以受本条第 5 段所规定的已生效的行为准则约束，或者受本条第 9 段规定的具有一般性效力的行为准则所约束。为了提供此类合适的安全措施，包括和数据主体权利相关的安全措施，此类控制者或处理者应当通过合同或其他具有法律强制力的措施制定有约束力和可执行的承诺。

4. 在不影响第 55 或 56 条所规定的有权监管机构的任务与权利的前提下，本条第 2 段所规定的行为准则应当包括使第 41（1）条所规定的实体能履行其监管任务的有效措施，保证负责实施行为准则的控制者或处理者遵循其条款的规定。

5. 本条第 2 段所规定的计划起草、修改行为准则或延长现有准则的协会或其他实体，应当将准则草案、修正案或延期提议提交给符合第 55 条的有权监管机构。监管机构应当提供一份意见书，表明草案、修正案或延期提议是否符合本条例的规定，如果监管机构认定已经采取了足够和适当的安全保障，其应当批准草案、修正案或延期提议。

6. 当准则草案、或修正案或延期提议是根据第 5 段的规定而被批准的，并且行为准则不涉及多个成员国的处理活动，监管机构应当进行登记并发表准则。

7. 当行为准则的草案涉及多个国家的处理活动，第 55 条所规定的有权监管机构应当在批准准则草案、修订或延期之前将其按照第 63 条规定的程序提交给欧盟数据保护委员会，并应提供一份意见书，表明准则草案、修正案或延期是否遵循了本条例，或者——在第 3 段所规定的情形中——是否提供了恰当的安全措施。

8. 当第 7 段中规定的意见书确认了准则草案、修正案或延期遵循了本条例，或者——在第 3 段所规定的情形中——提供了恰当的安全措施，欧盟数据保护委员会应当将意见书提交给欧盟委员会。

9. 欧盟委员会应当通过制定实施法案确定，根据第 8 段规定而提交的已生效的行为准则、修正案或延期是否在欧盟具有一般效力。此类法案的制定应当符合第 94（2）条所规定的核查程序。

10. 对于已经被认定符合第 9 段中所规定的具有一般有效性的已生效准则，欧盟委员会应当保证其具有适当的公开性。

11. 欧盟数据保护委员会应当核查所有登记的已生效行为准则、修正案以及延期，并且应当以恰当的方式使得公众能够获取。

第 41 条　对已生效行为准则的监控

1. 在不影响第 57 和第 58 条规定的有权监管机构的任务与权利的前提下，对根据第 40 条制定的行为准则的合规性监管可以交给如下实体：在准则所规定事项方面具有适当的专业性，并且其合规性监管权力已经得到有权监管机构认证。

2. 第 1 段所规定的实体，当存在如下条件时，可以被委任为有权监管是否遵守行为准则的机构：

（a）已经证明在准则所规定事项方面具有独立性与专业性，满足有权监管机构的要求；

（b）已经确立了相关程序，可以通过程序评估相关控制者和处理者适用准则的资质，监控其对准则条款的遵守，以及间歇性地评估其操作；

（c）已经设立程序和体系，解决关于违反准则，或关于控制者或处理者已经实施，或正在实施准则的方式的申诉，并且已使得此类程序与体系对数据主体和公众透明化；

（d）已经表明其符合有权监管机构的要求，其任务和职责不存在利益冲突的情形。

3. 有权监管机构应当按照第 63 条所规定的一致性机制，将认证第 1 段中所规定的实体的标准草案提交给欧盟数据保护委员会。

4. 当控制者或处理者违反准则，第 1 段所规定的实体在不影响有权监管机构的任务和权利、第八章条款的前提下，应当在适当安全措施的保障下采取合适的行动，包括准则中中止或剔除相关控制者或处理者。实体应当将此类行动以及行动的理由告知有权监管机构。

5. 如果第 1 段所规定的实体不符合或不再符合认证的条件，或者其行为违反了本条例，有权监管机构应当撤回对其的认证。

6. 本条不适用于公共机构和公共实体所进行的处理。

第 42 条　认证

1. 成员国、监管机构、欧盟数据保护委员会和欧盟委员会应当鼓励——尤其是在欧盟层面——建立数据保护认证机制、数据保护印章和标记，以证明控制者和处理者的处理操作符合本条例。对此应当考虑微型、小型以及中型经济主体的特定需求。

2. 控制者或处理者除了受本条例约束之外，也可以设立符合本条第 5 段的数据保护认证机制、印章或标记，以便证明，对于根据第 3 条不受本条例约束的情形，已经对第 46（2）条（f）点所规定的将个人数据转移到第三国或国际组织的情形采取了合适的安全措施。为了提供此类合适的安全措施，包括和数据主体权利相关的安全措施，此类控制者或处理者应当通过合同或其他具有法律强制力的措施制定有约束力和可执行的承诺。

3. 认证应当是自愿的，而且可以通过透明程序而获得。

4. 根据本条而进行的认证，不能减轻控制者或处理者遵循本条例的责任，而且也不对第 55 条或 56 条所规定的有权监管机构的任务和权利产生影响。

5. 符合本条的认证应当为第 43 条所规定的认证机构所批准，应当建立在第 58（3）条的有权监管机构或第 63 条的欧盟数据保护委员会所批准的标准之上。当标准被欧盟数据保护委员会所批准，这可以产生一个通用性认证——欧盟数据保护印章。

6. 那些将其处理提交认证机制的控制者或处理者，应当将进行认证程序所必需的所有信息与访问权提交给第 43 条规定的认证机构，在适用的情形下，还应当提交给有权监管机构。

7. 颁发给控制者或处理者的认证的有效期最长是三年，如果相关条件满足，同样的情形下有效期可以延长。当认证的条件不满足或不再满足时，在适用的情形下，第 43 条规定的认证实体或有权监管机构可以撤回认证。

8. 欧盟数据保护委员会应当核查所有已登记的验证机制、数据保护印章和标记，而且应当以恰当的方式使得公众能够获取。

第 43 条　认证机构

1. 在不影响第57条和第58条规定的有权监管机构的任务与权利的前提下，具有相应专业性的认证机构可以在告知监管机构后——以便监管机构可以行使第58（2）（h）点所规定的权利——颁发和更新认证。成员国应当确保这些认证机构是如下一个机构认可或两个机构同时认可的：

（a）第55或56条所规定的有权监管机构；

（b）按照欧洲议会和理事会的（EC）No 765/2008条例、EN – ISO/IEC 17065/2012设定的，以及满足第55条或第56条的有权监管机构所规定的额外要求的全国性认证机构。

2. 只有存在如下情形时，第1段所规定的认证机构才能根据第1段的规定被认证：

（a）已经证明在准则所规定事项方面具有独立性与专业性，满足有权监管机构的要求；

（b）采取措施遵从第42（5）条所规定的标准，并且已经为第55条所规定的有权监管机构或第63条规定的欧盟数据保护委员会所批准；

（c）建立了发行、定期审查和撤回数据保护认证、印章和标记的程序；

（d）已经设立了解决关于违反准则，或关于控制者或处理者已经实施、或正在实施准则的方式的申诉程序和体系，并且数据主体和公众已知悉此类程序和体系；

（e）已经表明其符合有权监管机构的要求，其任务和职责不存在利益冲突的情形。

3. 第1段和第2段所规定的委任认证机构应当建立在第55条或第66条所规定的有权监管机构所批准的基础性标准之上，或者第63条所规定的欧盟数据保护委员会所批准的基础性标准之上。对于本条第1段（b）点所规定的授权，此类要求应当补充（EC）No 765/2008指令所设想的要求，以及描述认证机构方法与程序的技术性规则。

4. 在不影响控制者或处理者对本条例的遵守的前提下，第1段所规定的认证机构应当负责颁发认证或撤销此类认证的有效评估。颁发给控制者或处理者的认证的有效期最长是五年，如果相关条件满足，同样的情形下有效期可以延长。

5. 第1段所规定的验证机构应当向有权监管机构报告颁发或撤销所要求认证的理由。

6. 监管机构应当以容易获取的方式公开本条第 3 段所规定的要求，以及第 42（5）段所规定的标准。监管机构还应当将那些要求和标准传输给欧盟数据保护委员会。欧盟数据保护委员会应当核查所有登记的认证机制与数据保护印章，而且应当通过某种恰当的方式将它们公开。

7. 在不影响第八章的前提下，当认证的条件不符合或不再符合，或者当认证机构所采取的行为侵犯了本条例，有权监管机构或全国性的认证机构应当取消根据本条第 1 段对认证机构的认证。

8. 为了细化第 42（1）条所规定的数据保护验证机制所需要考虑的条件，欧盟委员会有权制定符合第 92 条的授权法案。

9. 欧盟委员会可以制定实施法案，为验证机制与数据保护印章、标记与机制设定技术标准，以便促进和认可那些验证机制、印章与标记。此类实施法条的制定应当符合第 94（2）条所规定的验证程序。